大城百年

武汉与芝加哥

武汉市规划研究院

陈韦　吕维娟　石义

郑玥　傅红昊　栾一博　周巍　著

商务印书馆

创于1897　The Commercial Press

图书在版编目（CIP）数据

大城百年：武汉与芝加哥/陈韦等著．—北京：商务印书馆，
2023

ISBN 978-7-100-21595-4

Ⅰ．①大… Ⅱ．①陈… Ⅲ．①城市史—研究—武汉 ②城市
史—研究—纽约 Ⅳ．① K296.31 ② K971.2

中国版本图书馆 CIP 数据核字（2022）第 148393 号

大城百年：武汉与芝加哥

武汉市规划研究院

陈韦　吕维娟　石义　郑玥　傅红昊　栾一博　周巍 著

───────────────────

商 务 印 书 馆 出 版
（北京王府井大街 36 号　邮政编码 100710）
商 务 印 书 馆 发 行
北京中科印刷有限公司印刷
ISBN 978-7-100-21595-4

───────────────────

2023 年 9 月第 1 版　　　　开本 787×1092　1/16
2023 年 9 月北京第 1 次印刷　印张 22　插页 3

定价：180.00 元

目录

前言 / iii

第一章　武汉：中国天元之位的战略重镇 / 001

一、曲折的城市发展历程 …………………………………… 004

二、九省通衢与商贸之都 …………………………………… 026

三、近现代的工业强市 ……………………………………… 036

四、百年底蕴的大学之城 …………………………………… 050

五、百湖之市与中国桥都 …………………………………… 053

六、"武汉速度"的城市建设 ……………………………… 061

第二章　芝加哥：一座典型的美国城市 / 077

一、沼泽上崛起的现代都市 ………………………………… 081

二、工业之都与移民城市 …………………………………… 099

三、影响深远的芝加哥学派 ………………………………… 110

四、现代建筑的发源地 ……………………………………… 116

五、百年规划的诞生地 ……………………………………… 144

六、世界闻名的旅游之都 …………………………………… 155

第三章　　**百年前"东方芝加哥"名称的由来 / 165**

一、20 世纪初武汉与芝加哥的相似之处 ·························· 168

二、20 世纪初武汉与芝加哥的不同之处 ·························· 175

第四章　　**百年后武汉与芝加哥的对比 / 207**

一、武汉与芝加哥综合实力对比 ······························· 209

二、武汉与芝加哥分项实力对比 ······························· 214

三、武汉的历史机遇与芝加哥的艰难转型 ················· 256

第五章　　**百年发展历程对比 / 269**

一、中美两国发展历程对比 ································· 271

二、城市兴衰是国家发展的缩影 ························· 280

第六章　　**结论与启示 / 297**

一、两个城市比较的结论 ····························· 299

二、芝加哥转型发展的经验 ························· 304

三、对武汉转型发展的启示 ························· 323

主要参考文献 / 337

后记 / 347

前　言

　　武汉地处中国第一大河长江与长江最大支流汉水交汇处，是中国建城史最为悠久的大城市之一，位于城市近郊的商代盘龙城有 3 500 年的历史。春秋战国时，屈原游东湖行吟、俞伯牙琴台觅知音、孔子使子路问津等历史典故展示出城市豪迈而风雅的文化特质。唐代诗人李白曾登临武昌城蛇山之巅的黄鹤楼，留下"黄鹤楼中吹玉笛，江城五月落梅花"的千古名句，武汉由此得名"江城"。

　　武汉由于江河分隔形成汉口、汉阳、武昌三镇鼎立独特格局。南来北往、承东启西的"天元之位"使其成为"九省通衢"，既是发展商贸的绝佳之选，也是兵家必争之地。东汉末年江夏太守黄祖在汉阳龟山筑却月城，三国时期孙权在武昌筑夏口城，均是军事要塞。明清时期的汉口是商贾云集、帆樯林立之"楚中第一繁盛处"，是中国"四大名镇"之一。清末汉口开埠后，先后有英、俄、法、德等 20 多个国家在武汉通商，促使武汉由封建市镇转型为国际性港口城市。1889 年，晚清重臣张之洞督鄂，在武汉大力推行洋务运动，建立军用与民用、官办与民办并举的工业体系，创建各类新式学堂，奠定了武汉作为中国工业重镇和科教大市的历史基础。待 1907 年张之洞离鄂赴京时，武汉已可驾乎津门、直追沪上，是全国仅次于上海的第二大经济中心城市，号称"东方芝加哥"。

　　1911 年，武昌爆发辛亥首义，打响了推翻封建制度的第一枪，武昌旋即成为中国革命的中心。武昌的政治地位、汉口的商业影响、汉阳的民族工业使得武汉登上历史高峰。1919年，孙中山在《建国方略》中提出把武汉建成"略如纽约、伦敦之大"的国际性大都市。北伐战争后的武汉被设立为中国历史上的第一个直辖市，被两江分隔的武昌、汉口、汉阳首度合并成市，得名"大武汉"。"东方芝加哥"的头衔一直延续到1938年10月武汉会战，《伦敦新闻画报》（*The Illustrated London News*）以"中国的芝加哥"（China's Chicago）沦陷来描述惨烈的武汉会战，自此武汉陷入长达十年的战乱，"东方芝加哥"的名号也不复存在。

在很多人心目中，芝加哥是一个很遥远而又强大的存在。这是一座享有无数盛名和光环的世界级城市，位于美国中部伊利诺伊州的东北部，北美五大湖之一的密歇根湖西南岸，是仅次于纽约、洛杉矶的美国第三大城市，是美国工业中心、交通中心、文化中心和金融中心，在全球城市体系中位居第一方阵。芝加哥自1837年设市以来，凭借着北美大陆的核心地理位置和大胆开拓的城市精神迅速成长为工业时代的巨人。在经历了长达一个多世纪的繁荣岁月后，美国步入以第三产业为主导的发展阶段，芝加哥作为中西部重工业基地的领袖城市，深陷制造业衰落的发展困境。在经历了30多年的低迷徘徊后，芝加哥积极调整产业发展战略，继续保持了其美国中西部最重要中心城市的地位，顺利实现由制造业基地向全球化城市的转型，是世界上最为知名和重要的城市之一。

近代史上的武汉赢得"东方芝加哥"的称号是一种赞誉，而这种赞誉又恰处彼时武汉、彼时芝加哥均处于历史地位最高的时期。为什么得到这个称号？两座城市有何相似性？又有何不同？当下武汉还能类比芝加哥吗？

带着这些疑问，自2005年始，在国家外国专家局的资助下，武汉市规划研究院连续十年、每年选派4名技术人员远赴芝加哥伊利诺伊大学学习，在伊利诺伊大学城市规划与公共事务学院张庭伟教授的指导下，每批技术人员分别从城市历史、规划、建筑、交通、滨水区开发等专业角度对这座城市进行了深入考察和学习，向政府提交专项研究报告，并相继发表一系列的学术文章和著作。本书主执笔吕维娟是2005年度首批赴芝加哥访问学习的规划师之一，初始期望是研究百年前为什么武汉被称为"东方芝加哥"，但在芝加哥为期一年的学习中近距离观察到，这个曾经的工业时代巨人，也不可避免地正在经历时代变革带来的冲击：鳞次栉比的摩天大楼与美丽浩瀚的湖景印证着昔日辉煌，但萧瑟的社区、废弃的工厂、冷清的街道和铁锈斑斑的环路高架线寓示着繁华已褪。再观武汉，尽管百年内也经历了被沿海城市超越、地位逐渐下滑的衰退与落寞，但当前的活力和繁荣气象绝非芝加哥可比。自2010年始，在中部崛起、复兴大武汉的浪潮中，武汉奋起直追，以超常规的发展速度进入强二线城市行列。2018年，武汉市政府提出在建成国家中心城市的基础上，到21世纪中期建成具有国际影响力、全球竞争力和可持续发展能力的世界亮点城市。最近几年来，武汉急速追赶、城市排名快速提升，而芝加哥深陷经济增长乏力、财政危机加剧、人口流失的困境。

芝加哥虽然不再享有工业霸主时代的荣光，但其始终处于全球城市等级体系的上游，它是美国工业化盛期快速城市化的代表性城市，也是美国大城市中公认的城市规划水平最高、建筑艺术水平最高的城市，是享誉世界的芝加哥学派的诞生地。它在后工业化时代经历了制造业基地向全球化城市的艰难转型，其领先时代、不断创新的精神值得同样地处中国内陆的武汉学习。

有感于两座城市相似而又不同的发展历程，笔者认为仅研究百年前武汉为什么叫"东方芝加哥"并不够，这两座城市分别是中国和美国的内陆中心城市，可视为国家发展水平的代表性城市，两座城市的发展历程也是两个国家发展历程的缩影。武汉与芝加哥均在水运和铁路时代占据高峰，均经历了商贸起家、工业强市、产业转型兴市的发展历程，为了全面认识这两座城市的发展水平，有必要对两座城市进行现状综合实力的比较，同时进行百年发展历程的比较，在注重国情不同的前提下，学习经验、吸取教训，既为武汉建设国际化大都市提供他山之石，同时也为我们客观认识中国与美国的发展差异提供一个独特的视角。

全书按照市情介绍、三个对比、形成结论的递进思路共分为六章。

第一章"武汉：中国天元之位的战略重镇"，将武汉的城市历史划分为农耕时代、商贸时代、近代工业化、战争年代、现代工业化、停滞发展、前升后降、奋起直追等八个阶段，并从九省通衢、工业强市、大学之城、百湖之市、武汉速度等方面描述城市形象特色。

第二章"芝加哥：一座典型的美国城市"，将芝加哥的城市历史划分为聚落时代、建市之初、浴火重生、黄金年代、陷入困境、转型求变、复兴之路等七个阶段，并从工业之都、芝加哥学派、现代建筑发源地、百年规划诞生地、旅游之都等方面描述城市形象特色。

第三章"百年前'东方芝加哥'名称的由来"，从武汉与芝加哥都具有得天独厚的地理区位、水铁联运均在城市发展中起到关键作用、均是国家重要的工业基地和商业金融中心、均是因水而生的魅力滨水之城等四个方面介绍 20 世纪初武汉与芝加哥的相似性，并从城市用地和人口规模、工业化发展水平、城市基础设施水平等三个方面揭示 20 世纪初武汉与芝加哥的不同及实力上的悬殊。

第四章"百年后武汉与芝加哥的对比"，从 GAWC 世界城市排名、MMF 全球城市实力排行、科尔尼全球城市指数排行等进行两座城市综合实力的对比，并对经济实力、科技实力、人力资源、基础设施和城市文化进行对比，在实力对比后对两座城市面临的挑战进行分析。

第五章"百年发展历程对比"，从国家命运的演变对两座城市发展历程进行对比，揭示了两座城市分别是两个国家发展命运和发展水平的代表性城市。

第六章"结论与启示"，总结了两个城市比较后的主要结论，从企业家城市、多元化经济、超前规划、传奇市长、文化战略等五个方面介绍芝加哥的转型发展经验，最后提出了规则与观念是高质量发展的基石、巩固并强化城市的自身优势、不断改造自己以适应时代变化、实现更有韧性的包容性增长等四大启示。

　　本书是武汉市规划研究院资助的自主科研项目，历时两年完成。书稿撰写过程中参考了大量的历史资料，数据来源多样，同时也参考引用了我院历年来编制的武汉市城市总体规划及各类专项规划成果。在成书过程中，香港大学周江评教授、院首席规划师肖志中、院副总规划师谢慧、主任规划师喻建华提出了宝贵的修改意见，院技术部冯圆欣、吴微对书稿中部分图片进行了翻译及编绘，黄焕副院长提供了部分他在芝加哥的摄影照片，武汉本地摄影博主玩摄堂提供了武汉的实景照片，在此向他们表示诚挚的感谢！最后，感谢本书责编对书稿内容的细致把关，令我们由衷钦佩商务印书馆务实严谨的优良传统，不仅帮助我们提升了本书的质量，同时也为我们未来从事科研工作提供了学术示范。

第一章

武汉：中国天元之位的战略重镇

一、曲折的城市发展历程

二、九省通衢与商贸之都

三、近现代的工业强市

四、百年底蕴的大学之城

五、百湖之市与中国桥都

六、"武汉速度"的城市建设

武汉地处中国地理版图的天元之位，是中华文明历史长河中占据重要战略地位的城市。它是古云梦泽上依水而生、因水而兴的江城，由于扼长江天险和地处中国之中的地理位置，历史上既是战略要地，又是长江中游地区的政治、经济、文化中心。作为中国内陆最早开启现代化和国际化进程的城市，武汉是近代中国民族工业、新式教育的发祥地，同时也是辛亥首义之地和中国革命的中心。中华人民共和国成立后，在时代变革的大潮中，武汉经历了城市发展地位的崛起、衰落与复兴。直到今天，充沛的水资源、深厚的工业底蕴、丰富的教育资源以及发达的交通体系仍然是武汉转向高质量发展的优势所在。

2019 年，武汉市域总面积 8 569.15 平方千米，常住人口 1 121.20 万人，地区生产总值 16 223.21 亿元。武汉现辖 13 个行政区，包括江岸区、江汉区、硚口区、汉阳区、武昌区、青山区、洪山区等 7 个中心城区，以及蔡甸区、江夏区、黄陂区、新洲区、东西湖区、汉南区等 6 个新城区，设有东湖新技术开发区、武汉经济技术开发区、临空港经济技术开发区等 3 个国家级开发区。其中，东湖新技术开发区托管范围包括洪山区关东、九峰、花山、左岭等街道以及江夏区佛祖岭、豹澥、滨湖等街道；武汉经济技术开发区托管范围包括蔡甸区的沌口街和军山街以及汉南区全域；临空港经济技术开发区托管范围包括东西湖区全境，与东西湖区共用一套行政管理机构。

从城市长远发展战略考虑，武汉市提出了"都市发展区""武汉大都市区"等规划概念。2010 年获国务院批复的《武汉市城市总体规划（2010—2020 年）》，将距离城市中心 25 ～ 30 千米的范围规划为都市发展区，作为城市功能的主要集聚区和城市空间的重点拓展区。武汉市都市发展区以外环高速公路附近的乡、镇行政边界为基本界线，东到阳逻、双柳、左岭、豹澥，西至走马岭、蔡甸城关镇、常福，北抵天河、横店、三里，南达纱帽、金口、郑店和五里界，总用地 3 200 余平方千米，人口约 948 万人。都市发展区以外是武汉市农业生产和生态保育的重要区域，面积约 5 300 平方千米，人口约 160 万人。为了寻求更大区域的协调发展，2018 年编制完成的《武汉市城市总体规划（2017—2035 年）》，将武汉周边 80 千米圈层范围内的市县纳入武汉大都市区，具体包括武汉及周边 11 个市县（2 个市、4 个市辖区、4 个县级市、2 个市的部分街镇）①，面积约 2.06 万平方千米。2018 年，武汉大都市区常住人口接近 1 900 万人，地区生产总值约 2 万亿元。

一、曲折的城市发展历程

武汉城市发展历史源远流长，位于城市近郊的商代盘龙城是武汉城市之根，武汉三镇中的汉阳和武昌分别在东汉和三国时期就修筑有军事城堡，在漫长的农耕时代，由于江河的分隔，武汉三镇分别独立发展，武昌和汉阳从军事城堡向封建城邑转变，汉口在明清时期凭借区位优势迅速崛起为长江中游地区的商贸重镇。进入近代以来，作为中国内陆的中心城市，武汉完整经历了从封闭到开放、从传统到现代的发展转型，又多次在经历战争和自然灾害的劫难后重生。中华人民共和国成立后，武汉是"一五""二五"时期国家工业建设的重点城市和改革开放初期市场经济改革的试点城市；自 20 世纪 90 年代以来，随着外向型经济的进一步拓展，武汉的发展落后于沿海城市；2010 年以来，武汉提出加快建设国家中心城市后开始了奋起直追，自 2012 年始一直位列中国内地城市经济实力十强榜（图 1－1）。

---

① 武汉大都市区包括：1. 武汉全市；2. 鄂州全市；3. 黄冈市辖区、团风县；4. 黄石市辖区、大冶市；5. 孝感市辖区、汉川市；6. 咸宁市辖区、嘉鱼县；7. 仙桃市部分街镇；8. 洪湖市部分街镇。

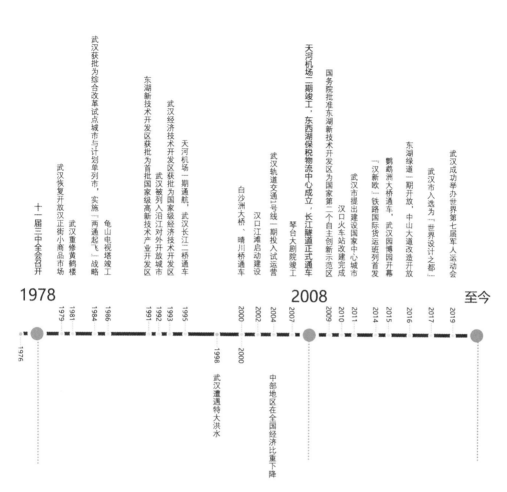

1978 　　　　　　　　　　　　　　　2008 　　　　　　　　　　至今

十一届三中全会召开

1976

武汉恢复开放汉正街小商品市场

武汉重修黄鹤楼

1979

1981

武汉获批为综合改革试点城市与计划单列市，实施"两通起飞"战略

1984

龟山电视塔竣工

1986

东湖新技术开发区获批为首批国家级高新技术产业开发区

1991

天河机场一期通航，武汉长江二桥通车

武汉经济技术开发区获批为国家级经济技术开发区

武汉被列入沿江对外开放城市

1992

1993

1995

白沙洲大桥、晴川桥通车

汉口江滩启动建设

武汉轨道交通1号线一期投入试运营

1998

武汉遭遇特大洪水

2000

2000

中部地区在全国经济比重下降

2002

2004

琴台大剧院竣工

2007

天河机场二期竣工，东西湖保税物流中心成立，长江隧道正式通车

国务院批准东湖新技术开发区为国家第二个自主创新示范区

2009

武汉火车站改建完成

2010

武汉市提出建设国家中心城市

2011

"汉新欧"铁路国际货运班列首发

2014

鹦鹉洲大桥通车，武汉园博园开幕

2015

东湖绿道一期开放，中山大道改造开放

2016

武汉市入选为"世界设计之都"

2017

武汉成功举办世界第七届军人运动会

2019

"两通起飞""中部塌陷"
前升后降

全面复兴，建设国家中心
城市奋起直追

（一）农耕时代："军事城堡"向"封建城邑"转变（商代—1465 年）

武汉城市文明起源于距今 3 500 年的商代盘龙城，它是商王朝南征时期的军事据点，其目的是震慑南方蛮夷，取得周边铜矿资源，盘龙城也是我国已发现的最早古城之一。

西周晚期，随着楚人在江汉地区的崛起与扩张，武汉进入楚文化圈，成为楚国腹地，社会和经济发展进入全新阶段，文化面貌上呈现出周文化、本地文化、扬越文化并存，楚文化凸显的局面。春秋时期，汉阳鹦鹉洲畔俞伯牙与钟子期"高山流水识知音"的传奇故事，成为千古传颂的至交典范，"知音文化"也成为武汉独有的文化基因。

汉高祖六年（公元前 201 年），武汉正式有了县的建制。东汉末年三国初期，由于军事集团割据，地方势力拥兵自重，政局动乱，武汉地区的军事战略地位显得格外重要，刘表派黄祖在大别山（今汉阳龟山）筑堡屯兵，修建了武汉中心城区内的第一座军事城堡——却月城。却月城南倚龟山，北临汉水，紧扼汉水入江的交通要道，后来吴国又在龟山之东修建鲁山城，军事上起着重要的屏障作用。

赤壁之战后，东吴孙权为了与魏、蜀两国争夺荆州地盘，公元 223 年在武昌背靠蛇山、面临长江处筑造夏口城，与对岸的却月城隔岸相峙，奠定了南北"双城对峙"局面（图 1-2）。筑城的同时，孙权还在附近开辟黄军浦水师基地、大型造船工场，增强吴国水师实力，频频向曹魏统治的汉阳发起攻击，此外还在夏口城的蛇山上修建一座阁楼，实际是一座军事瞭望台，这便是最早的黄鹤楼。

西晋统一后，结束了东汉末年以来近百年的战乱，武昌和汉阳作为军事城堡的作用下降，经济繁荣，出现和平时代安宁兴旺的景象。但西晋后期，江汉地区又陷入流民起义、朝廷镇压的巨大动乱之中，加上北方强大的匈奴骑兵不断入侵，战乱升级，使得长江两岸的军事价值回升，武昌和汉阳再次成为重要的军事城堡。

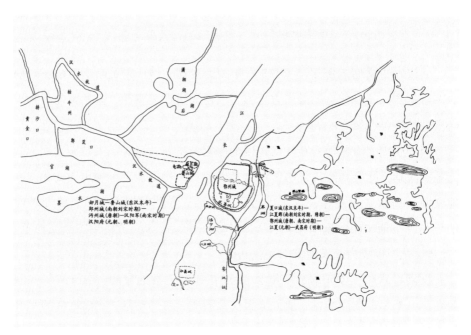

图 1-2 "双城对峙"的武汉格局（汉末至明代中叶）
资料来源：武汉规划展示馆。

  南北朝时期，夏口成为州治所在地，又称郢州城，随着行政地位的提升，开始在夏口城基础上对城垣进行修葺和扩建，成为武昌今天最古老的城垣遗迹，武昌汉阳门江边一带形成了商船贸易。"在州鬻货聚敛，于城南起宅，长堤以东，夏口以北，开街列门，东西数里"便是对郢州城繁荣景象的描述。

  隋朝统一后，地处腹心的武汉一带的行政建制产生了新的安排，隋文帝改郢州为鄂州，郢州城改为鄂州城，是鄂州府、江夏县的治所。城市功能逐渐扩展为具有政治、商业、文化功能的地方政权驻地，由以往军事要地向封建镇邑过渡转变。

  唐朝初年，政治稳定，又实行休养生息和鼓励农耕的政策，武汉进入了一个较长时期的和平发展阶段。汉阳县（今蔡甸区，余同）从临嶂迁到龟山南麓后，开始了对汉阳城垣的修筑工程，城墙周长 3.54 千米，建有八门，在

当时有这样城垣的规模，已十分可观。武昌的鄂州城，居水陆要冲，是长江航道上的一个重要商业据点，商业贸易繁盛。李白曾在《赠江夏韦太守》中写道"万舸此中来，连帆过扬州"，来形容当时航运发达带来的繁荣。唐敬宗宝历元年（825年），鄂州刺史牛僧孺又将原来的夯土城墙改建成为砖砌城墙，既减少了灰尘又增强了防卫能力，是武汉古代城市建设史上一件划时代的大事。武汉地区经济发展的另外一个标志是人口的剧烈增长，尤其是在安史之乱后全国各地人口普遍下降的局面下，武汉地区却逆向增长，从贞观到天宝年间（627—755年），鄂州户数增加5.1倍，人口增加5.8倍（彭皓琳，2005），因此，在唐中期后被称为"东南巨镇"。

南宋时期，由于商业和航运业的兴盛，加上长江流域的进一步开发，武昌和汉阳凸显出作为商品集散地和中转港口的地位。武昌南市"列肆如栉"，汉阳鹦鹉洲"贾船客舫，不可胜计，衔尾不绝者数里"。到了宋代，武昌更是发展成与杭州、南京并列的三大城市，被誉为"江渚鳞差十万家，淮楚荆湖一都会"。

元代在全国设十三行省，湖广行省辖湖北、湖南、广西全境和广东、贵州一部，治所在武昌城，武昌崛起为中南大区域行政中心。

（二）商贸时代：商贸重镇转型为国际贸易商埠（1465—1889年）

明成化元年（1465年），汉水完成了最后一次改道，从汉阳龟山之南的入江口改由龟山北入江，形成了一个稳定的主河道入江口，史称"汉水改道"。新入江口岸地盘开阔，由此形成天然良港——汉口新镇，武汉至此由"双城对峙"进入"三镇鼎立"时代。由于长江、汉江黄金水道和南北交通干线的区位优势，汉口开启了转口贸易，并以商业大镇卓立华中，与朱仙镇、景德镇、佛山镇同称天下"四大名镇"，成为"楚中第一繁盛处"，成就了汉口此后几百年的商贸繁荣。"十里帆樯依市立，万家灯火彻宵明"便是汉口城市繁华景象实景描绘（图1-3）。彼时汉口作为全国性的区域经济分工和跨省区大额商品流通的经济体系正在逐渐形成，成为全国茶叶、淮盐、

图 1-3　1876 年《湖北武汉全图》

资料来源:《武汉历史地图集》编委会，1998。

竹木、粮食的分销地，大批货物在汉口中转，其影响和辐射范围遍及大半个中国。

城市建设方面，为解决城市水患，汉口曾三次修建堤坝，使其成为天然良港，吸引了大批外来人口来此投资兴业，商业异常繁荣。第一次为1635年（明崇祯八年），汉口通判袁焻主持修筑了袁公堤（现长堤街），堤外挖掘壕沟，名为"玉带河"，堤内的正街（汉正街原称）逐步形成，以汉正街为轴心，形成一个鱼骨状的空间形态。第二次为1864年（清同治三年），为防范太平军的进攻，抵挡东西湖、后湖方向水患，汉阳知府钟谦钧、县令孙福海与汉口绅商胡兆春等协议，修筑汉口堡，城市中心区也由汉正街向六渡桥偏移。第三次为1905年（清光绪三十一年），湖广总督张之洞主持修筑张公堤，全长17千米，城区规模也从之前的11.5平方千米增至28平方千米，将武汉城区面积进一步扩大，预留了未来百年的城市腹地，城市中心区由六渡桥逐步发展至江汉路一带，并在1907年拆除汉口堡修建了武汉第一条近代马路——后城马路（今中山大道）。

1840年，鸦片战争打破了清政府的闭关锁国政策，中国逐步沦为半殖民地半封建社会。1858年，《中英天津条约》签订，增开牛庄、登州、台湾、潮州、琼州、汉口、九江、镇江、南京等九个通商口岸，英国商船可在长江各口岸往来。1861年3月，汉口开埠，先后有英、美、日、俄、法等20多个国家来汉通商。为进一步加强对外贸易的管理，1862年，清政府总理衙门批准设立江汉关，1863年开始对所有经汉口进出口的货物征收关税，国际商埠的管理理念初步显现。

汉口被辟为通商口岸后，各国商船停泊时间长，沿岸需要码头，岸上需要仓库、公司、洋行、银行等为其服务。因此，英、俄、法、德、日依仗不平等条约，要求租借土地，划定居留地。1861年3月，英租界最先被划定，此后又开辟法、俄、德、日租界，汉口五国租界区逐渐形成（图1-4），沿江岸线共长约3.63千米，面积约1.98平方千米（《汉口租界志》编纂委员会，2003）。五国租界区成立后，四周设围墙、铁栅等屏障与华界隔开，并

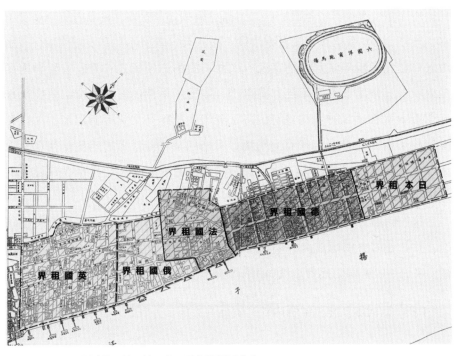

图 1-4　汉口五国（英、俄、法、德、日）租界区分布
资料来源：陈韦、武洁等，2019。

按照西方现代城市规划的理论与思想建设，改变了原有密集、不规则的城市肌理。

首先，五国租界在功能设置上几乎包含了城市的所有功能区：行政建筑、警察署、各国领事、商业设施、进出口公司、加工工厂、银行、娱乐、别墅、公馆、住宅、教堂、教会医院、学校等。主要街道两旁几乎全部被新建的现代商业企业的办公楼占据（王宜果，2012）。租界区内大致呈现"前商后居"的布局模式，沿江地区除少量领事馆用地外，多为商行、码头、仓库、货场等。居住用地位于租界后方，环境优良，远离沿江闹市。其次，租界内道路交通规划建设按网格划分，修建了垂直于码头的南北向道路，相较于华界密集狭窄的街巷，租界的道路网适用于人力运输和频繁的商业活动，但临江主干道基本贯通相连，以联系各个码头和租界各区域，交通配套设施也比较完备，有火车货运线、码头道路运输线等。此外，租界内还开展了给水、电力、卫生系统等市政设施建设。1909年，既济水厂和水塔建成，开始为汉口居民及租界供水，是武汉自来水历史的开端标志；为改善租界内的卫生状况，修建下水道系统和排水沟，实行了早期的雨污分流，并在夏季定期对下水管道和排水沟进行消毒。英国人把跑马文化带到汉口，汉口相继修建了西商跑马场、华商跑马场、万国跑马场。租界的建立，客观上为武汉植入了近现代的西方文明，为采取先进的理念开展近代市政建设提供了样板。

这一时期，美、英、法、德、日等国的轮船以汉口为中心，经营长江航线，并开通多条国际航线，外商纷纷来汉办厂，设立教会学校成为当时风潮。汉口逐步由国内商贸重镇向国际贸易商埠转型。

（三）近代工业化：中国内陆的国际性大都市（1889—1937年）

1889年，张之洞来到武汉，推行洋务运动，实行"湖北新政"，开启了他长达18年的湖广总督的辉煌生涯。他以"朝气方新"的姿态在武汉推行以兴办近代工业为核心的洋务新政，建立了一套完整的近代工业体系，使武汉成为中国早期工业化运动的发祥地。张之洞对武汉另一项影响深远的改革是大规模兴办新式教育，改书院、兴学堂，由此奠定武汉在全国科教重镇的教育地位。此外，张之洞主修了卢汉铁路（1906年通车，后改称京汉铁路）及粤汉铁路（1936年通车），武汉成为连接东西、贯通南北的交通枢纽，奠定了日后武汉在全国的交通枢纽地位。

19世纪末20世纪初，武汉获得超常规发展，由一个传统的政治军事中心和以国内循环为主的传统商业市镇，一跃转变为中国近代工业的重要发祥地和面向海外市场、进行国际大循环的国际性通商口岸。当时的武汉城市现代化起点高，国际化程度高，在国内同类城市中优势突出，是仅次于上海的中国内陆最繁华的国际性大都市。

专栏1：张之洞的"湖北新政"

张之洞（1837—1909），晚清名臣、清代洋务派代表人物，政治上主张"中学为体，西学为用"。1889年，张之洞来到武汉，开启督鄂时期，在武汉推行洋务运动，实行"湖北新政"。

在区域交通方面，张之洞构建了以武汉为核心的"十字形"主干交通线，规划了以汉口和武昌为终点的南北向京汉、粤汉铁路，以及东西向的川汉铁路（未通车）与沪汉长江航线。凭借铁铁中转、水铁联运、通江达海的垄断优势，武汉改变了中国近代经济版图的格局。20世纪初，武汉的大智门火车站有"亚洲最雄伟、最现代化的火车站""京汉铁路最耀眼亮点"之称。

在工业建设方面，张之洞在武汉建立了一套完整的近代工业体系。1890年，他在汉阳龟山北与汉水南侧创办汉阳铁厂，以其规模和历史影响成为近代中国钢铁工业全面进步的标志（李海涛，2010）；1892年，在汉阳铁厂以西兴建湖北枪炮厂（又称湖北兵工厂、汉阳兵工厂），是晚清中国规模最大、技术最先进的军工厂之一。1890—1899年，张之洞先后在武昌创办"纱布丝麻四局"（湖北纺纱、织布、缫丝、制麻局），奠定了武汉纺织业的基础。这些开创性的举措使武汉成为推动中国近代工业发展的重要城市。

在文教事业方面，张之洞高度重视近现代教育，改书院、兴学堂、倡游学，为现代高等院校的发展打下坚实基础，其中创办于1890年的两湖书院规模最大，大多数学堂分布在武昌城内，也为武昌地区现代高等院校的发展打下坚实的基础。新式学堂总数在辛亥革命前夕达到百余所，学生人数达到1万余人，成为全国教育改革的模范区，这都进一步推动了武汉近现代教育的发展。此外，张之洞还是中国近代第一个颁布并实施的教育体制"癸卯学制"的主要制定者之一，广派留学生的有力推动者，作为内陆省份的湖北，位居清末各省留学生派出之首，涌现出许多军政科教杰士，如黄兴、李四光、吴禄贞等。

在城市建设方面，围绕商埠口岸的战略目标，张之洞开始有计划地实施"筑堤、拆城、修路、兴市"等策略，奠定了武汉近百年的城市发展空间格局（陈韦、武洁等，2019）。"筑堤"即"筑后湖大堤"（张公堤），将武汉城区面积进一步扩大，预留了未来百年的城市腹地。"拆城"即"拆汉口城墙"，"修路"即"翻修马路"。三镇原有街道狭窄，殖民者进入武汉后引入西方规划建设思路，张之洞连续几年拆除城墙，大力扩建汉口街道，在新城区先后修建了多条宽敞的新式街道，这种"边建边拆"的做法不仅有利于市区交通的顺达，也使得城墙拆除的砖石可用于堤防建设。"兴市"即"兴汉口新埠"，建立商会，开办商品展览，鼓励对外竞争，并陆续修建公馆、店房、银行等。

在军事建设方面，"练新军"是新政的又一显著政绩，建造炮台，整编水师，使内河海军初具规模。湖北新军作为清末时期最优的军队，采用洋操洋械，招收读书人入伍，正因如此反倒成为革命党人的活动温床，辛亥革命武昌首义因以功成。1912 年，孙中山访汉时，称张之洞为"不言革命的大革命家"。

1911 年 10 月 10 日，震惊中外的辛亥首义（又称武昌起义）在武昌爆发，该事件标志着中国 2 000 多年封建帝制的终结，武汉也成为"大革命"的中心，登上了世界政治舞台。自武昌起义后的收回租界运动、五四运动、新文化运动以及市政制度的确定，使得武汉在政体、经济、社会文化上有了不可忽视的变革。

虽然武昌起义让武汉在全国乃至世界瞩目，但革命过程中的战火给城市的经济和社会带来了巨大的破坏。据日本驻汉口总领事馆 19 号情报纪事："汉口市区昨夜大火，始终未息，由今日正午越加炽烈，市中心满春戏院附近，因此化为焦土。今晚火势仍极猛烈，盖因革命军坚守市区不退，官军迫不得已实行火攻之战也。受灾市民扶老携幼，狼狈逃难，情形极惨。"（皮明庥，1993）这场大火中，汉口近四分之一市区被烧毁，造成亿元以上的直接损失。

汉口的商店、工厂大范围倒闭，汉口汉阳的17家典当铺共损失340万两白银（彭建新，2008），汉口100多家钱庄不能收回债务达3000万两白银。汉口18家票号周转失灵，纷纷停业，银行钱局受到挤兑，社会秩序混乱。

重建武汉成为当时各界的统一意识和当务之急。孙中山指派内务部筹划修复事宜，以模范市的目标开展汉口建设计划，但由于南京国民政府和湖北军政府财政状况难以负担如此巨额的重建投资，汉口计划无法全面实施，因此，重建基本以民间地产商为主力，实业家成为汉口华界和租界的主要力量（涂文学、刘庆平，2010）。在南京路至一元路，中山大道以北、平汉铁路南侧的空地上，中西合璧的新型里分式住宅纷纷涌现，新里分的建设促进汉口重建，其中地产大亨刘歆生主导的"模范区"建设最为有名，是可以媲美租界的典范。在如火如荼的重建过程中，汉口市中心的地价也飞速上涨。据资料记载，1912年每平方丈（约10平方米）地价100两银子，数年后上浮到360两银子。1914年修建五常里时，每平方丈地价50两，1915年涨至200两，1917年涨至1000两（皮明庥，2006）。短短几年间，重振后的建筑如雨后春笋般拔地而起，形成了六渡桥到江汉路、大智路、车站路、南京路等今中山大道两侧的闹市区以及街后腹区的大片横街、里弄。同时，中山公园、协和医院、国立武汉大学等公共设施相继建成，奠定了武汉近现代医疗和教育在全国的领先地位（图1-5）。

民国初年的武汉也迅速开启了新一轮的工业化建设，民间投资成为武汉工业发展的主导力量，迎来了民国初年的"黄金时期"，武汉成为全国第二大纺织工业中心和面粉工业中心。商业方面，色布行、花布行、呢绒行、内衣店、西服店、时装店大量开设，汪玉霞、曹祥泰、叶开泰中药店等成为家喻户晓的本土名牌[①]，六渡桥和民生路更是成为武汉现代商业的时尚聚集地，

---

① 叶开泰中药店始创于1637年（明崇祯十年），距今有380余年的历史，其自制名药参桂鹿茸丸、八宝光明散、虎骨追风酒闻名遐迩。早在20世纪30年代，汉口叶开泰就与北京同仁堂、杭州胡庆余、广州陈李济齐名，号称"中国四大中药房"。

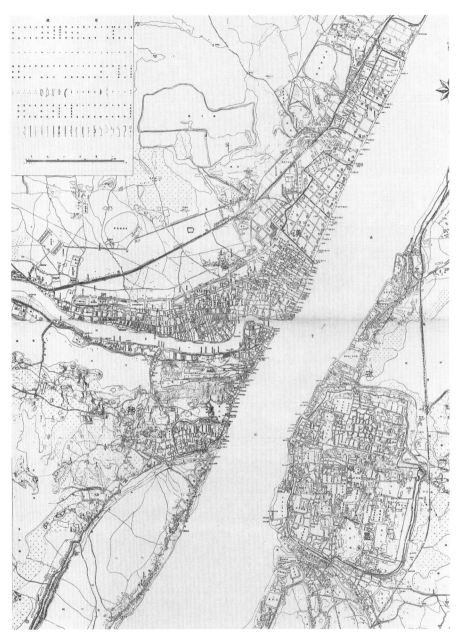

图1-5　1922年武汉三镇街市图

资料来源：《武汉历史地图集》编委会，1998。

中国银行、金诚银行等民族资本银行在此挂牌，成为名副其实的金融街。

1926 年 7 月，国民革命军从广州出师北伐，北伐军迅速进入湖北，9 月占领汉阳、汉口，10 月 10 日攻克武昌。1927 年 1 月 1 日，国民政府将武昌、汉口、汉阳三镇合为京兆区，定名"武汉"，作为中华民国临时首都。这是武汉名称的由来，也是武汉历史上第一次作为首都。

1931 年，百年一遇的大洪水重伤武汉，受灾人数达 63 万人，受灾面积达 321 平方千米，死亡 3 619 人。1935 年，武汉再一次遭遇洪水袭击。此外，武汉是华中地区国民政府对中国共产党实施军事"围剿"的中心，这些都长期消耗着武汉的精力，使得城市未能专注于社会经济的发展。

（四）战争年代：抗日战争及解放战争（1937—1949 年）

1937 年 7 月 7 日，全面抗日战争开始，作为华中重镇的武汉迅速转入战时轨道，一度成为抗战的政治中心，并遭遇了日军的狂轰滥炸。据《武汉市志》统计，1937 年 8 月 21 日—1938 年 10 月 25 日，武汉共遭受日机空袭72 次，投弹 3 030 枚，死亡 1 651 人，伤 3 147 人，炸毁房屋 3 437 栋。据伪武汉特别市政府公报记载，抗战初期的武汉"市民逃避一空，繁华市镇竟呈荒凉之景象，热闹商场徒余鼠窃之惊，所历浩劫亘古未有"。

1938 年 6 月，国民政府军事委员会制定了武汉保卫战的行动计划，武汉会战成为中国抗日战争的重要转折点，除了达到消耗敌人有生力量、迫使日军无力继续战略进攻的目标外，还为工业、高校、民众迁入西南和西北地区创造了时间差。武汉原有人口 114 万，在短短几月时间内，被疏散人口达80 万。截至 1938 年 10 月 24 日，路经武汉辗转至大后方的民众达 200 万。东部高校除少数迁入租界外，大部分迁往西南、西北等地，武汉大学、华中大学、中华大学、文华图书馆学专科学校等也迁入四川、云南等地，高校内迁保存了高等教育的基本力量和科技精华。这次撤退是抗战时期规模最大的战略转移，也是中国经济重心的一次大转移，自此抗日战争进入了战略相持阶段（涂文学、刘庆平，2010）。

抗战胜利后，国民政府接管武汉，将武昌和汉阳组成武昌市，汉口作为直辖市。这一时期官僚垄断资本极其膨胀，民族工商业全面萎缩，加之内战，导致武汉经济全面崩溃。一方面，滥发货币导致通货膨胀，物价飞涨；另一方面，在官僚资本垄断、盘剥和美货冲击下，民族工商业惨遭打压，武汉的港口枢纽地位不断沦落，"东方芝加哥"地位不再。

（五）现代工业化：苏联模式的重工业之城（1949—1958年）

1949年5月，汉口、汉阳、武昌相继解放，三镇再度合并，统称武汉市。在中华人民共和国成立后的恢复建设阶段，由于国内外政治经济环境的影响，采取了向苏联"一边倒"的对外策略，苏联社会体制和建设思想被全盘大规模引入。国家按照"变消费性城市为生产性城市"的方针，一边修复战时破坏严重的基础设施和恢复社会生产，一边组织工业部和铁路、卫生、水利、电力、公安、文化、城建等部门组成的联合团队在全国范围内对国家重大项目与基础设施进行选址，武汉这一时期被委以重任。

"一五"时期（1953—1957年），为落实国家"156项工程"中的武汉重大项目成功落地，借鉴苏联规划经验，武汉市编制了1954年版《武汉市城市总体规划》，规划布局完全转移到了大型工业项目建设服务上来，城市规划为工业区发展、旧城改造、城市公用设施布局起到骨架和控制作用（董菲，2010）。建设方针就是集中力量建设以重化工业为特色的工业体系，这批国家级的项目落地直接决定了武汉重工业基地、全国交通枢纽的城市性质，主要成就包括三方面：

一是修建了武汉长江大桥（1957年通车）和江汉桥（1960年通车）。武汉长江大桥是古往今来长江上第一座跨江大桥，标志着武汉三镇实现了真正意义上的连通，作为连接南北大动脉的关键，实现了京汉铁路与粤汉铁路接轨，促进了中国南北经济的发展。

二是武汉钢铁公司、武汉锅炉厂、武汉重型机床厂相继建成投产，并开辟了葛店、阳逻、沌口、金口、滠口等沿江卫星城和12个规模较大的工业区

（青山、余家头、答王庙、钵盂山、白沙洲、关山、鹦鹉洲、七里庙、庙山、堤角、易家墩、唐家墩），基本形成了城市中心区向外放射的工业区布局。

三是兴建了一批大型公益性服务设施和教育设施，如武汉剧院、武汉展览馆等大型公共设施以及华中工学院、华中农学院等19所高等院校。

这一时期武汉的城市地位有起有落。1949年5月—1954年6月，武汉先后是中南大行政区的首府城市和中央直辖市；1954年6月，武汉市由中央直辖市改为湖北省辖市，但在华中和华南地区的城市建设依然是首屈一指的（王汗吾、吴明堂，2008）。

（六）停滞发展：社会主义建设道路的曲折探索（1958—1978年）

1958年开始"大跃进"运动，武汉提出以"二百项"为主的地方工业体系建设，国家、省、市、区、人民公社各类大小工业项目一起上马，超越经济发展水平的大规模建设使得社会经济濒临崩溃。1962年，为发挥大城市在国民经济调整中的作用，走出经济困境，中共中央和国务院决定将天津、沈阳、武汉、广州、重庆、西安这六大城市的工业生产、基本建设、物资调拨、主要商品分配、职工人数和工资总额、财政预算，在省的计划中单独列出来。这是省、市合并后的第一次计划单列，武汉市的国民经济计划直接纳入国家平衡，基建、财政拨款直接下到武汉，武汉市还直接参加全国计划会议和各种专业会议、订货会议，这对于全市经济的恢复和发展起到比较大的作用。1966年5月16日，中共中央发出《五一六通知》，由此开展了历时十年且席卷全国的政治运动，政府机关单位工作都陷入停滞，计划单列因而中断。

（七）前升后降："两通起飞"与"中部塌陷"（1978—2008年）

1978年，党的十一届三中全会召开，成为我国社会经济发展的历史转折点，会上确定了"以经济建设为中心"的工作重点的转移，开始了以经济领域为首的改革开放。改革开放以来，武汉的城市发展模式和发展速度发生了明显的变化，一方面，工业和科学技术的高速发展，使人口、资金以更快的速度向城市和周围地区聚集；另一方面，由于城乡交通高度发达，城市逐渐向相对分散的郊区化发展，城市功能空间不断被重组（张文彤、刘奇志，2009）。

1980—1990年是武汉改革开放艰难起步、初步探索阶段。改革开放之初，武汉产业结构依然以重化工业为主，延续了老工业基地的"余温"，社会经济亟待恢复活力。十一届三中全会后，武汉按照"计划经济为主，市场调节为辅"的思想，发展"有计划的商品经济"，在城市主要推行经济责任制，进行扩大企业经营自主权试点，开放集市贸易，恢复个体经济。

为进一步扩大开放，盘活内陆经济，1984年，国家对武汉实行国民经济计划单列，赋予省一级经济管理权限，将中央、省属企业下放。这是武汉第二次成为计划单列市，也是改革开放后全国第一个进行经济体制综合改革的省会大城市。在形势大好的情况下，武汉以交通、流通的"两通"为突破口，提出了"两通起飞"战略，将武汉建设成为"内联华中，外通海洋"的经济中心，敞开大门吸引四方商贾。通过这一战略引领，城市活力大大提高，极大拉升了武汉在内陆地区的城市地位，促进了武汉商贸、工业、交通的大发展。

1990—2000年是武汉由传统制造业向现代制造业转型的艰难阶段。1992年1月，邓小平在视察南方首站——武昌时发表了"进一步解放思想、加快改革开放步伐"的重要讲话，武汉被批准为"沿江对外开放城市"。以此为契机，武汉确定了"开放先导"发展战略，开始推进经济结构战略调整，将"四城雄踞、三区崛起"作为武汉的又一大城市战略，不再强调是建设工业城市还是消费城市，而是突出强调提升城市综合竞争力，将武汉建设成为"开放型、多功能、现代化的国际性城市"（陈韦、彭伟宏等，2019）。其中，"四城雄踞"是指将主城区建设成"商业金融城"，东湖开发区建设成"科技城"，青山区建设成"钢铁城"，武汉开发区建设成"轿车城"；"三区崛起"是指促进东湖、沌口、阳逻三个开发区的崛起。这一战略完全契合当时武汉由老工业基地向现代制造业转型的发展要求。

在城市建设方面，1998年抗洪后，武汉掀起了一轮创建"山水园林城市"的城市战略行动，开展了以街道、广场和绿化为主的各类综合整治的"城市美化运动"（董菲，2010）。例如中山大道百年老街、江汉路步行街、沿江大道环境综合整治、汉口江滩地区景观建设、东湖环湖景观建设综合整治一期工程、东湖风景区规划、龙王庙地区改建规划和中山公园改建规划等，大量的环境综合整治规划项目在总体规划的生态环境框架下，对城市空间按照点、线、面、路径、标志等要素进行整合设计，突出保护了城市自然生态环境和近代历史风貌区。政府希望借助改善城市环境来吸引投资，因此，整治工程费用几乎都是由政府主导出资，按照"人民城市人民建"原则，向沿线涉及单位和经济实体摊派一部分的筹资，很快改变了城市主要窗口和展示面的形象，尤其是改善了很多街道和公共环境的卫生状况，极大地提升了城市面貌。

改革开放后，国家制定了"先富带动后富"的方针，率先发展东部地区，东部很多城市和武汉的差距逐渐缩小甚至实现了赶超，而在2000年国家实施西部大开发战略后，成都、重庆保持了较快的经济增长速度，中部地区经济比重在全国出现下降，呈现"中部塌陷"现象。武汉也从改革开放初期的全国"领跑"梯队滑落到"陪跑"，城市实力下滑，2005年更是跌入低谷，地区GDP排名下滑至中国内地城市第17名（表1-1）。

表1-1　1978—2008年中国内地城市GDP排名

排名＼年份	1978	1981	1984	1987	1990	1993	1996	1999	2002	2005	2008
1	上海	上海	上海	上海	上海	上海	上海	上海	上海	上海	上海
2	北京	北京	北京	北京	北京	北京	北京	北京	北京	北京	北京
3	天津	天津	天津	天津	重庆	广州	广州	广州	广州	广州	广州
4	重庆	重庆	重庆	重庆	广州	重庆	重庆	深圳	深圳	深圳	深圳
5	长春	广州	广州	广州	天津	天津	天津	重庆	重庆	苏州	苏州
6	哈尔滨	沈阳	武汉	苏州	沈阳	苏州	苏州	天津	天津	天津	天津

排名 \ 年份	1978	1981	1984	1987	1990	1993	1996	1999	2002	2005	2008
7	沈阳	武汉	成都	杭州	苏州	深圳	深圳	苏州	苏州	重庆	重庆
8	广州	青岛	杭州	武汉	成都	无锡	杭州	杭州	杭州	杭州	杭州
9	大连	大连	哈尔滨	成都	杭州	杭州	无锡	成都	成都	无锡	无锡
10	武汉	成都	南京	哈尔滨	哈尔滨	沈阳	成都	无锡	青岛	青岛	青岛
11	青岛	哈尔滨	宁波	南京	青岛	成都	宁波	武汉	无锡	宁波	佛山
12	成都	苏州	济南	无锡	大连	青岛	武汉	宁波	宁波	南京	宁波
13	南京	杭州	长沙	宁波	武汉	武汉	沈阳	青岛	武汉	佛山	成都
14	鞍山	南京	深圳	济南	南京	南京	大连	沈阳	大连	成都	南京
15	苏州	无锡	—	长沙	深圳	宁波	青岛	大连	沈阳	大连	东莞
16	石家庄	宁波	—	深圳	无锡	大连	南京	南京	南京	沈阳	武汉
17	南通	济南	—	—	宁波	哈尔滨	哈尔滨	哈尔滨	佛山	武汉	大连
18	唐山	长沙	—	—	济南	济南	佛山	济南	哈尔滨	东莞	沈阳
19	杭州	深圳	—	—	长沙	长沙	济南	佛山	济南	唐山	烟台
20	烟台	—	—	—	—	—	东莞	东莞	东莞	济南	唐山

资料来源：根据历年《中国城市统计年鉴》整理。

（八）奋起直追：全面复兴与建设国家中心城市（2008年至今）

2008年，全球遭遇金融危机，外向型经济的沿海城市受到较大打击，而开放性不足的内陆城市影响较小，武汉乘势崛起，借助两大开发区建设的逐步完善和全面发力，武汉的城市地位快速回升。

2009年，国务院出台《促进中部地区崛起规划（2009—2015年）》，武汉作为中部领头羊被委以重任。同年，东湖新技术开发区成为继中关村之后全国第二个国家自主创新示范区，形成了光电子信息产业为主导，生物医药、新能源环保、高端装备制造、高技术服务业竞相发展的产业体系。2011年，武汉提出工业倍增计划，巩固了武汉现代制造业基地的地位，城市经济重新焕发出新的活力，呈现出赶超发展态势。2012年武汉地区生产总值

8 003 亿元，在全国主要城市排名中回升至第 9 位，2014 年武汉地区生产总值突破万亿元，至 2018 年达到 14 928 亿元，在全国主要城市的排名稳定在第 8～9 位（表 1-2）。

表 1-2　2009—2019 年中国内地城市 GDP 排名

年份＼排名	2009	2010	2011	2012	2013	2014	2015	2016	2017	2018	2019
1	上海	上海	上海	上海	上海	上海	上海	上海	上海	上海	上海
2	北京	北京	北京	北京	北京	北京	北京	北京	北京	北京	北京
3	广州	广州	广州	广州	广州	广州	广州	广州	深圳	深圳	深圳
4	深圳	深圳	深圳	深圳	天津	深圳	深圳	广州	广州	广州	广州
5	苏州	苏州	天津	天津	深圳	天津	天津	重庆	重庆	重庆	重庆
6	天津	天津	苏州	苏州	苏州	重庆	重庆	重庆	天津	天津	苏州
7	重庆	重庆	重庆	重庆	重庆	苏州	苏州	苏州	苏州	苏州	成都
8	杭州	杭州	杭州	成都	成都	武汉	武汉	成都	成都	成都	武汉
9	无锡	无锡	无锡	武汉	武汉	成都	成都	武汉	武汉	武汉	杭州
10	青岛	青岛	成都	杭州	南京	杭州	杭州	杭州	杭州	杭州	天津
11	佛山	佛山	青岛	无锡	杭州	南京	南京	南京	南京	南京	南京
12	宁波	武汉	佛山	青岛	无锡	青岛	青岛	青岛	青岛	青岛	长沙
13	南京	成都	武汉	南京	青岛	无锡	长沙	长沙	无锡	长沙	宁波
14	成都	宁波	南京	大连	大连	长沙	无锡	无锡	长沙	无锡	无锡
15	东莞	大连	大连	佛山	佛山	大连	佛山	佛山	宁波	宁波	青岛
16	武汉	南京	宁波	沈阳	沈阳	佛山	宁波	宁波	佛山	佛山	郑州
17	大连	沈阳	沈阳	宁波	长沙	宁波	大连	大连	郑州	郑州	佛山
18	沈阳	长沙	长沙	长沙	宁波	沈阳	郑州	郑州	南通	济南	泉州
19	烟台	唐山	唐山	唐山	郑州	郑州	沈阳	烟台	东莞	泉州	东莞
20	唐山	烟台	郑州	郑州	唐山	唐山	烟台	东莞	烟台	南通	济南

资料来源：根据历年《中国城市统计年鉴》整理。

2010 年后，国家提出"长江经济带"重大区域性发展战略，武汉作为"长江经济带"上的核心城市，其战略地位再次凸显。2011 年底，武汉市第十二次党代会提出建设"国家中心城市"的战略目标，这也是武汉在城市产业得到成功转型、重大基础设施得到较大完善的基础上，抓住重大机遇做出的新的战略选择。2016 年，国务院批复《促进中部崛起"十三五"规划》，其中明确提到支持武汉建设国家中心城市。为落实国家战略要求，2017 年初，武汉市第十三次党代会报告提出"加快建设国家中心城市"，从"加快建设现代化、国际化、生态化大武汉"对国家中心城市的内涵进行丰富，并围绕"三化"大武汉的目标，提出开展长江主轴、长江新城、东湖绿心三大亮点区块的规划建设。2015 年，国际军事体育理事会确定武汉为 2019 年第七届世界军人运动会的承办地，自此武汉新建、改造了大量运动场馆和基础设施，系统性地开展了建筑立面和街道整治，城市品质得到极大提升。2019 年的军运会成为史上比赛项目最多、参赛运动员人数最多、首次由一座城市承办所有赛事的一届军运会。军运会的成功举办极大地提升了武汉的知名度和美誉度。

二、九省通衢与商贸之都

武汉有"九省通衢"之称，清初地理学家刘献廷（1648—1695）在代表作《广阳杂记》中论述："天下有四聚，北则京师，西则汉口，而汉口不特为楚国之咽喉，亦为九省通衢。九省之货皆于此传输，虽欲不雄天下，不可得也。"在传统的水运时代，汉口优越的地理区位吸引了周边的地主、农民、手工业者和全国各地的商人在此聚集，至明朝末年汉口已经成为中国的"四大名镇"之一。汉口开埠之后，大批外商涌入，长江的航运价值凸显，汉口的贸易地位进一步提升。随后京汉和粤汉铁路的开通进一步强化了武汉在全国的经济地位，城市的辐射带动能力得到持续巩固，武汉成为一座近代的国际性大都市。改革开放后，随着"两

通起飞"战略的提出，武汉成为以交通和流通为抓手推动经济起飞的代表城市。

（一）水运时代"长江中游大区"的经济中心

明朝中后期，中国开始资本主义萌芽，自给自足的生产方式开始向商品交换过渡，货物的流通需求日益提高，因此，交通运输条件成为城市发展的决定性因素。在这一背景下，各条贸易线路将途经的市镇串到了一起，逐步连接成商贸网络，而明末清初的汉口由于安定的社会环境和特殊的地理区位，成为这张网络上最高等级的市镇之一。施坚雅在《中华帝国晚期的城市》一书中提出了"区域体系理论"的概念，他认为明清时期中国市镇的社会经济主要受制于它在本地以及所属区域经济层次中的位置，而非政府安排。武汉（汉口）则属于"长江中游大区"的经济中心，其经济影响力不仅辐射到周边低等级市镇，更与其他大区的中心城市联系紧密，城市地位可见一斑（郑媛，2014）。

这一时期以汉口为原点，形成了五条主要的贸易线路：第一条，沿湘江河谷贯穿湖南，之后转陆路赴广东，这是汉口开埠前主要的贸易线路；第二条，沿长江上行深入川渝，一方面将广州的外国纺织品引入巴蜀，另一方面将巴蜀的农副产品集聚汉口；第三条，沿汉水上行，再转陆路到陕西、山西、蒙古以及西伯利亚，这条水陆结合的要道，将汉水流域的产品和西北地区的皮毛、皮革及畜产品带进汉口市场，也促进了山西"晋商"的兴起；第四条，经陆路至河南河北，这是唯一一条由陆路进入汉口的贸易线路，将北方各种农产品和手工业品运送至汉口；第五条，沿长江而下，至江浙地区和上海，这是最为繁忙的一条贸易线路，借助于货物运输强化了汉口与九江、芜湖、扬州、南京等长江下游乃至整个长三角的联系。五条贸易黄金线其腹地基本涵盖了全国超过三分之一的地区，而这些地区正是中国当时最发达、人口最集中的区域。

明清时期的政府似乎也预感到汉口巨大的发展潜力，先后将汉口定为官方的漕粮与淮盐的交兑口岸与转运中心①。由于二者是关乎国计民生的重要物资，因此，汉口在向长江下游输出中发挥了重要作用②。大多数情况下，粮食和食盐经过汉口需要重新包装、换船易主，再运往长江上下游、汉水、湘江等地，使得汉口在贸易中转中赚取了巨额的利润，粮食和食盐贸易成为汉口商贸力量崛起的"第一桶金"。特别是在汉口成为漕粮与淮盐的转运地后，这些大型商船除了运输粮食和食盐，在返程时往往也会装载各色货物，在运输的途经市镇建立货物流通网络，而汉口就成了这个庞大的交通网中最为重要的一环。汉口与运销地区的商业联系也带动了其他行业的发展。如长江一线的主要有来自云贵一带的木耳和生漆、江浙一带的丝绸和海产品；汉水一线的主要有来自山陕一带的牛羊皮毛、桐油和药材等；洞庭湖水系一线的主要有来自湖南的竹木、两广一带的洋货和洋药等。"货到汉口活"是对当时商品贸易的生动描述，这些新的行业货物极大地补充和完善了汉口的商业活动，促使汉口的商业向多层次发展。

借助于发达的货物流通网络，汉口成为中西部的商业贸易中心，商品交易量巨大。在粮食方面，"到万历元年（1573 年），衡阳、零陵、岳阳、长沙等地漕粮全在汉口交兑，年漕额定量为 328 600 多石。湖广漕总辖武昌、黄州、蕲州、荆州、岳州五卫，有漕船 1 012 艘"。据记载，乾隆年间一次大火竟烧掉一百多艘粮船，可见粮食转运量之大。1678 年，汉口成立了全国第一个行业公会——汉口米业公所。在食盐方面，淮盐的运输量则更为惊人，"十里通津住盐艘"是对当时繁忙场景的描写。"康熙、雍正年间，汉口每年运销淮盐已达 83 万引……积聚在汉口的未销淮盐达七八百万包……嘉庆、道光年间，两湖盐运更盛。当时进出汉口的盐船每年在 13 000 只上下。"（武

---

① 明正德元年（1506 年），朝廷将漕粮交兑口岸设于长沙、汉口，后又于万历元年（1573 年）将汉口定为两湖地区唯一的漕粮交兑口岸；明万历四十七年（1619 年），又将汉口定为淮盐的转运中心。

② 明朝后期，江南地区随着经济作物的广泛种植，成为全国主要的粮食产地，尤其湖广地区的漕粮更是被雍正皇帝盛赞为"清室之粮仓"，这些稻米都会通过汉口运往长江下游。

汉地方志编纂委员会，1998）乾隆《汉阳府志·食货志》中记载："汉口为九州百货备集之所，而盐务一事，亦足甲于天下。"除此之外，由于汉口交易的品种丰富，也衍生出其他行业市场，如1769年鹦鹉洲木材市场就是全国最大的竹木交易市场。

汉口的转运繁荣不仅促发了与水运相关的码头、仓库的建设，也带动了基于"同乡"和"同业"的商帮会馆聚集。各地商贾纷纷以"同乡"或"同业"为纽带兴建商帮，分别有四川帮、云贵帮、陕西帮、河南帮、湖南帮、江南及宁波帮、山东及中国北部商帮、潮帮、广帮、香港帮、湖北帮等，这些商帮的办事机构即会馆及会所。会馆是在一定的规约下，集聚有信用的同乡人于一体并支配其个人商业行为的一种自治团体（水野幸吉，2014）。美国汉学家罗威廉（William T. Rowe）在《汉口：一个中国城市的商业和社会（1796—1889）》一书中写道，"这些机构是推动汉口稳步前进的车轮，是引导社会和经济生活最重要的因素"。据《夏口县志》记载，从清代至民国初年，汉口创建会馆、公所约200处，多集中在汉正街一带，如宝庆会馆、广东会馆、山陕会馆、新安书院（徽州会馆）、宁波会馆等。

专栏2：山陕会馆

　　山陕会馆位于汉口汉正街地区，是清末民初外省人在汉口最大的会馆，在它的附近还有药王庙——河南人的会馆，新安书院——安徽人的会馆，稍远一点的万寿宫——江西人的会馆；同时，也是全国各地山陕会馆中规模最大的一座会馆。会馆的中轴线依次是关圣帝君正殿、春秋楼、启圣祠、佛殿，东隅为奎星楼、花园（怡神园）、天后宫、财神殿，西隅有七圣殿、文昌宫、吕祖阁。如此宏伟的建筑群是与其时山西、陕西两省商人的经济实力以及汉口镇那时的经济、商业、贸易、金融在中国的地位密不可分的。1911年辛亥革命阳夏战争和1937年日本入侵的战火先后殃及山陕会馆。

（二）近代现代化进程中繁荣的国际性大都市

鸦片战争前，武汉以一个繁荣的商业手工业市镇而闻名，但它植根于农业文明的自然经济基础之上，只是层次较低的商品经济封建市镇。1840年鸦片战争后，西方列强为达到扩大资本市场的目的，通过一系列条约，打开了长江沿线口岸的门户，而位于长江、汉江交汇，九省通衢的武汉成为西方列强着力经营的战略目标。

在开埠以前，汉口主要从事国内商品转口贸易，以各地农副产品与手工业制品为主，五条贸易线路中，长江、汉江两路并重，运输方式以传统的木制帆船为主。这些帆船被许多晚清民初的明信片记录为"中国木船"，木船吨位较小且容易损坏，只能停靠在汉江的河湾内。受限于当时的造船水平，长江的航运价值难以充分发挥。

随着汉口开埠，西方列强依靠现代轮船的技术优势和内河航行权逐渐垄断了长江航运。1863年，在没有浮标和标灯的情况下，美国旗昌轮船公司客轮"惊异号"成功驶入汉口港，这是当时长江上蒸汽船所能达到的最远点。沪汉航线的开辟使得汉口—上海的水路成为最繁忙的贸易线路。内陆地区的工业原料及半成品以汉口为中转站经轮船运往上海，再由上海转输国外，同时西方各国的工业制成品在上海卸载后，也经汉口运往内陆的城镇和乡村，故武汉与上海并称"海上双城"。其后，英国的怡和、太古轮船公司，日本的邮传株式会社、大阪商船会社等外资企业相继开辟长江航线，瓜分这条黄金水道的航运权。1908年就有9家外轮公司、29艘轮船在汉口航运。抗战前夕，在汉的外埠轮船公司有50多家，船舶达80多艘。为振兴民族船业，1873年，轮船招商局在汉口设立办事处并成立招商局汉口分局，民族企业家们立足汉口，也参与到长江航运的竞争中。1918—1932年，宁绍商轮公司、三北轮船公司、民生实业股份有限公司、鸿安轮船公司等私营航业在汉设立分公司。

现代轮船的应用使得汉口的水运优势得以强化，长江黄金水道的潜力终

于被激发，长江航运地位显著提高，汉江航运逐步弱化（图1-6）。以汉口为中心形成的航线就有68条，通航里程约5 000千米，由汉口驶向国外的轮船可直达德国汉堡和不来梅、荷兰鹿特丹、埃及塞得港、法国马赛、比利时安特卫普及意大利热诺瓦等地。据江汉关的统计，1882—1891年，进出汉口港船只数共计23 500艘，总吨位达100万吨，运送旅客16.5万人次。

在近代工业化进程的推动下，原有的南北陆路驿道已经难以满足急速增长的商贸需求，为进一步强化中国南北方的经济联系，张之洞提出以汉口为中心修建铁路的构想。1906年，京汉铁路通车，汉口从此迈入铁路时代，它不仅大大缩短了汉口至北京及沿线城市的时间，还加强了汉口与中原地区和华北地区的经济往来。1936年，粤汉铁路通车，不仅巩固了武汉的交通枢纽地位，也加强了汉口与南方诸省的联系。两条跨时代的铁路线打破了仅依赖水道与驿道的传统交通网络格局，对汉口的产业转型及城市转型均产生了积极的影响。

图1-6 1928年汉口码头和江汉关

资料来源：University of Bristol. 1929. Hankow Bund and the Custom House. https://www.hpcbristol.net/visual/sw07-069.

轮船和铁路运输的兴起促使汉口的商贸形式悄然发生变化，对外贸易的发展，使得汉口由传统内向循环的商贸网络逐渐转向国际市场，外商收购土特产、矿产原料运销西方，同时也将西方工业产品倾销中国内地，牟取巨额利润，武汉被卷入世界资本市场的浪潮中，由传统的内聚型商业中心向近代外向型国际大都会转化。

　　自轮船驶入汉口港以来，汉口对外贸易额迅速增长，成为中国最重要的对外贸易口岸之一，从1865—1930年全国四大港口进出口总额的比较来看，汉口港的进出口总额仅次于上海，是中国的第二大港口（表1-3）。

表1-3　1865—1930年全国四大港口进出口总额比较（每五年）

年份	上海、汉口、天津、广州四大港口进出口总额（元）	汉口		
		进出口总额（元）	占四大港口进出口总额的比例（％）	在四大港口中的位次
1865	96 062 331	23 245 273	24.20	2
1870	113 729 983	33 766 249	26.69	2
1875	119 669 205	32 955 514	27.54	2
1880	148 919 738	42 285 209	28.39	2
1885	143 557 587	38 247 658	26.04	2
1890	161 483 331	36 405 599	22.54	3
1895	239 948 644	44 507 502	18.55	4
1900	239 105 628	57 050 639	23.86	2
1905	476 831 561	111 043 046	23.29	2
1910	520 079 323	135 299 167	26.02	2
1915	597 948 683	160 904 722	26.91	2
1920	996 163 422	169 951 530	17.06	3
1925	1 532 882 932	288 761 077	18.84	2
1930	1 857 382 261	200 484 104	10.19	4

注：表中的"元"以当年货币标准计。

资料来源：武汉外贸志办公室：《全国四大港间接对外贸易额比较统计表》，1982年。

专栏 3：茶叶大王、汉口首富——刘辅堂、刘子敬父子

19世纪晚期到20世纪初，俄国茶商雇用了一批中国人为其经营管理，刘辅堂、刘子敬父子就是这期间成长起来的汉口最大"买办"，时人称之为"茶叶大王""汉口首富"（图1-7）。刘辅堂在江汉关担任中文书记员时结识了来汉口建砖茶厂的俄商，逐渐开始接触茶叶生意。在为俄商采购茶叶的过程中，自己在俄商的洋行里设立了一家"广昌和茶庄"。俄国人享有国内运输免税证，因此，刘辅堂的茶庄收茶有极大优势。1894年，刘辅堂先后被提拔为新泰洋行的"管厂"和"买办"，正式步入"买办"阶层。在刘辅堂去世后，刘子敬子承父业，继承其父"买办"之职，成为当时汉口最年轻的"买办"。刘辅堂给刘子敬留下200万两银子的家底，刘子敬发扬光大，由茶业向其他行业投资。刘氏父子受雇于俄商，客观上促进了当时的茶叶贸易，对汉口的市政建设也做了不少贡献。后来，俄商撤离，刘子敬的非茶叶投资均告失败，44岁便忧郁而死。

图 1-7　从汉口运往西方的茶叶
资料来源：《世纪动脉——万里茶道今昔》编委会，2017。

西方列强的进入加强了对中国经济的控制与掠夺，但客观上也促进了武汉社会和城市文明的转型，封建市镇的封闭性被打破，促使武汉走上了国际化和现代化的道路。美国汉学家罗威廉评价："汉口以其优越的地理位置与封建社会晚期势不可挡的商业力量相结合，形成并维持着一个卓越的商业都会，一个代表着在接受欧洲文化模式之前、中国本土城市化所达到的最高水平的城市。"（罗威廉，2016）

（三）"两通起飞"下的内陆经济中心城市

"两通起飞"战略一直以来都被认为是改革开放后武汉城市经济地位得以再次崛起的重要战略之一。1983年武汉市被国务院列为经济体制综合改革试点城市，同年武汉大学李崇淮教授在一次学术研讨会上提出，武汉经济体制改革要以"交通"和"流通"作为突破口，将武汉建设成"内联华中，外通海洋"的经济中心（涂天向、汤红娟，2009）。1984年武汉第二次成为计划单列市，相当于赋予了省一级的经济管理权限进行经济体制改革试点。李崇淮的建议很快被武汉市委、市政府采纳，并制定了围绕"两通"开展的武汉市经济体制综合改革方案，"两通起飞"的政策建议上升为城市战略层面，一经公布就在全市产生了巨大的反响，得到了普遍共识和广泛认可。因为在当时全国由公路、铁路构成的陆路交通系统尚不健全的情况下，长江的水运、京广铁路线在全国的东西南北运输中起到了不可替代的作用。武汉正好处于长江中游、京广铁路线的中点，这一"天元"的区位优势，加上当时的武汉具备铁、水、公、空并重的交通条件，只要合理运用，就能够实现跨越式发展。

"汉正街模式"是"两通起飞"战略的成功代表。1979年，在中央尚未对私营经济做出明确指示下，武汉用"敢为人先"的精神，发放了改革开放后第一张个体工商户执照。同年，103位"无业"人员在汉正街持证摆摊，汉正街成为国内搞活个体经济的典型示范。在"两通起飞"战略的加持下，汉正街持续发挥其商品贸易的带动作用。1988年销售额达7亿元，1991年

武汉经济社会的发展和综合改革，要从武汉地处全国交通中心的地位出发，凭借加强"交通"（包括运输和邮电）和"流通"（包括商流、物流、钱流、信息流），"两翼"齐起飞，将武汉建设成为具有交通运输中心、内地贸易中心、对外经济贸易中心、农副产品集散中心、金融中心、旅游中心、科技教育中心以及信息、咨询和管理服务等多功能的经济中心，"内联华中，外通海洋"，以促进武汉、湖北地区乃至有关各省的经济发展。同时配合12项战略措施：加强交通运输条件；改革商品流通体制，大力发展商业，开展对外经济贸易活动；实行经济体制改革，建立合理的经济网络；整顿工业，加快改革步伐；沿江开辟带形新市区；面向农村，支援农村；开发江湖，发展水产；支持湖北，发展中等城市；以武汉为金融中心建立地区的金融网络；大力发展服务行业；积极发展旅游事业；组织科技与教育的力量，实行智力和生产的结合。

达 8.5 亿元，逐步形成 46 个专业市场，个体户达 1.3 万户，经营商品 6 万多种，日均人流量达 15 万人次，成为华中地区最大的商品集散地。"满目东西南北货，一街南腔北调人"正是对汉正街的描述。以汉正街小商品市场为代表的市场名闻全国，带动了全国小商品市场的兴起，容纳了上百万人就业，活跃了城乡交流（萧国金，2009）。

"汉正街模式"的成功不单单是场地的开放，更是在"交通"与"流通"优势下，发挥了城市的辐射带动能力，促进了中部各地的商品和生产要素在区域内乃至全国范围内的优化配置。伴随着汉正街的兴盛，武汉诞生了"百万元户"新名词，实施了一系列创新举措，如建立技术性市场、放开城市蔬菜价格、引用外籍厂长、在地方政府中撤局改委等。当时的武汉既是中国地理的中心，又是中国经济体制改革的中心。

三、近现代的工业强市

武汉是中国民族工业的发祥地之一。20 世纪初武汉工业规模在全国各大城市中位居第二。中华人民共和国成立后，"武钢""武船""武重""武锅"等一批"武"字头重工业布局武汉，武汉成为中国的工业重镇。改革开放以来，武汉产业发展先后经历了主城区工业"退二进三"、都市工业园建设、开发区引领现代制造业建设等发展阶段，产业空间不断重构与功能再塑，促进了城市经济的转型发展。

（一）近代工业发祥地

鸦片战争让清朝统治集团认识到西方工业技术的先进，同时外国资本进入中国开设具有现代意义的工厂，加剧了对中国资源和市场的掠夺，更引发近代中国经济民族主义的思潮。同时期的洋务运动，是晚清统治集团内的一些开明人士主导，通过引进西方军事装备、机器生产和科学技术来挽救清朝危局的自救运动，一定程度上推动了整个中国工业近代化的发展。洋务运动最先在上海、福州、天津、广州等沿海城市开展，以军工业起步并带动民用工业发展。张之洞 1889 年担任湖广总督时，已经历了中法战争的洗礼、两广总督时对新式工业的尝试，对于如何发展民族工业有了更加深刻的认识。武汉是洋务运动的后发城市，由于张之洞在武汉创办的工业企业不仅数量多、种类全，规模及水平也位居全国一流，使得武汉成为中国近代工业的发祥地之一，是晚清内地城市中唯一工业实力能与沿海城市相比肩的城市。

1863 年，俄商在汉口创办顺丰砖茶厂，以最新式的蒸汽机代替手压机制造砖茶，这是武汉最早使用机器生产的工厂，自此英美德等国商人也竞相在汉口开办工厂。1911 年前，汉口外资工厂的数量达到 30 多家，包括砖茶制造、机器打包、蛋品加工、面粉加工、棉籽榨油、电力发电等行业，代表

性企业包括：新泰砖茶厂（1866 年）、美最时蛋厂（1887 年）、平和打包厂（1905 年）、英商电灯公司（1906 年）等。外资主导的新兴工业改变了传统的手工业制作模式，为武汉近代工业的萌芽与发展提供了契机，同时也培育了武汉第一批从事机器工业生产的工人与技术专家。

外资工厂以农副产品加工业为主，工业结构并不合理。直至张之洞督鄂之后，武汉才开启真正的近代民族工业化进程。张之洞以官办的重工业、军工业起步，同时兼顾民用工业，并采取官督商办、官商合办等多种形式办厂，他创办的企业包括汉阳铁厂（图 1-8）、湖北兵工厂、湖北银元局、湖北铜币局、模范工厂、湖北造纸厂、湖北毡呢厂等大型新式官办企业，还在武昌沿江地带创办湖北织布、纺纱、缫丝、制麻四局以发展民族纺织业。

甲午战争后，地方财政窘迫，张之洞在湖北省内采取鼓励民营资本的产业政策。创办于 1895 年的新昶机器厂是武汉最早的民办企业，截至 1911 年武昌起义前，武汉民办工业企业达 120 多家，约 73 家是在张之洞督鄂期间创办，汉口更是聚集了 110 家民办工业企业（翁春萌，2017）。它们大部分由传统手工坊、官商合办或官督商办演化而来，通过购买外国设备、改良生产技术、重用技术人才、改善生产和经营管理等方式，提高企业产能，优化产品质量，与外资及官办企业竞争，产业类型涵盖了食品加工、水电业、机械制造、烟草等民生类的轻工业，代表性企业包括：1897 年民族实业家宋炜臣创办的汉口燮昌火柴厂，一度成为全国最大的火柴厂；1905 年民族实业家朱畴创办的恒丰（裕隆）面粉厂是武汉最大的面粉厂；1906 年宋炜臣、王仿予、万伯等创办的既济水电公司是当时湖北最大的民办资本企业。此外，创办于 1904 年的武昌民营企业亚新地学社，是我国最早的现代彩色地图测绘印刷出版机构，在中国近代史上影响深远。这些在辛亥革命前创办的民营企业为后期武汉民族资本主义工业的蓬勃发展打下了坚实基础。

由于张之洞长达 18 年的近代化改造，武汉形成了三镇各具特色、轻重工业并举的工业体系。汉阳是以官办资本为主导的近代重工业新区，形成了

图 1-8　晚清时期汉阳铁厂

资料来源：杨家骆，1963。

从南岸嘴沿汉江上行的"十里工业长廊";汉口是外资和民营并存的农产品加工和日用品生产基地;武昌是官办与民办并存的棉纺织业和造纸业基地（图1-9）。

中华民国成立后,在新的政治体制和经济环境下诞生了一系列有利于工业发展的财税与投资政策,大量买办资本、官僚资本、商业资本纷纷向工业投资,使武汉民族工业得到较快发展。武汉的纺织、机器制造、粮食加工等民族工业相继出现了投资热潮,工业整体规模扩大化,尤其是以棉纺织业和粮油加工为主体的近代工业开始腾飞,成为全国第二大纺织工业中心和面粉工业中心。在"一战"期间,由于西方列强放松了对华资本输出,增加了对中国产品的需求,武汉的工业建设又一次以替代进口为导向,快速发展提升。

1911—1926年,武汉的工业类型增多,各行业工厂数量由辛亥革命前的100多家发展至301家。其中,钢铁机器业55家,纺织业63家,水电4家,皮革业14家,印刷业16家,面粉米厂48家,榨油11家,烟酒13家,食品18家,火柴等化工业18家,建筑14家,木材18家（皮明庥等,2006）。1927年南京国民政府出台了《奖励工业技术暂行条例》《特种工业奖励法》《小工业及手工业奖励规则》等相关法律政策发展实业,武汉工业大市地位进一步巩固。到1933年,武汉各类工业企业（30人以上,使用机械动力的企业）约500家,同时还有手工业企业1.2万家,5万余名从业人员。

这一时期棉纺织业、粮食加工业、机器制造业成为工业建设的主体,它们带动了其他工业企业的迅速崛起,并从整体上影响了武汉近代工业的全面发展。武汉工业在民国初期的发展,不仅在规模和数量上超过了清末张之洞督鄂时期的业绩,而且在工业结构、生产模式上均呈现出不同于清末的新特点,即官办工业逐渐萎缩,民族工业迅速崛起,工业结构由清末的以重工业为主逐渐转变为轻重并举,轻工业更为突出。这既源于中华民国建立之初实施一系列有利于民族工业发展、鼓励私人投资的经济政策,也归因于民族企

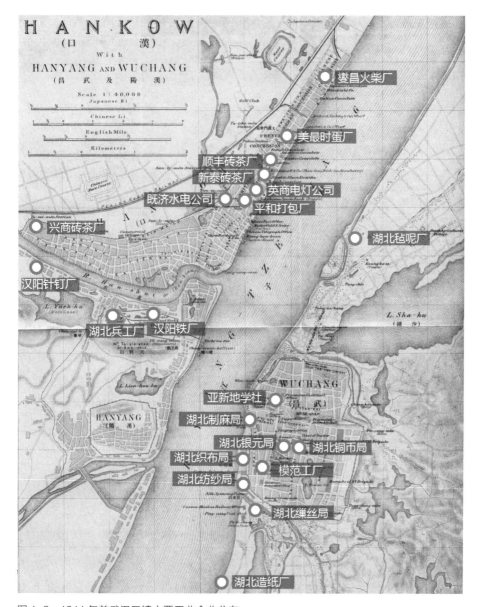

图 1-9　1911 年前武汉三镇主要工业企业分布

资料来源：底图来自《东亚官方指南》第四卷：中国，由日本帝国政府铁路公司出版，1915
年，https://maps.lib.utexas.edu/maps/historical/hankow_1915.jpg。作者在底图上
进行了主要工业企业分布情况的标识。

业家们民族意识和实业意识的觉醒。在纺织、机器、食品等行业迅速崛起的同时，民族资本逐渐成为武汉工业投资的主体，国产的棉纱布、纸张、肥皂等日常生活用品替代了同类进口产品，满足了普通民众的基本生活需求。

（二）"一五"工业建设的重点城市

20世纪50年代是"二战"之后两极格局对峙最为激烈的时期，随着冷战的逐渐展开，以苏联为首的社会主义阵营与以美国为首的资本主义阵营之间的矛盾不断激化，资本主义阵营对中国进行政治孤立、经济制裁与军事封锁，身处社会主义阵营的中国，在外交上只能采取向苏联"一边倒"的策略，来自苏联与东欧的经济援助在中国工业化的进程中起到了重要作用。

中华人民共和国成立之初，工业基础十分薄弱，尚未形成规模和体系，工业主要集中在上海、天津等沿海地区，而苏联模式的工业化道路能够帮助中国在较短时期内快速建立全面工业化的基础，将中国由自给自足的农业国转变为现代化的工业国。此外，新政权急需发展的国防工业也需要重工业的支持。因此，在"一五"计划时期（1953—1957年），我国选择了与苏联类似的工业化道路，即优先发展重工业，以"156"项工程为核心，694个大中型项目为重点，大力发展钢铁、机械、交通运输、轻化工业，初步建立社会主义国家工业体系，一场以重工业为龙头的声势浩大的工业建设拉开了序幕。据统计，"一五"时期，内地投资占全国总投资的46.8%，通过"一五"期间"156"项工程的实施，我国的工业技术水平从当时落后发达国家近1个世纪，迅速提高到发达国家20世纪40年代的水平，使我国基本形成了独立自主的工业体系雏形，一批工业城市在内陆地区应运而生，一定程度上改变了我国工业生产力过度布局在沿海地区的局面。"156"项工程是我国工业化的奠基石和里程碑，也是我国老工业基地形成的重要基础。

武汉作为"一五"工业建设的主力军，"156"项工程中7个重点工程项目定点武汉，分别是武汉钢铁厂、武汉重型机床厂、武汉锅炉厂、武昌造船厂、青山热电厂、武汉肉类联合加工厂、武汉长江大桥，此外还投资了武汉船用机械厂、武汉重工锻造厂、汉阳造纸厂、武汉国棉一厂、武汉印染厂等10个大中型项目（吴翔、杜宏英，2018）。在短短的5年内，武汉成为以重工业为基础，以冶金、机械、纺织工业为主体的南方工业基地，工业大市地位得以强化，"武汉制造"享誉全国。1958年成立的武汉钢铁厂是全国第二大钢铁基地，拥有当时亚洲第一高炉，武汉重型机床厂则是当时中国最大的重型机床厂，全国机床行业"十八罗汉"之一。武汉工业总产值仅次于上海、北京、天津，居于全国第四位，其中，冶金工业居第三位，纺织工业居前五位，机床拥有量也居前五位。"一五"的国家重点建设项目又进一步带动了"二五"期间地方工业的发展，直到20世纪70年代末，武汉的企业数量和水平在全国都位居前列，综合经济实力在全国保持领先地位。

专栏5：武汉钢铁厂（武钢）建设历程

武钢建设项目是国家"一五"计划的重点项目之一，也是中华人民共和国成立后建设的第一个特大型钢铁联合企业。1954年初，苏联专家组应邀来湖北省考察，提出在武汉市东郊青山镇设厂。同年5月12日，国家计划委员会、国家建设委员会批准同意。1955年1月，中国在莫斯科接受了苏联承担的武汉钢铁联合企业初步设计书，其第一期工程规模为年产钢120万～150万吨，成品钢材90万～110万吨。1955年6月12日，国家正式批准武钢第一期工程的初步设计。1955年8月，大冶铁矿剥离，基建工程开始施工，揭开了武钢建设施工的序幕。同年10月，武钢青山厂区工程破土动工。1956年春，大规模的平整场地开始，继而建设机修、锻造、金属结构等辅助修理车间，水源构筑物、变电所等动力设施的工作也全面铺开。同时，在苏联专家的指导下，建成著名的"红房子"职工住宅区。1957年4月8日，武钢15个主体工程正式开工；耐火材料、焦化、炼铁、烧结等工程相继兴建。1958年7月1日，大冶铁矿提前产出矿石，15日，武钢炼钢厂开工兴建。8月12日，焦化厂一号焦炉提前建成出焦（图1-10）。

武钢的建设和生产一直受到中央的关怀。1958年9月13日，毛泽东主席莅临一号高炉炉台观看出铁时说："像武钢这样的大型企业，可以逐步办成综合性联合企业，除了生产各种钢铁产品外，还要办点机械工业、化学工业、建筑工业等。"10月25日，周恩来总理陪同朝鲜金日成首相参观一号高炉。后来，很多中央领导人也视察过武钢。

图1-10　武钢一号高炉建成投产
资料来源：龚飞龙，2019。

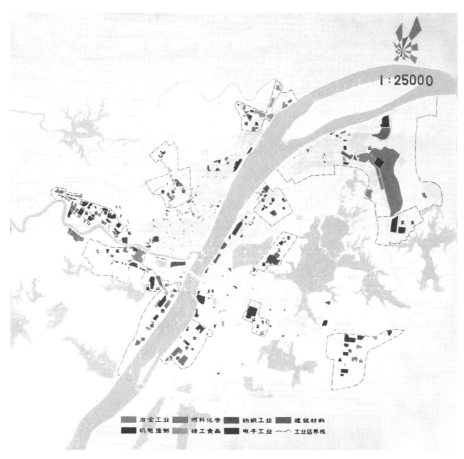

图 1-11 "一五"期间武汉市十二大工业区分布

资料来源：陈韦、武洁等，2019。

空间布局上，"一五""二五"时期的大型工业项目的建设，按工业区位原则进行选址，呈工业组团状分布，这些组团基本沿江河和山轴布置，逐步形成十二大工业区（图1-11），并围绕这些大型企业布置铁路以及专用线、联络线，组织生活区以及城市道路、科研院所、文化娱乐设施。在此期间，配套建设了武钢工人新村、蒋家墩4～10街坊、和平里、武锅以及武重的居住街坊、建桥及建港新村等大型居住区和居住小区。20世纪60—80年代，又继续修建了关山1～4村、武东1～4村、辛家地"万人宿舍"、江汉二桥头居住区、白玉山生活区等，分别为关山、武东、硚口及七里庙等工业区、武钢一米七轧机工程配套服务。

美国学者费正清曾这样评价："从经济增长的数字来看，'一五'计划相当成功……与20世纪前半叶中国经济的增长格局相比……第一个五年计划具有决定性的加速作用，就是同50年代大多数新独立的人均年增长率为2.5%的发展中国家相比，中国的经验也是成功的。"而武汉恰巧是"一五"计划工程项目落户的重点城市，依靠国家政策资金的投入和苏联技术专家的技术援助，这些工程项目得以顺利实施。武汉由一个商业比重很大的城市转变为全国重要的重工业中心城市，在国家工业化进程中处于重要地位。

（三）改革开放后中国工业先行示范区

1978—1990年，特别是中央进行经济体制综合改革以来，武汉市沿着"两通"突破、放开搞活的路子不断推进改革开放，引起了经济体制的连锁反应，一大批企业被推向社会主义商品经济舞台，对原来封闭、分割的僵化体制产生了强烈的冲击，推动了武汉老工业基地空间布局的初步调整。

进入20世纪90年代，沿海地区制造业迅速崛起，武汉传统的制造业在激烈的市场竞争中呈现出弱化态势。1991年，武汉的生产总值在全国19个副省级以上城市中排名已下降到第11位。武汉借鉴80年代中期深圳、珠海特区建设经验，开始了开发区建设模式。武汉以第二产业的集聚和高新技术开发为核心，给予相关企业在建设、招商、税收等方面的政策优势，"外引内联"，使开发区成为城市中的"小特区"。1991年和1993年，武汉东湖新技术开发区和武汉经济技术开发区先后获批为国家级开发区，标志着武汉工业进入现代制造业的新阶段。

进入2000年后，在国家沿江开放开发、加入世贸组织的背景下，尤其是2008年全球金融危机后，全球产业逐步转移到中国内陆地区，武汉抓住这一历史机遇，加快了建设现代制造业基地的步伐（图1-12）。通过积极实施"开放先导"发展战略，承接"国际产业转移"，加快嵌入全球生产网络，实现产业升级，全市工业发展发生结构性变化，实现了从"钢、机、纺"到光电子、钢铁与新材料、汽车与装备制造、生物医药、环保"五大产业基地"的跨越，同时加快推动主城区"退二进三"，既为第三产业发展创造空间，也为国有企业改制和扩大再生产提供更广阔的空间（陈韦、彭伟宏等，2019）。

"十二五"时期（2011—2015年），武汉市加快工业结构调整，坚持走新型工业化道路。2011年，武汉市提出了工业发展"倍增计划"，要求以国家级开发区、各区工业倍增示范区为主体，从软环境和硬保障两方面寻求突破，促进武汉成为中西部地区生产要素的核心集聚区和具有强大带动力的增长极。在此战略指导下，"十二五"期间，武汉市工业产值从6 000亿元增长至1.5万亿元左右，全市初步形成钢铁、汽车及机械装备、电子信息、石油化工等四大支柱产业，以及环保、烟草及食品、家电、纺织服装、医药、造纸及包装印刷等六个优势产业，基本形成具有综合竞争优势的新型工业体

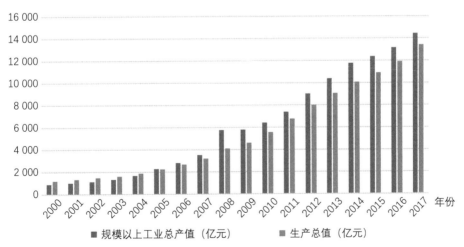

图1-12 2000—2017年武汉市工业产值年度增长情况
资料来源：武汉市历年统计年鉴。

系，实现了从老工业基地向先进制造业基地的转变。相较于东北振兴的乏力，作为老工业基地的武汉已经脱离了衰退的泥潭，重新焕发出新的力量。以开发区为代表的工业空间组织模式，促进了武汉市工业空间布局整体性、重构性的调整。

伴随着知识经济的蓬勃发展，武汉作为国家全面创新改革试验区，提出了建设国家创新型城市的发展目标。2015 年，武汉市高新技术产值 7 701 亿元，占规模以上工业总产值的 62.2%，在钢铁、石化等传统工业增速下滑的情况下，光电子信息、生物医药、汽车等先进制造业和高新技术产业成为武

专栏 6：东湖新技术开发区

　　武汉东湖新技术开发区位于武汉东部，于 1988 年创建成立，1991 年经国务院批准为首批国家级高新技术产业区，2009 年又被国务院批准为国家级自主创新示范区，并先后获批国家光电子信息产业基地、国家生物产业基地、央企集中建设人才基地、国家首批双创示范基地等。东湖新技术开发区规划总面积 518 平方千米，集聚了武汉大学、华中科技大学等 42 所高等院校，56 个国家级和省部级科研院所，30 多万专业技术人员和 80 多万在校大学生，是中国高素质人才最为密集的区域之一。

　　经过 30 多年的发展，东湖新技术开发区综合实力和品牌影响力大幅提升，知识创造和技术创新能力位居全国国家级开发区前列，是全国 10 家重点建设的"世界一流高科技园区"之一。目前东湖新技术开发区已形成以"光电子信息、生命健康、节能环保、高端装备制造、高技术服务"等为主导的产业体系，并紧扣国家战略性产业发展领域，大力发展 5G、人工智能、物联网等数字化产业，推动在线教育、在线医疗、在线文娱等数字消费服务新业态新模式加速发展。2020 年，东湖新技术开发区克服新冠疫情的影响，全年生产总值逆势增长 5.1%，迈上 2 000 亿元台阶，成为推动武汉经济增长的重要动力。

汉工业的主力军。截至 2017 年底，武汉拥有高新技术企业 2 800 多家，武汉的产业体系已从过去以重工业为主，成功转型为以高新技术产业为主导的现代产业体系。

纵观改革开放 40 余年，武汉实现了从老工业基地向创新基地的转变，经历了"老工业基地调整—开发区建设引领—产城融合发展—科技创新驱动"的更新迭代，形成了"先进制造产业基地——般工业区—都市工业区—创新社区"的工业空间体系，而国之中枢的区位和交通优势、高校集聚的人才优势等是武汉工业不断成功转型的重要支撑。

专栏 7：武汉经济技术开发区

武汉经济技术开发区位于武汉西南，是"武汉·中国车都"的核心区。前身是创办于 1991 年的"武汉轿车产业开发区"，1993 年经国务院批准为国家级经济技术开发区。武汉经济技术开发区规划总面积 489.7 平方千米，下辖 7 个街道，常住人口 52.15 万人，拥有东风汽车、神龙汽车、东风本田汽车等汽车公司总部，6 家整车厂，20 家汽车相关研发机构，180 家汽车零部件企业，是我国重要的汽车产业基地。

经过 30 多年的发展，武汉经济技术开发区已形成以汽车及零部件、电子电器两大支柱产业以及印刷包装、食品饮料、生物医药、新能源新材料等四大优势产业为支撑的产业集群，综合发展水平位于国家级开发区前列，荣膺"2021 中国工业百强区"第 11 位。目前武汉经济技术开发区正处于"二次创业"的关键时期，在巩固提升汽车制造、电子电器、食品饮料三大优势产业的基础上，积极推进新能源和智能网联汽车、新能源和新材料三大战略产业，并以数字经济、现代服务和大健康等重点产业带动全区经济高质量发展。2020 年，武汉经济技术开发区全年生产总值为 1 650.31 亿元，在武汉市各区的排名中仅次于东湖新技术开发区，是武汉市经济增长的重要支柱。

四、百年底蕴的大学之城

武汉的高等教育始于清末"洋务运动","改书院、兴学堂、倡游学，创办各类新式学堂"成为当时的风尚，由于院校众多，武汉也成为近代教育的先驱之城，在先后经历了 1952 年全国院系调整和 20 世纪 90 年代高校大规模合并后，它始终是中国重要的大学之城，在中国教育史上具有不可磨灭的重要地位。

（一）近代教育先发城市

第一次鸦片战争后，随着中国社会近代化的艰难转型，教育也开始慢慢地发生变化，但仅仅局限于传教士创办的教会学校，其后的二三十年并没有太大变化。19 世纪 60 年代初，经历了太平天国运动和第二次鸦片战争的大动荡，清政府中的改革派开始兴办洋务，主要由李鸿章、张之洞、左宗棠等各地的洋务派官吏发起，洋务运动虽然始于军事工业，但教育也是其中的建设重点，先后创办了外语学堂、船政学堂、矿务学堂、机械学堂、电报学堂、武备学堂等新式学校，还向国外派遣了留学生，使中国近代教育第一次出现较大发展。

19 世纪末 20 世纪初，中日甲午战争的失利，引发了社会各界对于发展教育、民族自强的强烈愿望，维新派康有为、梁启超、严复等人与洋务派张之洞、盛宣怀、李端、陈宝箴等人达成了共识，清政府也加大了对教育的改革，兴办新式教育，近代教育获得了第二次较大发展。除 1898 年戊戌变法中批准设立京师大学堂外，各省相继建立了大学堂，这是中国开办大学最多、最快的时期。此外，1902 年清政府制定《钦定学堂章程》，1903 年又制定并正式颁布《奏定学堂章程》，这是中国近代第一次制定国家教育体系。1905 年 9 月，在袁世凯、张之洞等人联名奏请下，清政府终于下令废除科举制，对近代教育的发展产生了积极影响。

虽然武汉并不是最早兴办新式学堂的地区，但在湖广总督张之洞的努力下，武汉近代教育发展势头迅猛，他坚持"自强之策，以教育人才为先；教战之方，以设学堂为本"，对武汉各级各类教育采取了诸多变革措施。张之洞在继承中国传统优秀教育理念以及吸收西方先进教育理念的基础上，力图从教育内部的诸种因素出发，改革湖北教育。在办学理念上，由"通经致用"向"中体西用"转变；在培养目标上，由传统的政治人才向多元人才转变；在课程建设目标上，由"经学为用"转向"西学为用"；在师资队伍建设上，由传统的教官转向专职教官；在教学及考核方式上，由中学为主转向中西兼顾；在教育管理上，也呈现经验管理到科学管理的转向，这些诸多因素协力推动湖北和武汉教育近代化转型（游高生，2019）。截至1902年，湖北已开办各种学堂200余所，成为办学先进省，"东西各国文武官员及游历文士来观鄂省书院学堂者，不可胜数。往往遍览详询，视为至大至要之事"（苑书义等，1998）。值得注意的是，武汉学堂数量位居湖北之首，引发国内外关注，成为教育重镇。1893年创办的自强书堂（武汉大学前身），是中国近代第一所由中国人创办和管理的新式高等学堂；1898年创办湖北农务学堂（华中农业大学前身）；1898年创办湖北工艺学堂（华中科技大学、武汉理工大学、武汉科技大学前身）。

1902年后，清政府改革学制，学校逐步取代书院，一批具有资本主义色彩的新学校纷纷建立，武汉的新式教育迎来新一轮的大发展。为配合新式教育的改革，张之洞根据《变通政治人才为先遵旨筹议折》提出学有定制，创设了初等、中等、高等学堂的各级教育体系，湖北开全国风气之先。同时，为进一步激发实业发展，张之洞借助洋务运动之机，兴办诸多实业学堂。1902年改革学制后，自强学堂开设英、法、德、俄语四科，以所学外语为国效力。甲午战争后，日本军事力量的崛起为张之洞所注意，张之洞在其创办的武备学堂中，参仿德日两国最新军制[1]，训练湖北新军。到20世纪初，

---

[1] 中国社会科学院近代史研究所中华民国史组编：《中华民国史资料丛稿·专题资料选辑》（第2辑）《清末新军编练沿革》，中华书局1978年版，第203页。

湖北新军大半是武备学堂的毕业生，加快了湖北军事的近代化转型。

到辛亥革命前，武汉新式学堂数量达到百余所，学生人数达到 1 万余人，成为全国教育改革的模范区。两湖总师范学堂、湖北文普通中学堂、支郡师范学堂、省立女子师范学堂、高等农业学堂、工业学堂、两湖优级师范理化学堂、军事学堂及大量小学堂都陆续建立。进入民国后，国民政府继续强化武汉的教育地位，20 世纪 20 年代，武汉大学、中华大学、华中大学、武昌高等师范相继出现，使得武汉教育事业更上一层楼。中华人民共和国成立后，武汉依然是高校的聚集地，1950 年中原大学艺术系改为中南文艺学院（武汉音乐学院前身），1952 年因院系调整中国地质大学（武汉）成立。这些学校大多位于武昌城内，构建起传统教育与新式教育、普通教育与实业教育的多维度教育体系，为武汉的近现代高等院校的发展打下了坚实的基础。

（二）当代实力雄厚的大学之城

改革开放 40 多年来，我国高等教育事业取得了非凡的成就，进入了大众化阶段，成为名副其实的高等教育大国。近年来，随着教育质量和内涵式发展的不断强化，我国高等教育水平得到显著提升。武汉作为中国当代的科研教育重地，有 3 所高校入围 2021 年 QS 世界大学排名榜单，位居中西部之首。

武汉素有"大学之城"的美誉。一方面是由于高校林立，数量众多。据统计，武汉拥有 84 所普通高等院校，其中 23 所为教育部批准院校，2 所"985"大学即武汉大学、华中科技大学，5 所"211"大学即中南财经政法大学、华中农业大学、华中师范大学、武汉理工大学、中国地质大学（武汉），高等学府数量位居全国第二。另一方面，武汉高校人才众多。2022 年，武汉在校大学生数量达 168 万人，占武汉市主城区常住人口的 1/4，是世界上在校大学生人数最多的城市。此外，武汉高校在校的两院院士数量众多，共计 58 位[①]，

---

① 截至 2019 年末，武汉高等院校两院院士数量为：武汉大学 20 位，华中科技大学 17 位，华中农业大学 4 位，武汉理工大学 4 位，海军工程大学 2 位，中国地质大学（武汉）11 位。

位居中国第五，仅次于北京、上海、南京、合肥。

近年来，随着武汉建设国家中心城市和全面复兴大武汉战略的不断深化，武汉高校也加速了"双一流"大学的建设。2017年，教育部、财政部和国家发展改革委联合发布的《关于公布世界一流大学和一流学科建设高校及建设学科名单的通知》中，武汉"双一流"大学数量位居全国第四，"双一流"学科数量位居全国第四、中西部第一。

五、百湖之市与中国桥都

武汉市内分布有166个湖泊及165条河流，水域面积占全市土地面积的26.1%，人均淡水资源量达8.5万立方米，位居中国特大城市之首，被誉为"百湖之市"。得益于两江交汇、湖泊密布的天然优势，全市建造了近千座桥梁。中国桥梁事业的领军企业中铁大桥局的总部设在武汉，该企业具有从设计、施工到钢梁制造的造桥"一条龙"产业链，承包了长江七成以上的桥梁建设。它为武汉建造的鹦鹉洲长江大桥、天兴洲公铁两用长江大桥、杨泗港长江大桥等杰出工程，创造了桥梁建设"跨度、宽度、速度、荷载"多项世界第一，成为这座有着"中国桥都"美誉的城市中必不可少的风景线。

（一）百里长江与东湖绿心

武汉是一座临长江两岸均衡发展的历史文化名城，滨江两岸汇聚了长江文明和城市文化的精华。最能代表武汉"两江交汇、三镇鼎立"城市意象的地段位于龟山与蛇山隔江对峙之处，分立于两山之巅的黄鹤楼、龟山电视塔以及连接龟蛇两山的武汉长江大桥是武汉最为人熟悉的城市地标（图1-13）。滨江地带也被认为是城市历史的空间轴，这里是知音文化、三国文化、商贸文化、红色文化的展示地，沿线分布了汉阳古城、汉口历史风貌区、武昌古城、辛亥首义文化区、青山红房子等历史文化景区，国家级、省级、市级历史文化设施60余处，文保单位150余处，历史街区18片。

图 1-13　由汉阳龟山电视塔望向武昌
资料来源：玩摄堂。

　　滨江地带也是城市建设成就的集中展示区，万里长江第一桥、万里长江第一隧均位于此，200 米以上的超高层建筑达 39 座，沿江布局于汉正街、二七滨江、武昌滨江、青山滨江、四新副中心等重点功能区，以及武昌古城、汉口原租界、汉阳旧城等一批城市亮点区块，形成了层次丰富、新旧交融的滨水天际线。

　　临江发展、治水亲水的历史还造就了武汉最为人惊叹的江滩景观。自 2000 年起，武汉市就着手对汉口江滩开展生态修复与景观提升，经过 20 多年的持续建设，现已形成由汉口江滩（图 1-14）、武昌江滩、汉阳江滩、汉江江滩、青山江滩等构成的长达 58 千米的延绵滨水岸线。2018 年江滩公园面积已超 300 万平方米，极大地弥补了城区内绿化开敞空间的不足，惠及沿线数十万市民。这里既是市民娱乐休闲的好去处，同时也是城市举办大型节日庆典活动、长江夜景灯光秀的极佳场所。

图 1-14　2020 年夏季的汉口江滩（三阳路段）
资料来源：玩摄堂。

　　如果说长江是城市轴线，那东湖就是城市绿心。1982 年东湖风景区被国务院列为首批国家级风景名胜区，成为我国最大的城中型湖泊风景区，水域面积达 33 平方千米。近年来东湖"旷、野、书、楚"的景观感受不断强化，日益成为武汉市的生态文化名片。一是自然之美得以充分彰显，由"大、粗、野"逐步走向"精致、内敛"，由过去的"生态统保"逐步转变为"分级特保"，明晰了对自然环境的严格控制和景区内绿化景观的塑造，形成以大湖水景、翠峰山景等自然景观为主体，人文胜景为点缀的山水画卷。二是文化创意生活不断丰富，成为文风雅韵的空间场所。东湖自古就是文人赋诗风雅之地，屈原曾在此"泽畔行吟"，李白曾在湖畔放鹰，1949 年后又建设了湖北省博物馆、美术馆等文化建筑，打造了以楚文化典故为核心的楚天台、楚才园，对外开放了毛主席东湖故居梅岭一号。近年来，景区又进一步植入文化创意产业，如大李村文化艺术村、时见鹿书店、杉美术馆等新的文

图 1-15　东湖绿道
资料来源：玩摄堂。

化引爆点。三是开展绿道建设，串联东湖山、林、泽、园、岛、堤、田、湾八种自然风貌，将东湖变成市民亲近自然的城市绿心。绿道全长 100 多千米，分为听涛道、湖中道、白马道、郊野道、森林道、磨山道和湖山道七大主题道，不同风景的绿道相扣成环，串接成网，不仅是市民欣赏湖光山色的好去处，也是承办武汉马拉松赛、自行车赛等盛大活动的场所，展现了武汉"大江大湖"的大美气韵。2016 年，东湖绿道以低碳出行、绿色出行的理念入选"联合国人居署中国改善城市公共空间示范项目"（图 1-15）。

（二）引以为傲的武汉桥隧建设

武汉有"中国桥都"之称，桥梁建设见证了城市发展。1957 年建成通车的武汉长江大桥是中华人民共和国成立后修建的第一座公铁两用的长江大桥，在随后的 60 余年里，武汉长江二桥、白沙洲长江大桥、天兴洲长江

大桥、鹦鹉洲长江大桥、杨泗港长江大桥等十余座巍峨的桥梁在长江上挺立（图1-16），这些形式各异的桥梁既是三镇联动发展的联络线，也是引人注目的城市风景线。武汉在众多大跨度桥梁的建造过程不断进行创新提升，2014年通车的鹦鹉洲长江大桥是世界上首座主缆连接的三塔四跨悬索桥（图1-17），2019年通车的杨泗港长江大桥是长江上首座双层公路大桥，世界上跨度最大的双层悬索桥（图1-18）。目前武汉的造桥规模、设计水平、建设水平、创新性、产业链完整度等在全国位居前列。

专栏8：武汉知名桥隧

1. 武汉长江大桥：中国万里长江第一桥，中国第一座复线铁路、公路两用桥

1957年建成通车。全长1 670米，横跨于汉阳龟山与武昌蛇山之间，与黄鹤楼、龟山电视塔遥相辉映，共同构成武汉最具标志性的城市名片。它是第一座跨长江大桥，为中国第一座铁路、公路两用桥，不仅是连接两岸的交通要道，更是连接我国南北的大动脉。

2. 武汉长江二桥：结束"三镇交通一线牵"，世界上第一座主塔墩在深水区的双塔双索面预应力混凝土斜拉桥

1991年兴建，1995年6月18日通车。全长3 971.4米，正桥1 877米，主跨400米，桥面宽度26.5～33.5米，双向6车道，是世界上第一座主塔墩在深水区的双塔双索面预应力混凝土斜拉桥。该桥的修建结束了"三镇交通一线牵"的历史，并与武汉长江大桥相呼应，组成了28千米的武汉内环线。

3. 白沙洲长江大桥：桥梁最大跨度位居世界第三

1997年3月28日开工，2000年9月通车。全长3 589米，桥面宽26.5米，双向6车道，主要为分流外地过汉车辆，使107、316、318等国道由"瓶颈"变通途，是打通武汉三环的两座桥梁之一，最大跨度618米，位居世界第三。

图 1-16　武汉长江上的桥梁
资料来源：玩摄堂。

图 1-17　鹦鹉洲长江大桥
资料来源：玩摄堂。

图 1-18　杨泗港长江大桥
资料来源：玩摄堂。

4.军山长江大桥：国内最宽的深水特大型公路桥梁

1998年12月30日开工，2001年12月15日建成通车。全长4 881.18米，桥宽33.5米，双向6车道，是京珠、沪蓉两条国道主干线跨越长江的共用大通道，也是目前国内最宽的深水特大型公路桥梁。

5.阳逻长江大桥：世界第八悬索桥、神州第一锚

2003年11月6日开工，2007年12月26日全线通车。全长10千米，主跨1 280米，桥梁宽度33米，双向6车道，是世界第八悬索桥，大桥南锚碇基础工程被誉为"神州第一锚"。它的建成有效缓解了武汉过境交通对城市交通的影响。

6.天兴洲长江大桥：世界上主跨最大的铁路、公路两用斜拉桥，世界上载荷最大的铁路、公路两用大桥

2004年9月28日开工，2009年12月26日全线通车。全桥长4 657.1米，主跨504米，桥宽30米，双向6车道，是武汉第二座公铁两用长江大桥，为目前世界上主跨最大的铁路、公路两用斜拉桥和世界上载荷最大的铁路、公路两用大桥。

7.二七长江大桥：世界上跨度最大的三塔斜拉桥、世界上跨度最大的结合梁斜拉桥

2008年8月1日开工，2011年12月31日建成通车。该桥设计长度6 507米，其中主桥全长2 922米，桥梁宽度28米，双向8车道。它是世界上跨度最大的三塔斜拉桥、世界上跨度最大的结合梁斜拉桥，可抗5 000吨海船撞击。

8.鹦鹉洲长江大桥：世界上首座主缆连续的三塔四跨悬索桥

古时便有"晴川历历汉阳树，芳草萋萋鹦鹉洲"的千古名句，2014年12月鹦鹉洲长江大桥正式通车，形成了武汉的二环线，全长3 420米，桥宽38米。凭借这条城市交通大动脉，汉阳国博片、四新片，武昌白沙洲、武泰闸等区域彻底融入武汉崛起的舞台，成为武汉经济布局中最新的重点区域。这座形状酷似旧金山金门大桥的桥梁，是世界上首座主缆连续的三塔四跨悬索桥，也是世界同类桥梁中跨度最大的三塔四跨悬索桥。

9. 杨泗港长江大桥：长江上首座双层公路大桥、世界上跨度最大的双层悬索桥

2014年12月3日开工，2019年10月建成通车，全长4 320米，双层10车道；上层为城市快速路，双向6车道；下层为城市主干道，双向4车道。杨泗港长江大桥是长江上首座双层公路大桥，是目前长江上功能最完备的桥梁，也是世界上跨度最大的双层悬索桥。

10. 长江隧道：万里长江第一隧

2004年11月开工，2008年12月28日建成通车，被誉为"万里长江第一隧"。隧道全长3 600米，双向4车道，是目前中国地质条件最复杂、工程技术含量最高、施工难度最大的江底隧道工程。

11. 武汉长江公铁隧道：世界上首条已建成的公铁合建盾构法隧道

2014年12月28日开工，2018年10月1日建成通车。隧道总长4 660米，上层为公路，双向6车道；下层为轨道交通7号线，是世界上首条已建成的公铁合建盾构法隧道。

六、"武汉速度"的城市建设

当今世界，中国的城建速度有目共睹，"中国速度"一度成为世界城市建设奇迹的代名词，而武汉是"中国速度"的代表城市，也是城建速度最快的特大城市之一。自2013年以来，武汉就进入了城建的高峰期，仅2013年全市基础设施投资就达1 301亿元，2016年获批建设"国家中心城市"后，城建投资进一步加大，2019年全市城建投资达3 100亿元。以轨道交通和高楼建设为代表，展示了武汉不俗的城建实力。

（一）加速建设的地铁城市

地铁对一个城市有非常重大的意义，是现代大都市的标志之一。随着我国经济的持续快速发展、城市化进程的不断加快，许多大中城市具备发展地铁的基础、实力、条件，地铁建设成为不可阻挡的历史潮流。截至 2021 年 12 月，中国开通运营城市轨道交通的城市已达 50 座，运营总里程 8 708 千米。中国成为当今世界地铁建设的超级大国，而武汉是地铁建设的领跑城市之一。

规划层面，早在 20 世纪 80 年代，武汉市便组织有关部门和专家就轨道交通建设进行探讨。在 1996 版城市总体规划提出的轨道线网基础上，完成了第一轮轨道交通线网规划，共提出 7 条线路，总长 223 千米，主要服务于主城区交通疏解，覆盖了东湖高新、沌口和吴家山三个开发区，并于 2002 年获批。目前，武汉市轨道交通线网规划已完成第四轮的编制，规划至 2024 年建成 14 条线路，将形成总规模约 606 千米"网络 + 环 + 放射状"轨道交通网络；至 2035 年轨道交通线网规模达 26 条，总长 1 300 千米；至远景年，全市轨道交通线网总规模达 1 600 千米，大都市区市域铁路规模达到 10 条、总长 650 千米，与城际铁路和国家铁路形成多模式轨道交通运营模式，实现一体化换乘。

在建设层面，2000 年武汉的轨道交通 1 号线一期工程开工，2004 年通车，至此武汉开启了"地铁时代"，成为中西部地区首个拥有地铁的城市。2012 年 12 月 28 日，武汉轨道交通 2 号线一期工程通车试运营，作为中国首条穿越长江天堑的轨道交通线，将汉口与武昌连接起来。随后武汉加快了轨道交通建设的进度，从"1 年开通 1 条线"逐步到"1 年开通 2 ～ 3 条线"。截至 2021 年 12 月，武汉已开通 11 条地铁线路、3 条有轨电车线路。目前运营的轨道交通线相扣成环、串联三镇，并延伸至盘龙城、吴家山、纸坊等新城中心，武汉已全面进入"地铁网络时代"。根据 2021 年 12 月交通运输部发布的城市轨道交通运营数据，武汉轨道交通运营总里程 478.6 千米，排名全国第五，仅次于上海、北京、广州、成都四个城市（表 1-4）。

表 1-4　2021 年 12 月城市轨道交通运营数据

序号	城市	运营线路（条）	运营里程（千米）	客运量（万人次）	进站量（万人次）
1	上海	20	825.0	31 676.7	17 691.4
2	北京	27	783.0	27 200.6	14 864.2
3	广州	17	590.0	24 847.3	13 652.6
4	成都	13	557.8	16 151.2	9 186.5
5	武汉	14	478.6	9 781.5	6 476.5
6	深圳	13	431.0	19 918.0	12 212.0
7	南京	13	409.7	7 776.5	4 444.4
8	重庆	9	369.5	9 593.4	6 382.5
9	杭州	9	342.0	6 518.3	4 178.7
10	青岛	7	293.1	2 130.3	1 603.4
11	天津	7	265.0	4 250.6	2 722.2
12	苏州	7	254.2	3 423.7	2 155.7
13	西安	8	252.6	5 297.3	3 402.2
14	沈阳	10	216.7	3 702.1	2 528.3
15	郑州	7	206.4	4 100.7	2 656.5
16	大连	5	201.0	1 297.3	1 049.9
17	宁波	6	182.3	1 857.8	1 089.5
18	长沙	6	161.6	5 309.1	3 000.2
19	合肥	5	153.6	2 514.9	1 801.9
20	昆明	5	139.4	1 787.5	1 339.2
21	南昌	4	128.5	2 503.0	1 607.7
22	南宁	5	128.2	2 530.2	1 601.3
23	无锡	4	110.8	1 316.4	1 010.9

序号	城市	运营线路（条）	运营里程（千米）	客运量（万人次）	进站量（万人次）
24	长春	5	104.5	1 815.0	1 166.3
25	厦门	3	98.4	1 796.0	1 386.3
26	济南	3	84.1	625.1	465.1
27	哈尔滨	3	78.1	792.1	543.9
28	贵阳	2	74.4	977.7	778.8
29	石家庄	3	74.3	940.1	682.6
30	佛山	4	69.9	527.1	521.0
31	徐州	3	64.1	717.6	506.7
32	福州	2	58.4	1 090.7	927.8
33	常州	2	54.0	545.7	430.8
34	温州	1	52.5	71.0	71.0
35	呼和浩特	2	49.0	525.9	422.3
36	嘉兴（海宁）	1	46.4	59.2	50.6
37	芜湖	2	46.2	155.9	148.6
38	洛阳	2	43.5	167.0	149.9
39	东莞	1	37.8	300.1	300.1
40	乌鲁木齐	1	26.8	279.3	279.3
41	兰州	1	25.5	538.0	538.0
42	太原	1	23.3	356.5	356.5
43	绍兴	1	20.3	35.6	24.4
44	淮安	1	20.1	55.0	55.0
45	镇江（句容）	1	17.3	7.2	5.9
46	文山	1	13.4	1.9	1.8

序号	城市	运营线路（条）	运营里程（千米）	客运量（万人次）	进站量（万人次）
47	天水	1	12.9	5.8	1.5
48	嘉兴	1	10.6	6.2	6.2
49	三亚	1	8.4	11.4	11.4
50	苏州（昆山）	1	6.0	158.6	80.5
	总计	269	8 708.0	208 000.0	127 000.0

注：① 本表按城市运营里程由大到小排序。12月份，运营线路269条，其中上海地铁11号线（昆山段）、广佛线（佛山段）、宁句线（宁句段）不重复计算运营线路。

② 本表含北京、广州、深圳、成都、武汉、南京、青岛、沈阳、苏州、佛山、淮安、天水、三亚、嘉兴、文山等城市有轨电车线路，不含大连201和202路、长春54和55路与社会车辆完全混行的传统电车。

③ 珠海有轨电车1号线自2021年1月22日起暂停运营，故未列入本表。

资料来源：交通运输部。

发达的地铁系统提供交通之便时，也逐渐成为宣传城市文化特色的公共艺术空间。武汉拥有60多座被精心装扮的艺术特色站，这些地铁站通过与站点周边的历史文化相结合，运用雕塑、壁画等表现形式，展现武汉的人文历史和城市理想。2016年开通的地铁6号线汉正街站，以"汉正印象"为主题，蓝天白云之下，江汉揽胜壁画与明清商铺相对，再现"天下第一街"的繁华；2017年开通的地铁8号线一期的徐家棚站，以"都市森林"为主题，将江滩芦苇绘制在自动步道的两侧墙壁上，给人一种穿越芦苇荡的奇妙感受，黄浦路站以"铁铸军魂"为主题，在艺术墙上展示中国军人奋勇抗战的精神；2018年开通的地铁7号线武汉商务区站，以"璀璨星河"为主题，大型蓝紫色穹顶点缀灯光，给人以漫步星河的震撼；2019年开通的地铁2号线南延线的珞雄路站，以"霓流花韵"为主题，蒲公英丛中蝴蝶飞舞，带来春天的浪漫；2021年开通的地铁5号线的彭刘杨站以"红色记忆"为主题，白色艺术墙上展开武汉的英雄历史画卷，而工业风十足的武钢站以"光辉岁月"为主题，展现武钢人诗意与刚强兼备的奋斗精神；2021年开通的地铁8

图 1-19 武汉特色地铁站
资料来源：吕维娟摄。

号线二期的省农科院站，以"树荫成蹊"为主题，将波浪状灯饰与两侧大型森林壁画相结合，营造绿水青山的美好氛围（图1-19）。

（二）不断刷新的城市高度

放眼全球，中国城市对"高度"尤为热衷，截至2018年，在全球超150米摩天大楼城市榜前25位中，中国独占了超过半数。超高层的建设热潮也从最早的上海、广州、深圳向武汉、南京、重庆、长沙等新一线城市蔓延，越来越多的城市加入到超高层建设的行列中。

在全球超150米摩天大楼数量的城市排名中，武汉位居全球第五、中国第三，而素有"高层建筑故乡"之称的美国芝加哥则位列全球第十。1909年，武汉最高的建筑汉口水塔仅高41.32米。改革开放后，在汉阳龟山东麓建成的晴川饭店是武汉第一家涉外酒店，高88.6米，是当时武

汉的第一高楼，向外展示了"龟蛇锁大江"的城市意象。进入 20 世纪 90 年代，武汉诸多高楼如雨后春笋般拔地而起，1996 年建成的泰合广场以 198.9 米的高度取代晴川饭店成为武汉第一高楼，仅一年后新佳丽广场（今平安大厦）以 251 米高度超越泰合广场，成为第一高楼。20 世纪末 21 世纪初，泰合、国贸、世贸、佳丽、民生等高楼构成了城市新地标。2010 年，"武汉第一高楼"桂冠又被 333 米的民生银行大厦夺走。近年来，武汉市加快国家中心城市建设，迎来了城市天际线的跳跃式爬升，2015 年高达 438 米的武汉中心封顶，2019 年高达 475 米的武汉绿地中心封顶。2019 年中国建成及在建 400 米以上摩天楼共有 23 座，其中，武汉就占据了 4 席。鳞次栉比的高楼和不断刷新的高度背后是城市经济奋力超越的缩影（表 1-5）。

表 1-5　武汉高楼建设

建筑物	建成时间（年）	建筑高度（米）
汉口水塔	1909	41.3
江汉关	1924	83.3
晴川饭店	1984	88.6
泰合广场	1996	198.9
平安大厦	1997	251
建银大厦	1998	208
新世界国贸大厦	2003	212.5
武汉浙商大厦	2010	211
民生银行大厦	2010	333
保利文化广场	2011	211.8
CFD 时代财富中心	2015	264
越秀财富中心	2015	333
卓尔钰龙国际金融中心	2015	237

建筑物	建成时间（年）	建筑高度（米）
武汉中心	2015	438
长江传媒大厦	2015	243
天悦外滩金融中心	2017	275
武汉恒隆广场主楼	2018	320
ICC 环贸中心	2018	232
武汉绿地中心	2019	475
武汉航运中心大厦	在建	336
武汉天地主楼	2022	376
武汉复星外滩中心	在建	470

1. 汉口水塔：武汉近代第一高楼

建于清末的汉口水塔，塔高 41.3 米，是武汉近代标志性建筑，也是武汉近代"第一高楼"。1906 年，宋炜臣上书张之洞，希望由中国人创办汉口的水电业，这与张之洞不谋而合，其委托英国工程师穆尔担任水塔设计者。水厂和水塔于 1909 年完工，结束了直接饮用江水的历史。2006 年汉口水塔被国务院公布为第六批全国重点文物保护单位（图 1−20）。

2. 江汉关：汉口开埠纪念碑

江汉关于 1922 年即开埠 60 周年之际建设，1924 年建成使用，位于汉口租界的核心地段，由英国建筑师恩九生设计，魏清记营造厂承建。江汉关主楼四层，钟楼四层，建筑高度 46.3 米，钟楼顶端 83.3 米，钟楼机件由瑞士蔡氏土麦士钟表厂制造，报时装置系由美国安达森迈尔公司制造。无论是建筑外观还是质量，江汉关都堪称国际先进水平，目前为全国重点文物保护单位（图 1−21）。

图1-20 既济水电公司汉口水塔：武汉近代第一高楼
资料来源：玩摄堂。

3.晴川饭店：改革开放新标志

20世纪70年代末，我国逐步对外开放，为提高接待能力，武汉兴建了
湖北省唯一一家，也是最早一家承担外事接待任务的高规格宾馆——晴川
饭店。该饭店于1979年4月动工，1984年7月1日开业，高88.6米，24层
楼，是当时武汉当之无愧的"第一高楼"，曾接待过德国前总理科尔、日本
前首相海部俊树等政要外宾，被誉为"武汉改革开放新标志"（图1-22）。

图 1-21　江汉关：汉口开埠纪念碑
资料来源：玩摄堂。

图 1-22　晴川饭店：改革开放新标志
资料来源：吕维娟摄。

4. 泰合广场：武汉首座高标准甲级写字楼

1996 年，武汉市由外商独资房地产企业开发的第一座超高层纯商务写字楼泰合广场建成，该建筑比晴川饭店高 23 层，总建筑高度 198.9 米，总建筑面积 7.35 万平方米，是一座高标准、综合性、智能型甲级写字楼，也是武汉市首座超高智能型 5A 级写字楼。泰合广场落成之时，正赶上英美烟草（中国）公司、荷兰贸促会、雀巢（中国）公司等一批著名跨国公司登陆武汉，因此纷纷入驻其中（图 1-23）。

5.民生银行大厦：华中金融新地标

2010 年投入使用的民生银行大厦，位于汉口金融街的中段，历时 12 年修建完成，由起初的 40 层追加至最终的 68 层，总高度 333 米，是当时武汉建成的最高建筑，也是华中地区第一高楼，该楼也成为华中地区的金融中心新地标（图 1-24）。

6.武汉中心：华中第一座 400 米以上超高层建筑

位于武汉王家墩商务区核心区西南角，2015 年 4 月 16 日封顶，以 88 层、438 米的高度超越 333 米的武汉民生银行大厦，是华中地区第一座 400 米以上的超高层建筑（图 1-25）。

7.武汉绿地中心：华中第一高楼

位于武昌滨江商务区核心区，由美国 AS+GG 事务所曾主持哈利法塔设计的团队设计，其横切面犹如一朵三叶草，三瓣对应武汉三镇，寓意两江三镇在此融合汇聚。该建筑原本设计高度为 636 米，计划建成为中国第一高楼，但由于航空限高等问题，最终封顶高度为 475 米，是华中第一高楼，武汉滨江的城市名片（图 1-26）。

图 1-23　泰合广场：武汉首座高标准甲级写字楼
资料来源：玩摄堂。

图 1-24　民生银行大厦：华中金融新地标
资料来源：玩摄堂。

图 1-25 武汉中心：华中第一座
400 米以上超高层建筑
资料来源：玩摄堂

图 1-26　武汉绿地中心：华中第一高楼
资料来源：玩摄堂。

第二章

芝加哥：一座
典型的美国城市

一、沼泽上崛起的现代都市

二、工业之都与移民城市

三、影响深远的芝加哥学派

四、现代建筑的发源地

五、百年规划的诞生地

六、世界闻名的旅游之都

无论繁荣还是衰落，芝加哥的发展代表着美国国运的兴衰演变。美国前总统奥巴马在2012年芝加哥北约峰会（NATO Summit）上发表讲话时，称芝加哥是"一座典型的美国城市"。长期以来，纽约一直是美国最"伟大"的城市，但它的伟大更多的是基于一种特殊性，而非典型性，与之相对的则是从工业时代成长起来的芝加哥——地处美国内陆的中心地带，拥有多元化的移民社区、高楼林立的中心商务区、发达的基础设施以及庞大的工业旧址，代表着美国城市的典型面貌。

芝加哥位于美国中部伊利诺伊州的东北部、北美五大湖之一的密歇根湖西南岸，1837年设市后，在美国西进运动和工业革命的浪潮下，凭借北美大陆的核心地理位置和大胆开拓的城市精神，迅速成长为工业时代的巨人。在全球化时代，芝加哥进行了与国家产业结构相一致的发展转型，继续保持着美国中西部最重要中心城市的地位。它是美国工业中心、交通中心、文化中心和金融中心，是仅次于纽约、洛杉矶的美国第三大城市，也是世界上最为知名和重要的城市之一。

2018年，芝加哥市人口285万，面积589.5平方千米。芝加哥市现有50个选区（图2-1），每个区的选民由当选的参议员代表，50名参议员共同组成芝加哥市议会。选区某种意义上已经形成了类似于社区的地方文化标志。

芝加哥都市区（Chicago Metropolitan Area，CMA）是规划概念，指以芝加哥市为核心的北伊利诺伊地区，随着城市蔓延，芝加哥都市区范围逐渐扩大，从2005年《芝加哥都市区框架性规划》中的6个县、271个自治市，增加到2011年《迈向2040综合区域规划》中的7个县、284个自治市，面积14 625平方千米。芝加哥都市区规划署负责该区域内的交通设施、土地利用以及长期的经济发展规划。

芝加哥大都市区是基于2010年全美人口普查而划定的区域，又被称为"芝加哥—内珀维尔—埃尔金大都市统计区"（Chicago-Naperville-Elgin, IL-IN-WI Core based statistical area），空间上跨越了伊利诺伊州、印第安纳州和威斯康星州，由15个县组成（图2-2）。2018年，芝加哥大都市区人口

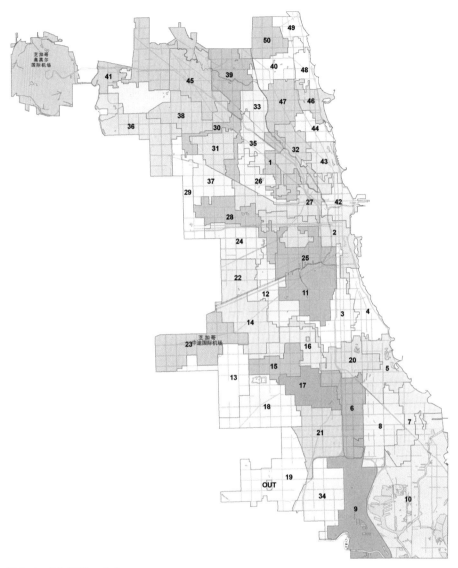

图 2-1　芝加哥选区分布

资料来源：City of Chicago Government. Boundaries of Community Areas. https://data. cityofchicago.org/Facilities-Geographic-Boundaries/Boundaries-Community-Areas-current-/cauq-8yn6.

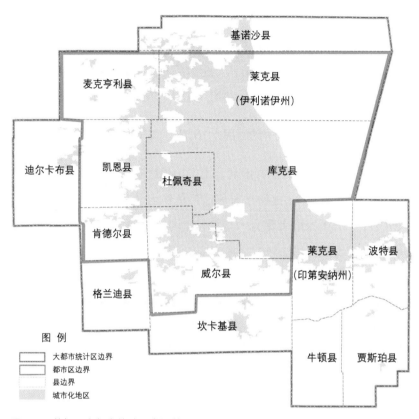

图 2-2 芝加哥大都市统计区空间范围

资料来源：City of Chicago Government. Boundaries of Community Areas. https://data.cityofchicago.org/
　　　　Facilities-Geographic-Boundaries/Boundaries-Community-Areas-current-/cauq-8yn6.

949.8 万人，面积 1.8 万平方千米，是美国第三大都市区，仅次于纽约—纽
瓦克—新泽西大都市区和洛杉矶—长滩—阿纳海姆大都市区。

一、沼泽上崛起的现代都市

　　19 世纪初期，芝加哥仍是人迹罕至的贸易驿站，借助美国经济重心西
移的历史性机遇和交通运输方式的变革，芝加哥成为承东启西的绝佳之选，
从而开启了迅猛的城市化和工业化历程。"幸运之城""闪电之城""世界屠

夫""宽肩之城"等称号是对这座城市发展速度之快、工业规模之大的惊叹。"二战"后，伴随着全球化的兴起和美国制造业的外迁，芝加哥经历了艰难的发展转型和城市复兴，通过坚持以第三产业为主导的多元化发展战略，保持了美国最重要的内陆中心城市的地位，并成为具有国际影响力的全球化城市。

（一）聚落时代：芝加哥最早的居民（1673—1837 年）

芝加哥之名得源于早期法国探险者，由于该地区长满了野生蒜，土著语称之为奇卡瓦"shikaakwa"，植物学家称这种植物为北美野韭，是洋葱的野生近属。1673 年，法国探险者雅克·马凯特（Jacques Marquette）和路易·乔利埃（Louis Jolliet）在前往魁北克途中经过芝加哥并绘制了该地区地图。1679 年，法国探险者罗伯特·德·拉萨尔（Robert de LaSalle）撰写的回忆录中，第一次提到"芝加勾"（Checagou）这个地名。18 世纪中期，这个地方定居着波特瓦托米族（Potawatomi）美洲土著部落，与法国商人进行毛皮交易。最早的非本土居民是 18 世纪 80 年代末到达的让·巴普蒂斯特·波因特·杜萨布利（Jean Baptiste Point DuSable），他是非洲和法国裔后代，通常被称为"芝加哥的创始者"。1803 年，为了保护密歇根湖和密西西比河流域之间的战略交通要塞，美国陆军以托马斯·杰斐逊总统的战争秘书亨利·迪尔伯恩（Dearborn）的名字在芝加哥河口的荒野中建立了迪尔伯恩堡，堡内居住着美国士兵及其家属。1812 年 8 月，美国军队从迪尔伯恩堡撤离，前往韦恩堡途中遭到印第安人的袭击，在这次被称为"迪尔伯恩堡大屠杀"的袭击之后，印第安人烧毁了这个堡垒①。1816 年印第安部落与美国政府签订《圣路易斯协定》（*The Treaty of St. Louis of 1816*），让出更多的土地给联邦政府，政府向部落居民提供年金。1833 年，依据《芝加哥协定》（*The Treaty of Chicago of 1833*），波特瓦托米土著被迫撤离这片土地，同年芝加哥镇成立，当时拥有 350 名居民（图 2–3）。

---

① 今天在密歇根大街和瓦克道的人行道上仍有青铜标记，标记着迪尔伯恩堡的大致位置。

图 2-3　1833 年的芝加哥镇
资料来源：Holland, 2005。

（二）建市之初：在西部开发热中日渐兴隆（1837—1871 年）

　　1837 年，芝加哥正式组建为市，具备了一个工业化城市的雏形，木材加工厂、农具制造厂、马车制造厂、造砖厂、采石场相继建成。芝加哥设市后，正值美国风起云涌的"西进运动"，大量移民从美国东北部的旧殖民地——新英格兰向刚刚买来的路易斯安那迁移，而芝加哥正好处在二者中间的位置，众多的外来者包括大量的农村人口和外国移民纷至沓来，到此安家置业。芝加哥所在的区域，是美国最大的谷物种植和畜牧养殖区，五大湖地区又蕴藏丰富的铁矿、煤炭及有色金属资源，巨大的工商业潜力极大地刺激了水运和铁路运输的发展。

　　1848 年，芝加哥伊利诺伊—密歇根运河开通，该运河与著名的伊利运河连接，将五大湖、密西西比河和大西洋连通起来，远洋巨轮可经圣劳伦斯湾直抵芝加哥码头。圣路易斯商人发现通过密西西比—伊利诺伊河、伊利诺伊—密歇根运河、伊利运河以及哈得孙河等水运路线到布法罗、纽约的费用，要远远低于通过俄亥俄河到布法罗、纽约的费用，时间也更短，至此内河航运成为芝加哥19世纪腾飞式发展的基础。

运河修成后，伊利诺伊州的煤炭和五大湖区的铁矿石被运往芝加哥，其钢铁工业得到飞速发展。美国中西部的谷物、威斯康星州和密歇根州的木材、东部的货物和人力等，也都通过水路汇集到芝加哥的码头。

专栏9：伊利诺伊—密歇根运河开通

伊利诺伊—密歇根运河（Illinois and Michigan Canal）将五大湖与密西西比河、墨西哥湾相连，芝加哥河和伊利诺伊河的运河长约154千米，于1848年开放，它的连通功能在1900年被更宽、更短的芝加哥卫生和船舶运河所取代，并随着1933年伊利诺伊州水路的建成而停止了运输业务（图2-4）。为了建造伊利诺伊—密歇根运河，联邦政府批准用土地销售收入（美国第一个此类资金扶持项目）来建造运河，在19世纪30年代和40年代，运河专员和私人投机者们涌向芝加哥，芝加哥通过土地销售来筹集运河建设的资金。土地销售带动了伊利诺伊州东北部的农地耕种，运河开通也刺激了沿途城镇的发展。

运河建设始于1836年，但随后7年的经济萧条使该州濒临破产。经过1845年的财政和行政重组，该项目最终建设了15个升降闸、5个引水渠和4个水力发电池，并于1848年竣工。运河开通的头几年，承载了许多客运功能，但在1854年芝加哥—洛克岛铁路（Chicago & Rock Island Railroad）进入市场后，运河客运量迅速减少，商品运输则持续增长，尤其像粮食（最大的商品）、木材、石材这样的大宗商品，带动了运河沿线具有商业基础的城镇的发展。通行费和土地出售收入使得运河兴建的债务于1871年还清。1914年，商业交通几乎停止，运河功能逐步

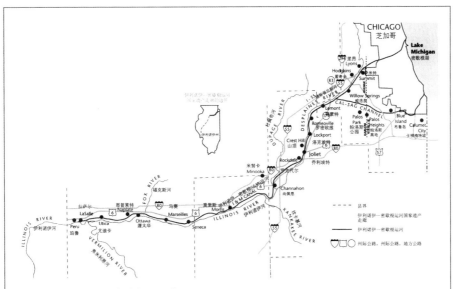

图 2-4　伊利诺伊—密歇根运河位置

资料来源：Gunderson, E. The Story behind the Illinois and Michigan Canal. 2015. https://news.wttw.com/2015/12/02/ask-geoffrey-story-behind-illinois-and-michigan-canal.

转向娱乐用途，沿线的许多游乐园开展了运河游船游览服务。1935 年，民间保护组织与国家公园管理局一同修复了部分水闸，并开始安排其他的历史保护和娱乐项目。尽管这项工作在第二次世界大战中停顿，但战后又得以重新启动，并在 1984 年达到高潮，当时里根总统签署了一项法案，创建了伊利诺伊—密歇根运河国家遗产走廊，这是全国第一条遗产走廊。这一概念鼓励保护运河通道和自然保护区，基于历史和保护历史的前提下，促进运河沿岸商业区的发展。

　　水运和铁运对促进芝加哥在 19 世纪的发展起到了决定性的作用。如果说运河是芝加哥早期发展的重要催化剂，那此后铁路的建设则进一步巩固了芝加哥在全国的中心地位。19 世纪中后期通过大量兴建铁路交通基础设施，强化了芝加哥绝佳的天然区位优势。1848 年，第一条铁路蒸汽机车"先锋号"开始在格林纳（Galena）和芝加哥之间的铁路上运行；19 世纪 50 年代，大芝加哥地区的铁路通勤服务开始出现；1852 年，众多以芝加哥为枢纽的铁路公司出现，开始连通东部的纽约州和加州西部地区；1858年，芝加哥至纽约的铁路全程贯通；1865年，芝加哥地区拥有11条铁路，成为美国中西部重要的铁路转运中心和水铁联运枢纽；1869年，太平洋铁路开通，跨越美国大陆的铁路动脉成功建立，芝加哥大西北铁路（明尼苏达与大西北铁路）将芝加哥与明尼苏达州的圣保罗市连通，促进西北贸易的流通；19世纪末期，芝加哥已建成放射状铁路网络，成为美国工业时代的"铁路之心"。如今，芝加哥依然是美国最大的铁路枢纽，是美国中北部30多条铁路线的集结点，城市铁路线总长1.24多万千米，均居世界各大城市之首。

借助于19世纪中叶美国西部大开发的历史机遇和运输事业的贡献，芝加哥成功实现了由农业城镇向制造基地的转变。这个阶段芝加哥主导的工业门类有两种：一是利用周边原材料的粮食加工、肉类加工、包装、皮革制造、木材加工；二是服务于周边居民的印刷、家庭生活用品制造、服装制造、马车制造、建材工业等。随着工业化的大规模展开，芝加哥的商品交易、金融服务业迅速发展，人口急增，到1871年时芝加哥已是拥有30万人口的城市。

这一时期芝加哥的肉类加工业逐渐发展为当地的支柱产业，中西部的农场主将牲口用铁路运输到芝加哥，将猪屠宰包装后再贩卖到东部。1864年，牲畜贸易已经发展到庞大的规模，出于公共卫生和减轻铁路运输负担的考虑，为避免在大街上驱赶牲口，芝加哥鼓励在城郊地区建设牲畜饲养场。1865年，包装商和铁路公司合作建立了联合牲畜场。九家铁路公司出资100万美元，条件是所有铁路都须进入联合牲畜场。联合牲畜场于1865年开始营业，工人们从密歇根湖和其他河流上取冰，建立了用于肉类加工的大型工厂和冷冻室，使得猪肉加工能够全年运行，杀猪和包装工作从个体屠夫变为流水线式的作业，屠宰业带来了大量外来移民，他们聚集在工厂周围，形成了大型居住区。

（三）浴火重生：大火后城市快速重建（1871—1900年）

1871年夏末，芝加哥连续6周滴雨未下，城市地面相当干燥，10月8日德科文街上的一间谷仓起火，由于当时房屋均为木制，且芝加哥河沿岸多

为木材堆放场地、仓库和煤厂，导致火势迅速蔓延，同时东南风也加重了火势，大火整整烧了两天，最终在10月9日傍晚由于天降大雨、火势衰竭而得以熄灭。这场大火席卷了850公顷（2 100英亩）的城市，6万栋建筑中的17 450栋在火灾中焚毁，超过10万人无家可归（占当时芝加哥人口的1/3）。这场毁灭性的大火对于芝加哥来说既是一次历史性灾难，也是一次涅槃重生，为城市的转折发展埋下伏笔。火灾后芝加哥恢复速度惊人，1880年人口达到50万，1890年达到100万，1900年达到200万，一跃成为美国第二大城市，并跻身当时世界大城市的前五名。

19世纪末，芝加哥的城市建设重心毋庸置疑是市中心区，这也是市中心区发展的黄金年代。1881年，芝加哥交易所率先决定迁往曾经被大火烧毁的街区，这个决定带动了这片老城区的活力恢复，并促进了市中心地价的猛烈上涨。经历大火后的芝加哥也引领了摩天大楼和城市高架铁路的建设热潮，1882—1906年，芝加哥沿城市主要街道开设并运行城市铁路，即"L"形高架铁路，并一直运行至今。1895年竣工的三条高架铁路线（南区高架铁路线、都市高架铁路线、湖街高架铁路线）对市中心商业区的土地价值产生了显著的带动作用。1897年10月12日，高架铁路线环路正式形成，高架铁路环绕的四周密布着大量的摩天大楼，这一区域后被称为卢普区（the Loop），卢普区成了芝加哥中央商务区的代名词。20世纪初期，芝加哥开始建设城市铁路终端站，全市建成了六大铁路终端站，铁路枢纽地位进一步得到巩固。

城市快速交通网络的建成改变了商品制造和分布方式，大量的工厂和仓储设施选址于芝加哥河或铁轨沿线，方便零部件和原材料的运输。来自全国各地的货物在芝加哥的铁路货场及周边仓库进行分拣和转运，为这些商人、贸易公司服务的各种服务业门类也逐渐完善起来，仅是装卸转运，就在当地催生体量庞大的服务业，而物资的打包转运也带来了就地加工的简单工业和服务于采购商人的金融业。服务于贸易的银行、拍卖以及制定贸易规则和交易合约的金融体制与体系、机构逐步建立，造船、运输、仓库、出版印刷、钢铁、机械、电子和电器等产业全面发展。大型的铁路公司在靠近铁路枢纽站的地方建立了公司总部，旅馆、餐饮、文化、娱乐、运动、休闲以及房地产业日益兴旺，进一步带动了芝加哥中心区的繁荣。

1890 年，芝加哥凭借强劲的发展势头和商界领袖的慷慨捐资，成功击败圣路易斯、纽约和华盛顿三座城市，取得了 1893 年为庆祝哥伦布发现新大陆 400 周年而举办的哥伦比亚世界博览会（World's Columbian Exposition）的举办权。博览会选址在密歇根湖畔的杰克逊公园（Jackson Park），占地 278 公顷，公园由丹尼尔·伯纳姆（Daniel Burnham）和弗雷德里克·劳·奥姆斯泰德（Frederick Law Olmsted）设计。博览会向世界展示了北美在制造业、工艺、电力、行政、机械、农业、美术、交通、园艺、渔业等方面取得的成就，总参观人次达到 2 750 万。这次博览会的巨大成功既标志着芝加哥的强势崛起，也宣告了美国迈入世界一流强国的行列。

专栏 10：哥伦比亚世界博览会

为了纪念哥伦布在新大陆登陆 400 周年而举办的哥伦比亚世界博览会是芝加哥和整个美国历史的重要转折点。美国内战结束后，美国的政治和经济领袖们纷纷效仿欧洲的同行，希望借助世界博览会打造城市文化，为他们自己和举办的城市赢得更大声望。芝加哥的商界精英查尔斯·耶基斯（Charles Yerkes）、马歇尔·菲尔德（Marshall Field）、菲利普·阿穆尔（Philip Armour）、古斯塔夫斯·斯威夫特（Gustavus Swift）和赛勒斯·麦科米克（Cyrus McCormick）等提供了巨大的财政支持，加上民间逾 500 万美元的股票认购，使得国会最终投票支持芝加哥作为博览会的举办城市。博览会选址于卢普以南 11.2 千米处的沼泽湿地——杰克逊公园。由丹尼尔·伯纳姆担任执行负责人，他受到 1889 年巴黎世界博览会上埃菲尔铁塔的启发，认为建筑和雕塑设计至关重要。他邀请了理查德·莫里斯·亨特（Richard Morris Hunt）、查尔斯·麦克基姆（Charles McKim）、威廉·米德（William Mead）和斯坦福·怀特（Stanford White）、路易斯·沙利文（Louis Sullivan）等众多知名建筑师设计富丽堂皇的展览建筑。弗雷德里克·劳·奥姆斯泰德负责景观设计，目标是将杰克逊公园设计成一个不输纽约中央公园的城市公园；由奥古斯塔斯·圣-高登斯（Augustus Saint-Gaudens）、弗雷德里克·麦克莫尼斯（Frederick MacMonnies）和丹尼尔·切斯特·弗伦奇（Daniel Chester French）负责雕塑设计；除了沙利文设计的交通馆金色大门外，所有建筑都漆成白色的新古典主义风格，故而又被称为"白色之城"（图2—5）。

1893年的哥伦比亚世界博览会吸引了2 000多万游客来到芝加哥，还有来自世界各地的数百位政要和代表。博览会的举办和芝加哥大学（The University of Chicago）的成立，昭示着芝加哥从全国制造业中心转变为一个具有世界级文化魅力的城市。博览会的许多展品被全美各地博物馆收藏，如史密森学会和费城商业博物馆。芝加哥的菲尔德自然史博物馆（Field Museum）也起源于博览会，于1894年在原美术宫（Palace of Fine Arts）开放，这座建筑后来被改建为科学与工业博物馆（Museum of Science and Industry）。如今的芝加哥艺术博物馆（The Art Institute of Chicago）也曾是博览会的展览建筑之一。

（四）黄金年代：工业繁荣发展的延续（1900—1960年）

20世纪上半叶，是芝加哥以重工业为主的近代工业化时期，由于汽车、卡车和航空运输的发展，芝加哥开始进入大都市区发展阶段，市区和市郊县的人口同时增长，很多公司向外搬迁，以寻求更多的发展空间。20世纪30年代，芝加哥重工业已经十分发达，制造业在1947年达到顶峰，就业人数超过60万人。虽然在此期间发生了两次世界大战和经济大萧条，但作为美国重工业基地的芝加哥均以此为契机获得了发展。第一次世界大战带来军工业的兴旺和城市人口的快速增长，在经济大萧条时期，芝加哥又以"一个世纪的进步"为主题，成功举办1933年世纪进步博览会（Century of Progress

图 2-5　1893 年哥伦比亚世界博览会

资料来源：美国国会博物馆。

Exposition），展示芝加哥100年来在工业、科技、文化上取得的巨大进步。

美国在1942年加入第二次世界大战后，芝加哥再次迎来军工业的繁荣，大量的制造商把企业改造成生产各类军用物资的工厂。家用电器、农具和玩具工厂被改造成大规模生产枪支、飞机和坦克的工厂，参与军用物资生产的企业有1 400多家。到1944年中期，芝加哥制造商的战争相关合同额达80亿美元。战争期间，芝加哥新建了300多座工厂，工厂建设投资超过10亿美元，新建建筑达300多栋。通用公司、克莱斯勒公司、美国铝业等众多工业巨头兴建了大量新的工厂，每天24小时运转，生产飞机发动机、大炮、鱼雷和其他军工产品。第二次世界大战的每一个战场中都使用了产自芝加哥工厂的军工产品，西南区生产的卡车在北非的沙漠中奔驰，北区生产的船只在南太平洋的温暖水域巡逻，西区的对讲机被士兵携带着穿越欧洲冰冷的田野和森林。尤其在电子通信设备领域，美国军方使用的大部分设备，包括先进的雷达装置及无线电设备，都产自芝加哥。

芝加哥东南的卡柳梅特工业区是20世纪全美最大的钢铁基地，其吸引钢铁企业的主要原因是廉价的水运，通过内河水运，既能运来苏必利尔湖的铁矿石，又可运出炼成的钢铁，而且芝加哥地区本身就是钢铁销售的大市场。"二战"结束时，芝加哥的钢铁生产总量占全国的1/4，超过在此方面一直遥遥领先的匹兹堡，在机床加工、印刷出版、化工制品、食品加工、精细金属加工等方面在全国也保持领先地位。据统计，1947年，芝加哥的制造业占大都市区制造业的比重高达71%。除制造业外，芝加哥还是美国中部的交通运输中心、零售业中心以及餐饮、住宿、旅游中心。

芝加哥制造业发展的顶峰是20世纪50年代。"二战"以后，全美郊区化进程加速。汽车和航空旅行开始兴起，就像一个世纪前的铁路建设一样，放射状的高速公路在联邦州际高速公路法的刺激下快速铺设。芝加哥汽车注册量从1945年的42.8万辆增至1953年的76.5万辆。1955年，位于城市西北角的奥黑尔国际机场（Chicago O'Hare International Airport）建成，不久就取代了中途国际机场（Chicago Midway International Airport）成为全

国最繁忙机场，并成为美国和全球的航空运输中心。运输成本的下降使公司的总部与生产场地分开，郊区完善的基础设施和低廉的地价也吸引了大量公司入驻，许多公司总部从市中心的办公楼转移到郊区的工业园区，到1970年时，芝加哥大都市区的一半人口居住在郊区，交通便捷环境优美的城郊小镇，如橡树溪，吸引了一大批公司总部，一度繁华无比的卢普区办公楼开始出现大面积的空置。

专栏 11：世纪进步博览会（1933 年）

1919 年的种族骚乱后，芝加哥的政治和文化当局在 1921 年组织了海军码头的进步游行，吸引了 100 多万名游客，这启发了芝加哥再举办一届世界博览会以增强人们对美国经济和政治体制的信心。1927 年，石油大亨鲁弗斯·C. 道斯担任博览会委员会主席，他的兄弟——前参议员和副总统查尔斯·G. 道斯担任博览会的财务委员会主席。道斯兄弟说服了包括西尔斯—罗巴克公司（Sears, Roebuck & Co.）负责人朱利叶斯·罗森沃尔德（Julius Rosenwald）在内的一大批当地知名的商界人士，为一场最终耗资超过 1 亿美元的博览会提供了所需的 1 200 万美元黄金券。1928 年，博览会主题定为"科学和工业发展"，非正式口号为"科学发现、工业应用、人类顺应"（Science Finds, Industry Applies, Man Conforms），旨在传达"科学、商业和政府之间的合作可以为人类创造更美好的未来"。近 24 家公司参加了展览，他们坚持认为美国人需要花钱，要让房子和汽车等一切都现代化，且大胆预测未来洗碗机和空调将成为普通的家居用品。富兰克林·罗斯福（Franklin Roosevelt）总统被博览会所吸引，敦促道斯在 1934 年重新开放博览会，福特展厅是 1934 年博览会上最受欢迎的企业景点，其巨大的地球仪展示了福特在世界各地的业务。世纪进步博览会是芝加哥举办的第二届世界博览会，象征了大萧条中芝加哥和美国未来的希望，截至闭幕，有近 4 000 万观众参观了博览会。

（五）陷入困境：制造业衰退与郊区化加速（1960—1980 年）

"二战"后，经济全球化兴起。日本、西德、第三世界国家的工业制品对美国的制造业造成严峻冲击，许多企业纷纷跨国外迁，特别是在 20 世纪 60 年代后，随着美国经济结构的转型，重工业的比重下降。作为"锈带之都"，芝加哥没能逃脱席卷整个中西部的经济危机，中心城区呈现衰落之势。1967—1982 年，市内 1/4 的工厂倒闭，46% 的制造业就业岗位消失，很多工厂从市区搬到郊区，中心城的制造业出现空心化现象。

1972 年，国际收割机（International Harvester）公司关闭了市区西南的大型拖拉机工厂，标志着它在该市长达 125 年的历史终结。差不多同时，当地许多电子工厂将生产部分离岸外包。例如，1977 年，真力时（Zenith）公司将电路板和其他电视元件的生产业务转移到墨西哥和中国台湾的工厂。1982 年，普尔曼（Pullman）公司关闭了其在芝加哥南部超过 100 年历史的火车组装生产线。同年，阳光（Sunbeam）公司宣布关闭其位于芝加哥西部的大型工厂。1983 年，施文（Schiwinn）关闭了其位于芝加哥西区的自行车工厂，西部电力（Western Electric）关闭了其著名的霍桑工厂。钢铁工业几起几落，20 世纪末其就业人数仅为 20 世纪 70 年代的 1/3。尽管卢普区还有其吸引力，但区内环境老旧失修、拥挤破败，其周围的居住区状况也不容乐观，数平方英里范围的工业和居住区土地被废弃。

这一时期芝加哥在强势的市长理查德·J. 戴利（Richard J. Daley）的领导下进行了艰难的转型发展。戴利市长执政期间（1955—1976 年）致力于恢复城市中心区的活力，芝加哥当局抢抓了航空运输业兴起的机遇，新建了奥黑尔国际机场，且成为世界上最繁忙的机场之一；他还主导开通了圣劳伦斯港口的国际水运航线，并利用联邦资金修建了一系列高速公路连接城市中心区和郊区，提升了芝加哥作为北美综合交通枢纽的地位。在城市建设方面，他竭力争取联邦资金和知名企业投资，先后完成了联邦政府大楼、第一国家银行大楼、标准石油大厦和西尔斯大厦等摩天大楼的建

专栏 12：芝加哥市长——理查德·J. 戴利（1902—1976）

人称老戴利，1902 年出生于芝加哥底层家庭，祖父是屠夫，父亲是钣金工，母亲热衷政治，致力于争取女性投票权，经常带着独子参加游行。在母亲的影响下，戴利 20 多岁就参与民主党青年的俱乐部活动并当上主席。34 岁起，他步入政坛，历任州众议员、州参议员、库克县（Cook County）治安官、库克县民主党主席等职务。1955—1976 年，他任芝加哥市市长长达 21 年，在其执政期间，面对战后制造业和零售业的外迁，戴利政府和卢普区的大公司、金融机构、零售商、开发商和其他利益集团组建了一个"增长联盟"（Growth Coalition），采取以中心区为导向的再开发战略。政府积极地运用土地利用规划、公共投资项目、联邦补助金、区划条例和建筑规范等公共政策，建设奥黑尔国际机场、高速公路等基础设施，刺激卢普区商务和金融活动的增长，发展面向中高收入阶层的房地产项目。这种集中发展中心区和服务业的经济发展战略虽然促进了城市由制造业向高端服务业的发展转型，但由于投资偏向白人和富人集中区，导致低成本、劳动密集型的制造业优势不断丧失，大量收入稳定的蓝领工人失业，加剧了贫富差距，引起黑人和穷人抗议，甚至引发动乱。1976 年，戴利心脏病发，在任上去世。

设。1962—1977 年，中央商务区增加了 297 万平方米的办公空间，1964 年在中心区建设了大规模的面向中高收入阶层的综合开发项目玛丽娜大厦（Marina City），以满足企业管理机构和专业服务公司的需求。随着营商环境的改善，芝加哥中心区服务业和房地产业稳定发展，城内商业服务从单纯依赖中西部和国内市场，逐渐扩展到海外，尤其是加拿大市场，出口成为城市经济不可缺少的组成部分，芝加哥由蓝领城市逐步向高端商务服务业城市转型。

（六）转型求变：从制造业之都转型为服务业枢纽（1980—2000年）

自20世纪80年代开始，随着通信技术的成熟和互联网的普及，芝加哥面临着制造业衰落和服务业弱化的双重困境。这一阶段，芝加哥的制造业就业岗位持续减少，仅1979—1989年的十年间就减少了15.2万个制造业就业岗位。大量就业人口转入服务业以及在郊区兴起的信息产业，中心城区的服务业职能逐步弱化。芝加哥许多小型专业服务公司相继搬往郊区，许多专业人才也离开了市中心的大公司，到郊区创办自己的公司。1992年，西尔斯—罗巴克公司将其总部和5 000名办公人员从市中心区最高的西尔斯塔楼搬迁到西北郊占地18万平方米的霍夫曼地产。

1983年，芝加哥规划委员会提出《芝加哥中心区规划》（Chicago Central Area Plan），建议在中心区继续提升金融、法律等现代服务业和零售、贸易等传统服务业，打造高质量的城市环境以促进中心区复兴。同年，哈罗德·华盛顿（Harold Washington）当选为芝加哥市长，成为芝加哥历史上第一位非裔市长。他认为经济发展目标是创造就业，而不是房地产开发。他执政期间注重保留社区内的传统制造业，指定工业走廊和制造业规划区作为城市的制造业基地，以保护区内企业免受房地产开发的冲击。1989年理查德·M. 戴利（Richard M. Daley）当选市长，执政芝加哥22年。他采取了介于他父亲和哈罗德·华盛顿之间的经济发展战略，主张保留和扩展传统制造业，但同时强调中心区对全市经济发展的重要性。

20世纪80年代，芝加哥确定并贯彻执行了"以服务业为主导的多元化经济"的发展目标，重点发展食品、印刷、金属加工等工业，扶植与制造业紧密关联的新兴服务业，致力引进新兴高科技工业中的管理、研发、营销等价值链高端部门；利用金融贸易中心的地位以及位于美国交通运输网络中心的有利地理位置，在中心区大力发展金融、商业贸易、旅游会展、物流业等高端生产性服务业，使其成为城市经济支柱。

理查德·J. 戴利的长子，人称小戴利。1968 年获得德保罗大学（DePaul University）法学学位。1972 年他以民主党人的身份当选伊利诺伊州参议员，1980 年担任库克县的州检察官。1983 年在芝加哥市长竞选的民主党候选人提名中，败给哈罗德·华盛顿。1984 年，戴利再次当选州检察官。哈罗德·华盛顿在 1987 年去世后，戴利在 1989 年的特别市长选举中获胜，并连续五次竞选连任成功，执政芝加哥 22 年，超越父亲而成为芝加哥任期最长的市长。

小戴利因专注于城市空间品质而赢得赞誉，他修建了滨湖人行道、自行车道、千禧年公园，成功改造了海军码头。将大量在老戴利时代就被长期弃置的土地，给予高端住宅的开发商。2005 年，《时代》杂志将他评选为美国最优秀的五大城市市长之一。批评和争议也围绕着小戴利。由于城市更新改造带来士绅化，一些人抱怨城市发展的好处并未平等惠及贫困社区。随着政府预算赤字的增加，他支持某些公共设施的私有化。2008 年以 16 亿美元的价格出租了停车计价器系统，这一交易引发了很多批评，特别是在停车价格大幅上涨之后批评更甚。他还力推芝加哥举办 2016 年夏季奥运会。2007 年，芝加哥成为美国的申奥城市，但在 2009 年 10 月国际奥委会的第一轮投票中被淘汰。2010 年 9 月，小戴利宣布不再参加市长连任竞选，2011 年 5 月离任。

到 20 世纪 90 年代末期，芝加哥产业转型战略成效显现，成为国际航空运输中心、国际（美洲）光缆通信中心以及美国的制造之都、金融贸易之都、会展之都、文化教育和工业中心，基本形成了以现代服务业为主，包括传统制造业、现代制造业、传统服务业的多元化经济结构。继 1960—1990年连续 30 年的人口减少后，2000 年开始芝加哥人口再次出现增长，标志着它已成功转型成为经济全球化中的一个重要节点城市。

（七）复兴之路：中心城更新引导多元发展时代（2000 年至今）

进入 21 世纪以来，芝加哥发展策略更加关注可持续发展，强调中心区在金融、经济、科技创新方面的全球领先地位，郊区的发展则关注区域次级中心的投资与发展。芝加哥作为全球城市，在多项重要目标方面均取得了亮眼的成绩，包括企业总部选址、金融业发展、生产性服务业、科技与创意、旅游与会展、信息通信与交通枢纽等。

芝加哥将吸引跨国公司总部作为建设全球城市的重要策略，同时也注重对中小企业的培育。《芝加哥大都市 2020：为 21 世纪芝加哥大都市区准备》（芝加哥大都市区规划协会，1999）诠释了芝加哥需要如何超越依赖贸易、银行、旅游和会展经济的传统经济角色，成长为协调与控制全球制造业生产网络、管理生产资源分配的总部区域的角色。规划强调为跨国公司和中小企业提供更好的区域环境，关注融通资本、技术转化、技术提升、支持网络和便捷交流五个方面。2014 年，芝加哥企业总部中，生产性服务业企业、生活性服务业企业、制造业企业所占比例有所增加，与 2005 年相比分别增加了 2%、2% 和 5%。

在次贷危机后制定的《迈向 2040 综合区域规划》（芝加哥大都市区规划协会，2011）致力于振兴区域经济。该规划的研究表明，芝加哥大都市区产业集群集聚程度领先于全美平均水平的产业包括高级材料、化学、交通与后勤服务、出版、商务与金融，该规划强调将投资导向这些行业的研发与创新部门，以培育更加明显的集聚优势。依托这些产业内的跨国公司与中小企业，芝加哥大都市区将强化产业集群优势，并在市场竞争环境下刺激企业创新，实现城市经济的持续活力。

打造国际性旅游和会展目的地是芝加哥建设全球化城市的重要目标之一。历次大都市区规划和特别针对中心区的规划均强调旅游、会展是芝加哥经济发展和文化传播的重要组成部分。1958—2011 年的历次规划都包含了对芝加哥作为全球城市在国际性的旅游和会展目的地方面的设想与策略，融

入文化发展与历史保护，推进相关产业。

2000 年初的统计数据显示，芝加哥酒店交通出行 52% 源于会务，35% 源于商务，13% 源于旅游。到 2007 年，到芝加哥旅游的国内外游客每年花费超过 110 亿美元，这一数字为当地带来了超过 2.17 亿美元的税收收入，并创造了约 130 000 个工作岗位，很多新的服务岗位提供给了因制造业衰退而失业的非裔和拉丁裔美国人。2011 年，芝加哥全年接待旅客数 3 900 万人次，2018 年这一数字突破 5 800 万人次，是全美旅客数量增幅最为明显的大都市区之一[①]。

二、工业之都与移民城市

芝加哥的崛起，是 19 世纪后期美国城市化与工业化同步发展的最直接反映。19 世纪诗人桑德伯格赋予芝加哥"世界屠夫"和"宽肩之城"的称号时，芝加哥被视作工业资本主义的代表，并成为美国工业力量在世界崛起的标志。同时，芝加哥也是一座典型的国际移民城市，它的移民史是美国境外移民和国内人口迁移的一个缩影。

（一）美国工业力量在世界崛起的标志

19 世纪中后期是美国工业化和城市化走向鼎盛的时期，这一时期全美经济发展的热点转向中西部，这并不是偶然——中西部靠近东北的新英格兰地区，拥有丰富的自然资源（如大片的农场、林场），铁路网也初具雏形。工业化从美国东部向西部转移的过程，不仅是东北部已有工业类型的延续和拓展，也伴随着以钢铁、电力技术为标志的第二次技术革命热潮。这一时期所出现的"科技发明热"使得美国迅速进入大机器工业时代，而中西部的工

---

① https://www.chicagotribune.com/travel/ct-trav-chicago-tourism-record-numbers-2018-0111-story.html.

业化进程与英国类似，均带动了城市化的迅速发展。据统计，1900年中西部90%的工业企业分布在城市内部。

从工业体系上来看，美国东北部和中西部城市的工业布局各有特色，中西部城市由于临近原材料生产地，主要发展粮食生产与加工、肉类加工、钢铁冶炼和机械加工等新兴工业，成为全国的重工业基地，与轻工业优势明显的东北部形成了差异化竞争格局，也完善了美国总体的工业体系。

在美国经济重心西移的过程中，芝加哥的崛起最具代表性。从地理区位上来看，它南邻美国最富庶的中西部地区，腹地广阔，东接工业化发达的东北部城市群，西部则是尚待开发的广袤平原，是一个天然的全国经济枢纽地区。1871年的一场大火引发了城市重建，芝加哥的发展速度不减反增，1900年已经跃升为美国第二大城市，这一生长速度在全球城市史上都没有先例。芝加哥产业经济结构有几大鲜明特点：一是工业企业规模大，这是由于工业资本的高度集中所导致的生产资料和劳动力的高度集中，1870年，芝加哥屠宰和肉类加工业产值2 300万美元，远超木材（700万美元）、服装（600万美元）和钢铁（500万美元）等其他产品；二是农业机械化技术领先，农产品加工业和农机制造业极其发达，1928年，联合牲畜场已经成为世界上最大的牲畜场，拥有100多个工厂，雇用了28 000多名工人，1902年成立的国际收割机公司控制了全球80%以上的谷物收割设备生产；三是制造业门类齐全，包括机械加工、石油精炼、木材加工、铸造机械等等，芝加哥的普尔曼公司是当时最有名的火车车厢、巴士和有轨电车生产商，西部电力公司是最早一批生产电话、电影音响系统、洗碗机、缝纫机和吸尘器等家用电器的工厂。

在商业方面，芝加哥也发挥了强大的"引力场"作用。20世纪初期中西部城市群体系初步形成，围绕着芝加哥的商业金融体系也不断成熟，1910年时芝加哥已经超越了波士顿和费城，成为仅次于纽约的第二大金融中心，它凭借高效便捷的资本流通渠道（如银行贷款、票据交换、股票交易和债券支付等），支撑并加速了整个美国西部的开发进程（王旭，2000）。

专栏 14：美国铁路设备大亨——乔治·普尔曼（George Pullman，1831—1897）

1857 年，普尔曼在芝加哥开办工程公司，最初经营建筑工程业务，1860 年前后进入货车制造行业，1863 年制造出全美第一款豪华车厢，还对车厢服务进行革新，使得铁路旅行发生了革命性变化。1881 年，他在卡柳梅特湖西端建造了普尔曼模范镇，是美国第一个规划的工业社区，意图用良好的环境改善资本家和劳工之间的关系，是最早用工程化手段进行社会改良的尝试。1893 年的大萧条中，普尔曼公司削减了工人岗位和待遇，增加了工作时长，导致在 1894 年爆发了大规模的罢工运动，以芝加哥为中心，27 个州多达 25 万名铁路工人参与其中，铁路一度被中断，直到总统下令联邦士兵前往芝加哥，罢工才得以平息。

（二）"铁锈带"城市转型成功的劳动之城

"铁锈带"城市是对 1980 年之后美国工业衰退地区城市的统称，主要由五大湖周边城市群组成，"rust"一词形象地指代了去工业化（deindustrialization）、经济衰退、人口减少和城市面貌衰败等现象。这一衰退始于美国制造业向全球（尤其是东亚地区）转移，美国对外贸易逆差逐年增大，许多因工业化而诞生且在两次世界大战中快速繁荣的城市在去工业化过程中陷入了城市失业率猛增、工业区荒废、人口净减少等困境，一时间无法找到新的发展动力（图 2-6）。

1954—2002 年美国一些城市和大都市区制造业岗位衰退显著，从东北部的纽约和费城，五大湖流域的克利夫兰、匹兹堡、布法罗再到芝加哥，制造业的岗位数缩减都超过 30%。在这一背景下，有些城市通过一系列政策和公共投资成功将产业结构转型为以服务业、先进制造业和高新技术产

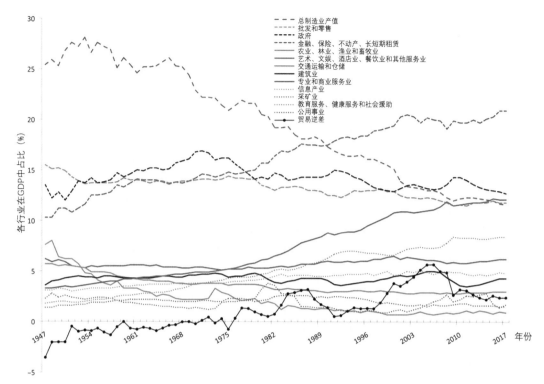

图例（从上到下）：
- - - 总制造业产值
...... 批发和零售
- - - 政府
—— 金融、保险、不动产、长短期租赁
—— 农业、林业、渔业和畜牧业
—— 艺术、文娱、酒店业、餐饮业和其他服务业
—— 交通运输和仓储
—— 建筑业
—— 专业和商业服务业
...... 信息产业
...... 采矿业
...... 教育服务、健康服务和社会援助
...... 公用事业
—●— 贸易逆差

图 2-6　1947—2018 年美国国内生产总值中各类产业所占比重
资料来源：Kossik，2018。

业为主的新经济类型，但也有些城市至今未能从衰退中走出。

　　"铁锈带"城市复兴的路径各不相同，波士顿复兴的机遇来自于高新技术产业的蓬勃发展及其带来的乘数效应；而像匹兹堡这样规模较小的城市，则通过服务共享和政府拨款支持，为小微企业投资创造更好的营商环境，吸引更多企业入驻并带来就业机会。在《经济学人》2006 年的一篇专题报道中，专家将芝加哥能够得以成功转型的原因归纳为以下四点：首先，芝加哥先天的优越地理条件加上城市决策者的英明决断，使得这座城市所具备的"潜在优势"得以最大化发挥出来，成为城市发展的"显性优势"；其次，芝加哥一直以来拥有一群善于发掘并利用机遇的商业精英团体，他们总能提前预判市场需求和发展趋势，在新一轮市场热潮开始之前做好准备；再者，芝

加哥拥有全美一流的高等教育机构且教育费用相对较低，使得芝加哥能够源源不断吸引优秀生源并向市场稳定供应高素质人才；最后，芝加哥的文化、娱乐和体育设施非常丰富，这也匹配了新兴产业部门选址的偏好，让芝加哥在后工业化时代仍能具备投资吸引力[①]。在城市管理方面，作为一个典型的移民城市，芝加哥的城市管理者和大都市区的非政府组织、规划及商业组织等形成了一个以"协作互让"为基本理念的决策共同体，针对城市发展过程中的民生热点和利益冲突进行非正式的斡旋，促进多个群体就某一具体问题达成共识（张庭伟，2006）。

（三）美国种族构成和文化多元化的象征

美国作为一个移民国家，是世界上接纳移民最多、民族成分最为复杂的国家。近 400 年来，美利坚民族已成为由 100 多个民族组成的混合体，不同文化背景的移民融合而成的美利坚民族形成一种整合的文化——美国化，而很多移民又保存着自己母国的民族文化，使得美国的移民文化又呈现出多元化的特征。

从 17 世纪一直到 19 世纪 20 年代，欧洲移民一直将北美洲中的英国殖民地作为移民主要目的地（宋全成，2010）。当时英国政府出于拓展疆域、发展北美殖民地的目的，鼓励来自世界各地特别是西欧和北欧人民移民北美，1776 年美国建国后，为促进美国西部开发，仍坚持了这一移民政策基调。1820—1880 年，美国移民达到 1 000 多万，其中绝大多数来自西欧和北欧较早完成工业化的资本主义国家，以投资移民和技术移民为主。1881—1920 年，移民人数猛增到 2 350 万，且东欧、南欧移民超过来自西欧和北欧的移民，东欧和南欧国家工业化落后于西欧和北欧，来到美国的移民多是经济移民，甚至是难民。1920 年，美国的人口首次超过 1 亿，移民铸就了美国

[①] *The Economist*. 2006. A Success Story: A Survey of Chicago. https://www.economist.com/special-report/2006/03/18/a-success-story.

的强大。美国无须教育和培训就从欧洲得到大量的熟练工人，他们带来了钢铁、纺织、市政建设等工业技术，成为美国工业革命的重要技术力量。1924年的《移民法》建立了配额制度，限制进入美国的各国籍移民不超过1890年普查的本国籍人口总数的2%：这是一种有利于西欧移民的制度，并禁止了来自亚洲的移民。20世纪30年代全球大萧条，移民规模骤降。"二战"后，国会通过了特别立法，允许来自欧洲的难民进入美国。20世纪60年代以前，美国移民中有82%的人来自欧洲。1965年种族配给原则得以废止，实施新移民法，掀起新的移民潮，移民多来自亚洲和拉美国家。特别是进入20世纪90年代以后，来自亚洲和拉美国家的移民大量增长。在金融危机之后，来自拉美的移民显著减少，从2010年起，亚洲新移民的数量超过了拉美新移民。

芝加哥是一座典型的国际移民城市，芝加哥移民史也是美国境外移民和国内人口迁移的一个缩影。芝加哥经济增长最快的时期正好与欧洲向美洲的大规模移民重合。在建市初期的19世纪40—70年代，早期移民主要来自美国新英格兰地区和东北部，以爱尔兰、德国、英国、斯堪的纳维亚人为主，这里的许多政治家都是爱尔兰裔，包括曾经在芝加哥担任了约半个世纪市长职务的戴利家族。从19世纪80年代至1920年，境外移民以意大利、波兰、捷克、立陶宛、塞尔维亚、克罗地亚、希腊等东欧和南欧国家的移民为主。20世纪初期，德国裔成为该市最大的族群，其次是爱尔兰裔、波兰裔和瑞典裔。在1918年波兰独立之前，芝加哥聚集了除华沙之外最多的波兰人口。1880—1940年，芝加哥还吸引了大量来自中西部地区的农村人口和美国南部的非裔美国人。非裔美国人从1870年的约4 000人增加到1910年的4万人。第一次世界大战爆发后，芝加哥军事生产急需工业工人，而南欧和东欧移民停止，年轻的白人入伍，1916—1920年，至少有5万名南方黑人移居芝加哥，绝大多数非裔美国人聚集在城市南侧的"黑带"里，芝加哥南部成为美国第二大城市黑人聚集地，仅次于纽约的哈莱姆。1940—1970年是第二波移民潮，芝加哥的黑人人口从277 731人增加到1 102 620

　　美国人口普查分为两类：一类是自1790年开始的十年一次普查，最近的一次为2010年普查，2020年普查正在进行中；另一类是每月持续进行的社区调查（America Community Survey，ACS），始于2005年。前者提供的是关于人口和就业等方面的基本信息，后者则基于更加复杂的统计表，能够收集包括人口的就业、教育、房产情况等。本章中所收集的1790—2010年的数据来自于人口普查局的十年普查报告，2013—2018年的人口数据来源于美国人口普查局ACS数据库。

　　种族（race）和族裔（ethnicity）是两个不同概念。美国人口统计工作中倾向于将种族视为基于具体、实质性的外貌特征以及文化、行为特征后所做的归类。简而言之，种族差异从外在看来包括肤色和五官上观察到的特征，从内在看来包括基因溯源的结果，种族是与生俱来难以改变的；而族裔更多地以人们在语言和文化观念方面的差异来进行区分。西班牙裔指的是拉丁美洲受到西班牙殖民影响的广大族群，他们共享西班牙语和天主教信仰，许多为欧洲人和拉丁美洲人的混血后裔，因此与各种族人口均会产生重合。

人，占城市总人口的比例由1940年的8.2%增长到1970年的32.7%。20世纪80年代开始，白人和黑人不断外迁，墨西哥人、波多黎各人、古巴人、菲律宾人和越南人逐步涌入，移民构成不断变化。2018年，该城市的种族构成是非西班牙裔白人占33.3%，黑人或非裔占29.5%，亚裔占6.7%，西班牙裔占28.7%（表2−1）。

　　非英语国度人口的集中创造了芝加哥多元化的文化社区（图2−7）。1924—1965年，除了一些战争难民以外，流向美国的移民被切断，这使得芝加哥的少数民族得到了巩固和增长，并赋予了城市社区不同的民族特色。1965年新移民法案颁布后，大量来自拉丁美洲和亚洲的移民来到芝加哥，

表 2-1　1840—2018 年芝加哥市种族与族裔人口统计（人）

种族与族裔 ＼ 年份	1840	1870	1900	1930	1940	1970	1990	2000	2010	2018
总人口	4 470	298 977	1 698 575	3 376 438	3 396 808	3 366 957	2 783 726	2 895 995	2 695 598	2 705 988
白人	4 417	295 281	1 667 140	3 137 093	3 114 564	2 207 767	1 263 524	1 215 285	1 212 835	1 389 965
非西班牙裔白人	—	—	—	—	3 098 126	—	1 056 048	835 614	853 910	899 980
黑人或非裔美国人	53	3 691	30 150	—	233 903	1 102 620	1 087 711	1 065 012	887 608	797 489
美洲印第安人和阿拉斯加原住民	—	5	8	—	246	6 575	7 064	10 289	13 337	7 237
亚裔	—	—	—	—	—	—	—	125 974	147 164	181 679
夏威夷和太平洋诸岛原住民	—	—	1 277	—	5 196	29 687	104 118	1 788	1 013	501
其他种族	—	—	—	—	—	20 308	321 309	393 204	360 493	248 437
两种及以上种族	—	—	—	—	—	—	—	84 443	73 148	80 680
西班牙裔或拉丁裔	—	—	—	—	16 438	—	545 852	753 649	778 862	776 661

注：西班牙裔人口与各种族人口均会产生重合，总人口中不再重复计入西班牙裔人口。

资料来源：根据美国人口普查局公开数据整理。

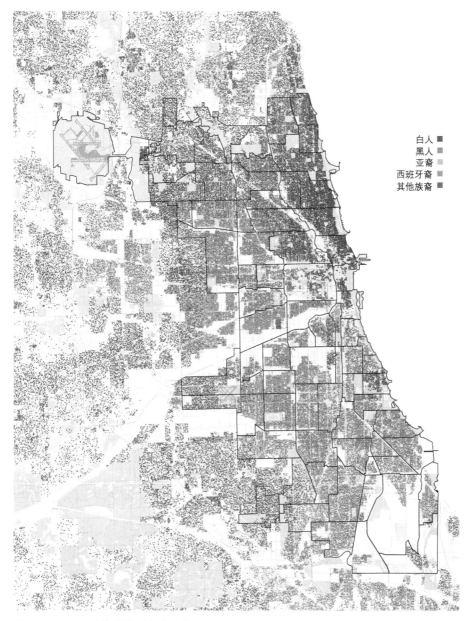

白人 ■
黑人 ■
亚裔 ■
西班牙裔 ■
其他族裔 ■

图2-7 2010年芝加哥各种族人口分布

注：①黑线代表芝加哥官方选定的社区范围。

②图中每个点代表25个人。

③数据来自美国人口普查。

资料来源：Bill Rankin. Radical Cartography. http://www.radical cartography. net/index.html? chicagodots.

> **专栏 16：1919 年种族骚乱**
>
> 　　芝加哥在 20 世纪就被称为种族隔离、犯罪之城。许多白人在就业、住房和政治代表方面剥夺非裔美国人的平等机会，导致持续的暴力冲突，特别是在经济危机和战后局势紧张期间冲突加剧。
>
> 　　芝加哥最严重的种族骚乱发生在 1919 年 7 月 27 日—8 月 3 日。暴力事件的起因是一名非裔美国青年在 29 号街上跨过了白人海滩和黑人海滩之间的分隔线，从而导致芝加哥的白人和黑人，尤其是在围场附近的城南居民区，开始了为期 7 天的枪击、纵火和群殴，事件中 15 名白人和 23 名黑人死亡，另有 537 人受伤（342 名黑人，195 名白人）。由于警力不足和许多警察公开同情白人暴徒等原因导致暴力不止，这场暴乱最终由于联邦军队的干预才得以停息。

形成并巩固了新的社区。到 1975 年，墨西哥人占据了皮尔森、南劳恩代尔和南芝加哥，2010 年芝加哥的墨西哥裔人口接近 60 万，是美国第三大墨西哥裔人口城市，仅次于洛杉矶和休斯敦。波多黎各人沿着迪克斯街向西北延伸做生意；古巴人聚集于罗杰斯公园；华人集聚于北阿穆尔广场（Armour Square）和阿盖尔街（Argyle Street）[①]；菲律宾人、越南人以及其他亚洲人定居在北百老汇。

　　1989 年，理查德·M. 戴利市长上任后，芝加哥注重建设"邻里之城"，政府将具有鲜明种族文化特色风貌的邻里作为旅游新经济的一部分。举例来说，爱尔兰人为这座城市的许多罗马天主教教堂、学校和医院奠定了基础，爱尔兰传统的圣帕特里克节（St. Patrick's Day）成为芝加哥每年最重要的节

---

① 20 世纪 70 年代末，华裔商人吉米·王（Jimmy Wong）买下阿盖尔街的一块地后，这里就开辟成了另一大华人居住区，居住有芝加哥市逾一半的华裔人口。20 世纪 80 年代，该地区有大量来自越南、柬埔寨、泰国和老挝的东南亚移民，其中很多是华人血统。由于该地区移民来源的多元性，所以只是被称为阿盖尔区，不能称作新唐人街。

庆之一，从 1962 年开始，每年都有数十万芝加哥市民和游客庆祝圣帕特里克节，观看"染绿"芝加哥河的活动。城内的威克公园称为"波兰角"，是美国波兰博物馆和图书馆的所在地，也是世界上最大、最活跃的波兰文化中心之一。每年的劳动节周末杰斐逊公园都会举办盛大的波兰美食节（Taste of Polonia），节日上波兰裔侨民们会共享美食、唱歌跳舞、售卖手工艺品来庆祝波兰文化。唐人街是这个城市最主要的旅游目的地之一。唐人街约有 1.5 万华人，著名的金红相间、刻有"天下为公"中文格言的唐人街大门是此地最知名的景点。该大门 1970 年由张乔治（George Cheung）和美国华裔公民委员会筹资建造，根据芝加哥唐人街商会的说法，大门上的格言反映了华人的干劲、决心和精神。

芝加哥种族混合居住的典型社区有：印度人聚集的西德文大道，汇集了印度餐馆、商店、宝莱坞影片以及巴基斯坦的面包店、伊斯兰书店和犹太餐馆。韩国城（Korea Town）1993 年被市议会正式命名为首尔大道（Seoul Drive），也是一个非常具有民族多元性的地方，约 3.5 万韩国人居住在首尔大道附近。而韩国城的中间地带，被称为"小阿拉伯"社区，融合了伊拉克人、亚述人、巴勒斯坦人、约旦人、叙利亚人和黎巴嫩人，这里韩国餐馆、食品杂货以及墨西哥面包房、墨西哥快餐店、中东食品店和水烟吧共用一条街道。

在今天这个日趋多元化、全球化的时代，美国种族结构发生了巨大变化，白人所占的人口比例正在迅速降低，根据 2016 年美国新罕布什尔大学卡西公共政策学院发布的研究报告，美国的非西班牙裔白人由 1980 年的79.6% 下降到 2014 年的 61.9%，拉丁裔人口占比从 6.4% 增至 17.3%，非裔和亚裔人口也显著增加。到 2060 年，美国的非西班牙裔白人将只占 43.6%，白人将彻底丧失多数族裔的地位，白人逐渐产生了极大的认同危机。白人的认同危机其实在 20 年前就已经被美国的政治学家亨廷顿所预见，亨廷顿认为，将来的世界将不以意识形态来划分族群，而会以文明来划分，今后世界的冲突，将是文明之间的冲突。亨廷顿指出，现代化不等于西方化，不同地区的民族在接受现代化的同时并不会接受西方化，当全世界的器物文明和科学技术越来越相近时，文化就成为区分你我的唯一因素。亨廷顿指出，美国应该放弃天真的对外"普世"主义和对内的文化多元主义，努力构建西方文明的认同，努力缩小国内之间各族群的文化差异，而不是鼓励文化与种族多元，让裂痕进一步扩大（亨廷顿，2013）。

陷入经济发展困境的芝加哥，则以宽松的移民政策而出名，是著名的移民庇护城。在新美国经济（New American Economy）发布的"2019年全美最佳移民城市排名"中芝加哥排名第一，成为新移民最容易融入、发展机会最好的城市。今日芝加哥多元化种族社区在展示不同族裔文化魅力的同时，也隐藏了种族隔离演变出来的社会分层和文明冲突。

三、影响深远的芝加哥学派

芝加哥学派（Chicago School）是许多不同学科学派的统称，享誉世界的芝加哥学派是涵盖了地理学、社会学、经济学和建筑学等学科的重要学术阵营，因这些学派都源自于芝加哥大学或芝加哥市。芝加哥作为依托城市，与芝加哥学派相互印证、相互成就，推动一代又一代芝加哥学派的诞生和演进。芝加哥在工业化初期出现的大规模种族隔离和社会矛盾为社会学家提供了研究样本，芝加哥大学成为现代城市社会学的发源地，芝加哥在全球化时代为扭转中心区的衰退而进行的艰难发展转型为同心圆理论的演进提供了绝佳范本。1871年的大火让芝加哥的建筑师应市场需要率先尝试钢框架的摩天大楼，由此诞生了美国最早的建筑流派——芝加哥建筑学派。芝加哥是自由市场经济的典范，这与芝加哥经济学派捍卫自由放任资本主义的核心价值观不谋而合，货币学派的代表人物米尔顿·弗里德曼（Milton Friedman）曾说过，如果不是生活在芝加哥，他发明不了自由货币理论。

（一）经济学派

芝加哥经济学派（Chicago School of Economics）是指芝加哥大学经

济系师生的学术理念，早期的代表人物包括创始人富兰克·奈特（Frank Knight）以及提出"黑格—西蒙斯方程"（Haig-Simons Equation）和"经济所得"（Economic Income）概念的亨利·西蒙斯（Henry Simons）等，后期（即鼎盛时期）代表人物包括诺贝尔经济学奖获得者米尔顿·弗里德曼、乔治·斯蒂格勒（George Stigler）、罗纳德·科斯（Ronald Coase）等，他们继承了芝加哥传统的经济自由主义思想和社会达尔文主义，捍卫新古典派经济学，信奉自由市场经济中竞争机制的作用，相信市场力量的自我调节能力，认为市场竞争是市场力量自由发挥作用的过程。他们还认为企业自身的效率才是决定市场结构和市场绩效的基本因素。该学派反对任何形式的干预，反对社会主义计划经济与凯恩斯主义。另外，芝加哥学派对政府产业规制的分析，开创了经济学一个新的研究领域——规制经济学（Economics of Regulation）。

专栏 17：货币学派创始人——米尔顿·弗里德曼（1912—2006）

美国当代经济学家、芝加哥大学教授、芝加哥经济学派代表人物之一，以研究宏观经济学、微观经济学、经济史、统计学及主张自由放任资本主义而闻名。1976 年被授予诺贝尔经济学奖，以表彰他在消费分析、货币供应理论及历史、稳定政策复杂性等范畴的贡献。其著作《资本主义与自由》于 1962 年出版，提倡将政府的角色最小化以让自由市场运作，以此维持政治和社会自由。他的政治哲学强调自由市场经济的优点，反对政府干预。他的理论成为自由意志主义的主要经济根据之一，并且对 20 世纪 80 年代美国的里根政府以及许多其他国家的经济政策都有极大影响。

芝加哥是自由市场经济的典范，这与芝加哥经济学派捍卫自由放任资本主义的核心价值观不谋而合。芝加哥大学经济智囊团对巩固芝加哥商业金融中心的地位功不可没。在20世纪60年代的大部分时间里，芝加哥商品交易所因为股市下跌而出现交易量的下滑，但情况于1972年出现转机，因为芝加哥商品交易所推出了首个外汇期货市场。这个想法是芝加哥经济学派创始人米尔顿·弗里德曼提出的。弗里德曼接受芝加哥商品交易所的委托研究国际货币期货交易的可能性。他认为由于布雷顿森林体系的崩溃，国际货币期货市场的需求将加大，于是建议芝加哥商品交易所率先建立这类交易。芝加哥商品交易所首先在银行业采纳了他的建议，继而在1974年推广到黄金期货，1982年推广到标准普尔股指期货。芝加哥期货交易所在1970年推出抵押贷款支持证券期货，1977年推出美国国债期货。这些交易在芝加哥金融部门产生了惊人的效果。1972年，芝加哥商品交易所交易额达661亿美元，芝加哥期货交易所交易额达1 230亿美元，这两家交易所每天向芝加哥银行存入的保证金总额超过3亿美元。

专栏18：新制度经济学鼻祖——罗纳德·科斯（1910—2013）

　　美国芝加哥大学教授、芝加哥经济学派代表人物之一，1991年诺贝尔经济学奖获得者。科斯对经济学的贡献主要体现在他的两篇代表作《企业的性质》和《社会成本问题》之中，他首次创造性地通过提出"交易费用"来解释企业存在的原因以及企业扩展的边界问题。科斯还认为，一旦交易费用为零，而且产权界定是清晰的，那么，法律不会影响合约的结果。瑞典皇家科学委员会因此说一门新的科学——法律经济学应运而生。

（二）社会学派

芝加哥社会学派是美国及世界上最成功的社会学派。自 1892 年起，刚刚诞生的芝加哥大学就建立了世界上第一个社会学系，在美国当时占统治地位的实用主义哲学思潮影响下，芝加哥学派对新兴芝加哥城市的社会问题开展了一系列的实证研究，从而使这个学派总体上具有重视经验研究和以解决实际社会问题（特别是城市问题）为主的应用研究的特征。芝加哥学派的经验社会学方向对后来美国社会学研究方法的发展产生了重要的影响。

芝加哥社会学派出现伊始，就造就和培养了一大批闻名遐迩的社会学家，其中包括芝加哥大学社会学系创始人阿尔博因·W. 斯莫尔（Albion W. Small）以及乔治·赫伯特·米德（George Herbert Mead）、威廉·托马斯（William Thomas）、罗伯特·帕克（Robert Park）、欧内斯特·沃森·伯吉斯（Ernest Watson Burgess）等人，他们因具有相对一致的学术旨趣、长期的制度支持、占主流地位的出版物以及"将社会作为一个整体来研究的经验论方法"而被人们尊称为社会学"芝加哥学派"。在社会学 160 余年的历史上，这是除以法国人埃米尔·迪尔凯姆（Emile Durkheim）为灵魂的"社会学年鉴学派"外，唯一享有如此盛誉的一个科学家共同体（周晓虹，2004）。

1895 年，斯莫尔与乔治·E. 文森特（George E. Vincent）合著了第一部社会学教科书《社会学研究导论》，并于 1895 年创立了美国第一份社会学刊物《美国社会学期刊》（*American Journal of Sociology*），开始了芝加哥社会学派称霸的 30 多年。到了 20 世纪 30 年代，哈佛大学、哥伦比亚大学等相继形成了自己的社会学研究中心。1935 年，美国社会学会创办了《美国社会学评论》，不再以芝加哥大学的社会学刊物为全美社会学会刊，这一变更标志着芝加哥学派在美国社会学界统治地位的减弱。

20 世纪 20—30 年代，大量的研究人员与芝加哥社会学学者深入这个城市的少数族裔工人阶级社区开展民族志研究，揭示出大量的贫困、犯罪、家庭失和及不道德现象更多是由于社会结构和物质环境因素，而不是生物或文化特征因素造成。到 1930 年，芝加哥大学培养了世界上一半以上的社会学家，以芝加哥作为实验室和研究对象的先驱罗伯特·帕克提出了"种族关系"范式，预见了这个国家未来会面临的种族"困境"；两名芝加哥大学研究生，圣克莱尔·德雷克（St. Clair Drake）和霍勒斯·凯顿（Horace Cayton），出版了第一本关于黑人贫民窟的社会学专著《黑色大都市》（*Black Metropolis*）。

1925 年，美国社会学家帕克与伯吉斯等通过对芝加哥市的调查，认为中央商务区的经济和政治活动主导了周围大都市地区的发展，城市土地利用的功能分区环绕市中心呈同心圆向外扩展的结构模式。芝加哥社会学家提出的同心圆空间发展理论被作为范式为其他国家所效仿。直到 21 世纪，洛杉矶城市主义学派才开始对芝加哥范式提出挑战，他们认为，围绕着中央商务区的同心圆理论已经不再符合 21 世纪众多美国城市的反中心化和后现代的空间布局。2002 年，地理学家迈克尔·迪尔（Michael Dear）声称，在理解美国大都市的演变方面，洛杉矶比芝加哥更具典范性。迪尔认为芝加哥作为一个中心扩散的现代主义城市的空间逻辑是过时的，他认为后现代都市区形态是如同洛杉矶大都市区所展示的扩张和碎片化特征，核心的经济活动逐渐分散化，与城市中心没有任何关系。洛杉矶学派认为洛杉矶的发展充分证明了经济全球化的力量远大于地方政体在塑造城市上的努力，并指出洛杉矶由私人安保队巡逻的封闭社区——这是美国南部许多城市的共同特征，但在芝加哥却基本看不到。这种说法也反映了战后美国历史上的一个重要发展方向。针对洛杉矶学派的批评，芝加哥学者对同心圆理论进行了更新，创建了芝加哥新城市主义学派。芝加哥的政治学家和社会学家大多同意传统的同心圆理论，而新的同心圆理论认为中央商务区应进行更新以适应新的分散化的美国城市。他们重申了芝加哥发展模式的合理性，认为"城市中心是至关重要的（即使大都市区的外围有增长），公共服务是一个全球城市核心组织元素"。这个学派的另一个重要观点是，地方政治结构、邻里社区和市政厅在全球化时代继续扮演重要的角色，决定城市如何发展以及它是如何管理的。

芝加哥同心圆理论与芝加哥的城市治理模式在相互印证中发展。自

1955年老戴利当选芝加哥市长后，芝加哥在近60多年的发展历程中，对抗郊区化浪潮，坚持振兴城市中心区，带来了一个"双面"芝加哥、贫富差距加大的芝加哥，极度繁华高端的中心区与超级贫民窟相比邻。20世纪70年代，城市由于制造业衰退而失去了1/4的工作岗位，但白领的就业量却以惊人的速度增长。正是老戴利市长促成的约翰·汉考克中心、西尔斯大厦和其他许多标志性摩天大楼的建设，让芝加哥顺利迈入了全球城市阵营。1980年，芝加哥的中央商务区对城市经济的拉动是惊人的，中央商务区占全市总面积的3.5%，但创造了全市40%的财产税。芝加哥在全美的高端服务业中一直占有重要地位，其在全国生产性服务业就业总人数中所占的比例（4.2%）紧随洛杉矶（4.6%）之后，远远超过排在第四位的休斯敦（1.7%）。在保险业中，它仅次于纽约，位居第二。

专栏19：芝加哥社会学派代表人物——罗伯特·帕克（1864—1944）

帕克1864年生于美国宾夕法尼亚州，自1898年起，先后到哈佛大学、柏林皇家弗里德里克—威廉大学、斯特拉斯堡大学、海德堡大学深造，师从威廉·詹姆斯（William James）、乔西亚·罗伊斯（Josiah Royce）、威廉·文德尔班（Wilhem Windelband）等。1904—1905年任哈佛大学哲学助理教授，曾协助黑人领袖布克·华盛顿（Booker Washington）研究种族问题。1913—1933年在芝加哥大学社会学系任教，他使芝加哥大学社会学系在国际上声名远播。1913年，帕克在芝加哥大学开始学术研究生涯时已经50岁，直到59岁，他才获得第一个教授任命。帕克被描述成"或许是美国社会学中最有影响的人之一"，据说"可能没有其他人如此深刻地影响了美国经验社会学所采纳的方向"，他开创了四个重要的学术研究议题：大众传播、种族关系、人类生态学和集体行为。

四、现代建筑的发源地

芝加哥是世界著名的建筑陈列馆，是现代建筑的发源地。它于1871年遭遇了一场几乎毁灭全城的大火后，成为世界著名建筑师进行设计创新和技术探索的摇篮。芝加哥务实而创新的精神孕育了一代又一代的建筑大师，威廉·勒·拜仁·詹尼（William Le Baren Jenny）在芝加哥设计了世界上第一座摩天大楼，1893年哥伦比亚世界博览会的总设计师丹尼尔·伯纳姆、草原派建筑的创始人弗兰克·劳埃德·赖特（Frank Lloyd Wright）、现代主义建筑的奠基人密斯·凡·德罗（Mies Van Der Rohe）、路易斯·沙利文等建筑大师均在芝加哥留下大量建筑作品。大师们的佳作奠定了芝加哥在现代建筑史上的历史地位，直至今天芝加哥仍拥有世界一流的城市设计和建筑风貌。

（一）芝加哥建筑学派

1871年的火灾催生了大量新建房屋的需求，也使市民们认识到以砖木为主的房屋结构难以解决防火问题，一批主要从事高层商业建筑的建筑师和建筑工程师群体寻求利用新材料及新技术进行建筑创新，逐渐形成世界知名的芝加哥建筑学派。芝加哥建筑学派是美国最早的建筑流派，是现代建筑在美国的奠基者，因其建筑技术分为"第一芝加哥学派"和"第二芝加哥学派"。

"第一芝加哥学派"泛指19世纪80—90年代在芝加哥商业建筑中推广钢框架建筑新技术的建筑师，形成了与欧洲现代主义并行发展的空间美学。芝加哥学派突出功能在建筑设计中的主要作用，明确提出形式服从功能的观点，力求摆脱折中主义的羁绊，探讨新技术在高层建筑中的应用，强调建筑艺术，反映新技术的特点，主张简洁的立面以符合时代工业化的精神。"第一芝加哥学派"的鼎盛时期是1883—1893年，其显著特征是使用带砌石砌

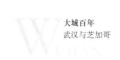

面（通常是陶瓦）的钢架建筑，允许使用大型的平板玻璃窗并限制外部装饰的数量。有些芝加哥学派的摩天大楼会同时使用新古典主义建筑的元素。典型的芝加哥学派摩天大楼包含三段式型构：作为结构支撑的底层，简约的中间层，以及带有更多装饰细节、富含象征意义的顶端两层。它在建筑造型方面的重要贡献是创造了"芝加哥窗"，即整开间大玻璃，形成立面简洁的独特风格。芝加哥学派在工程技术上的重要贡献是创造了高层金属框架结构和箱形基础。1885 年由威廉·勒·拜仁·詹尼设计完成的"家庭保险公司"（The Home Insurance Building）是第一座钢框架摩天大楼，共有十层，标志着芝加哥学派的真正开始。为世人所熟知的马歇尔·菲尔德百货批发商店（Marshall Field Wholesale Store）、蒙纳诺克大厦（Monadnoek Building）等摩天大楼都是这一时期的经典之作。

19 世纪末至 20 世纪初，在城市近郊兴起的草原学派（Prairie School）被称为芝加哥学派的分支，草原学派主要的设计服务群体为中产阶级购置在郊区的独栋住宅，其建筑风格通常具有水平线条、平坦或四坡屋顶，宽阔的挑檐，水平组合的窗户，与景观融为一体、坚固的结构，符合工艺美术运动的理念和设计美学。"草原"这一命名源于大部分草原风格建筑中主导的水平形式，反映出美国中西部宽阔、平坦、光秃秃的大平原特征。该风格最著名的建筑师赖特提出了"有机建筑"（Organic Architecture）的概念，其主要宗旨是建筑结构应该看起来像自然地从所在地的环境中生长出来，"建筑看起来好像是'嫁给了地面'"。赖特还认为，水平定向是美国式设计中突出的设计主题，它表征了美国这种年轻国家相比历史悠久和高度城市化的欧洲国家，拥有更多开放广阔的、未开发的土地。

"二战"后，由于新的建筑技术和结构系统，如管架结构的出现和广泛应用，在 20 世纪 40—70 年代形成了"第二芝加哥学派"。"第二芝加哥学派"逐渐形成于密斯·凡·德罗在伊利诺伊理工学院的教学实践中。该学派第一个最典型的例子是由他设计的湖滨大道 860 ～ 880 号公寓（1951）。随后，结构工程师法兹勒·卡恩（Fazlur Khan）在高层大楼的设计和施工中

专栏 20：美国最伟大的建筑师之一——弗兰克·劳埃德·赖特（1867—1959）

工艺美术运动（The Arts & Crafts Movement）美国派的主要代表人物，美国艺术文学院成员，师从摩天大楼之父、芝加哥学派（建筑）代表人物路易斯·沙利文，后自立门户成为著名建筑学派"草原学派"的代表人物，代表作包括建于宾夕法尼亚州的流水别墅（Fallingwater House）、芝加哥大学内的罗比住宅（Robbie House）等。弗兰克·劳埃德·赖特与瓦尔特·格罗皮乌斯（Walter Gropius）、勒·柯布西耶（Le Corbusier）、密斯·凡·德罗并称四大现代建筑大师。

首次引入了新的管架结构系统，该学派在 20 世纪 60 年代得到了发展壮大。新的管架结构使得大约一半的建筑外表面可用于窗户，解决了超高层建筑采光等问题。由法兹勒·卡恩设计的第一栋采用新的管架结构系统的高层公寓，为后来的许多摩天大楼的管架结构打下了基础，包括约翰·汉考克大厦、威利斯大厦（Willis Tower）、世界贸易中心、双子塔、金茂大厦，以及 20 世纪 60 年代以来大多数其他高层摩天大楼的建设。

（二）芝加哥建筑学派的影响

芝加哥建筑学派在 19 世纪 70 年代末期和第一次世界大战之间蓬勃发展，它是文艺复兴以来最重要的建筑运动之一，通过应用工业技术解决新的经济和社会需求，对建筑开始进行了一种原始的表达。这种建筑模式是芝加哥在制造业、铁路运输和商业领域蓬勃发展的直接反映，它预示且影响了当今美国和欧洲的城市及郊区生活模式。

在 1871 年大火之后的几年里，芝加哥开创了摩天大楼集聚的城市中心

区形态。由于墙面不再用于承重，而被视作建筑的皮肤，因此开敞的立面最大限度地保证了光照和通风。摩天大楼的快速发展促使了建筑结构表达和功能设计理论的形成。

公共交通的创新使人们从城市中心区迁出，加速了城市扩张。在新城镇中新的住房风格得到发展。这一时期的设计师摈弃历史建筑风格，尝试将新的建筑理论应用于各类建筑。新理论的应用尤其体现在新建私人住宅——草原住宅（Prairie House）上，其建筑风格是连续性的建筑外观和流动性的内部空间。这种反映人类基本物质需求和社会福祉的设计诉求也反映在建筑、应用艺术、景观设计及城市规划等领域。这一新生的建筑哲学理论阐明了建筑材料的特质、建筑形式的功能以及人类与自然之间的关系。

芝加哥学派运动在欧洲引发了一场完全来源于美国的建筑革命。建筑技术和建筑功能融合后形成的建筑风格，为第一次世界大战后欧洲新建筑运动的设计师提供了灵感。美国的建筑艺术第一次影响了欧洲的建筑设计师。现代欧洲建筑运动的风潮又在第二次世界大战期间，由欧洲移民中的建筑师再次带回美国，完成了这场建筑运动的循环。因此，芝加哥建筑学派具有国际性影响，并且在 20 世纪被广泛应用于商业和住宅建筑（Miller，2017）。

（三）知名建筑

1871 年大火之后，芝加哥以开放的姿态迎接全国各地的优秀建筑师，将城市作为创新建筑设计的"实验场"，从威廉·勒·拜仁·詹尼设计的全球首座摩天大楼，到丹尼尔·伯纳姆操刀的哥伦比亚世界博览会建筑群，从现代主义奠基人密斯·凡·德罗设计的克朗楼，再到一代建筑大师弗兰克·劳埃德·赖特在广袤中西部平原上逐渐成熟的草原学派，芝加哥以其优美的城市环境、兼容并包的文化环境和勇于拥抱创新的社会氛围，成就了一大批优秀的现代主义建筑师，而这些著名建筑也为芝加哥塑造了独特的、世界一流的城市风貌（图 2-8）。

1. 芝加哥水塔（Chicago Water Tower）

地址：北密歇根大街 806 号，芝加哥市，伊利诺伊州，邮编：60611
（806 N Michigan Avenue, Chicago, IL 60611）

建造时间：1867—1869 年

建筑师：威廉·W. 博英顿（William W. Boyington）

芝加哥水塔是芝加哥最为人熟知、最珍贵的地标建筑（图 2-9），它于
1867—1869 年为满足芝加哥市政供水系统需要而建设。尽管现如今与周围
的摩天大楼相比，水塔的高度不是那么显眼，但它却是芝加哥十分有名的地
标建筑。由于水塔通体选用石灰石为材料，它是芝加哥 1871 年大火后少有
的"幸存者"，也是美国第二古老的水塔。芝加哥水塔现在是芝加哥旅游局
的展城馆（City Gallery in the Historic Water Tower）。它出现在了很多当地
摄影师、艺术家和电影制作人的作品中。

2. 赖特故居（Frank Lloyd Wright Home and Studio）

地址：芝加哥大道 951 号，橡树园，伊利诺伊州，邮编：60302（951
Chicago Avenue, Oak Park, IL 60302）

建造时间：1889 年

建筑师：弗兰克·劳埃德·赖特

赖特故居位于芝加哥近郊橡树园（图 2-10），建筑师赖特于 1889 年起
在此居住和工作 20 年。赖特故居所在的橡树园上有许多赖特设计的民居，
被称为赖特建筑博物馆。

3. 菲尔德自然史博物馆（The Field Museum of Natural History）

地址：南河滨公路 1400 号，芝加哥市，伊利诺伊州，邮编：60605
（1400 S Lake Shore Drive, Chicago, IL 60605）

建造时间：1915—1921 年

图 2-9　芝加哥水塔
资料来源：吕维娟摄。

图 2-10 赖特故居
资料来源：黄焕摄。

图 2-11 菲尔德自然史博物馆
资料来源：吕维娟摄。

建筑师：威廉·皮尔斯·安德森（William Pierce Anderson）

菲尔德自然史博物馆是世界上最大的自然史博物馆之一，以其最早的主要捐助者——百货公司巨头马歇尔·菲尔德的名字命名（图 2-11）。博物馆原址位于 1893 年芝加哥哥伦比亚世界博览会的美术宫，早期藏品来自博览会展品。如今菲尔德自然史博物馆位于湖滨地带，紧邻格兰特公园，但这个选址的诞生绝非易事，能否在湖滨地带建设自然史博物馆引发了一场长达十多年的诉讼和争议，直到 1911 年位于湖滨的伊利诺伊中央铁路捐出一块土地，选址大战才得以平息[①]。

菲尔德自然史博物馆拥有巨量的科学标本和文物收藏，兼具教育展览、学术研究功能，其在人类学、生物学、地质学、动物学等方面的收藏和研究均堪称世界一流。博物馆除展示世界各地不同时间段的文化外，还开展自然保护类的教育性互动节目，每年吸引高达 200 多万的游客。最有名的展示馆是恐龙馆，保存有世界上现存最大最完整的恐龙化石"苏"（Sue）。

4. 罗比住宅（Frederick C. Robie House）

地址：南伍德兰大道 5757 号，芝加哥市，伊利诺伊州，邮编：60637（5757 S Woodlawn Avenue, Chicago, IL 60637）

建造时间：1908—1910 年

建筑师：弗兰克·劳埃德·赖特

罗比住宅坐落于芝加哥大学校园内，是美国国家历史地标，美国建筑师协会指定的保护建筑，同时也是赖特为美国文化做出贡献的 17 个建筑实例之

---

① 菲尔德意图将其捐建的自然史博物馆选址于湖滨地带时，遭到城中另一位大富豪——美国邮购业巨头蒙哥马利·沃德的反对。1906 年菲尔德去世，遗嘱捐赠 800 万美元建自然史博物馆，前提条件是在六年内，即 1912 年 1 月 1 日前，城市应提供一块地用于博物馆选址。菲尔德去世后的六年间，受托人与沃德继续开始了选址拉锯战。在菲尔德遗嘱即将失效的 1911 年 9 月，位于湖滨的伊利诺伊中央铁路捐出一块土地，博物馆选址才得以确定。1921 年 5 月 2 日，博物馆在没有进行任何宣传的情况下开放。《芝加哥论坛报》称："博物馆于凌晨 2 点打开大门，首批宾客达到 8 000 人。任何演讲和音乐都是多余的。"

图2-12 罗比住宅
资料来源：黄焕摄。

一，被公认为是赖特草原学派建筑风格最佳代表作（图2-12）。

5. 威格里大厦（The Wrigley Building，又名箭牌大厦）

地址：北密歇根大街400～410号，芝加哥市，伊利诺伊州，邮编：60611（400-410 N Michigan Avenue, Chicago, IL 60611）

建造时间：1924年

建筑师：格雷厄姆、安德森

威格里大厦名声显赫，它傲立在密歇根大街和芝加哥河（Chicago River）的交会处（图2-13），是芝加哥在建筑和商业领域的卓越代表。该建筑由两个塔楼组成：南塔高30层，北塔高21层，两塔间由14层的走廊相连接。它也是芝加哥第一栋配有空调的办公楼。

图 2-13　威格里大厦

资料来源：吕维娟摄。

6.《芝加哥论坛报》大厦（Chicago Tribune Tower）

　　地址：北密歇根大街435号，芝加哥市，伊利诺伊州，邮编：60611
（435 N Michigan Avenue, Chicago, IL 60611）

　　建造时间：1922—1925年

　　建筑师：雷蒙德·胡德（Raymond Hood）、约翰·米德·豪威尔斯
（John Mead Howells）

　　《芝加哥论坛报》大厦是坐落于芝加哥北密歇根大街的一栋新哥特式
（neo-Gothic）大厦（图2-14）。1922年，《芝加哥论坛报》为大厦设计举办
的国际竞赛成为20世纪建筑史的一段佳话。参赛者豪威尔斯和胡德的设计

图2-14 《芝加哥论坛报》大厦
资料来源：吕维娟摄。

从来自 23 个国家的 260 多件参赛作品中脱颖而出。大厦整体设计风格为新哥特式，塔顶修建有哥特式教堂常见的飞扶壁。这一设计思想不同于当时芝加哥学派主张的简约风格。这栋建筑的另一引人注目之处是墙体上镶嵌有世界知名建筑的碎片，如印度的泰姬陵、中国的万里长城、柬埔寨的吴哥窟、希腊的金字塔等。2016 年 9 月，《芝加哥论坛报》大厦被《芝加哥论坛报》传媒集团出售，2018 年整幢大楼开始改造——办公楼改造成公寓，著名的格言大厅和镶嵌有世界各地建筑碎片的墙壁等原始设计元素均被小心修复，2021 年居民开始入住该大厦。

7. 市民歌剧院（Civic Opera House）

地址：上瓦克道北 20 号，芝加哥市，伊利诺伊州，邮编：60606（20 N Upper Wacker Drive, Chicago, IL 60606）

建造时间：1927—1929 年

建筑师：格雷厄姆、安德森、普罗布斯特 & 怀特事务所（Graham, Anderson, Probst & White）

1929 年建成的市民歌剧院，由一栋高 45 层的办公楼及两栋高 22 层的"扶手"组成，造型仿佛一张巨大的扶手椅（图 2-15）。市民歌剧院是仅次于纽约林肯中心（Lincoln Center）的全美第二大歌剧礼堂。

8. 芝加哥期货交易所大楼（Chicago Board of Trade Building）

地址：杰克逊西大道 141 号，芝加哥市，伊利诺伊州，邮编：60604（141 W Jackson Blvd, Chicago, IL 60604）

建造时间：1929—1930 年

建筑师：威廉·W. 博英顿

该大厦是早期装饰艺术派风格的典范，其设计样式在当时不属于先前任何设计风格。1930 年完工后至 1965 年间是该市的最高大楼。1977 年，该大厦被列入芝加哥地标（Chicago Landmark），并于 1978 年被列入美国国家历

图2-15　市民歌剧院
资料来源：吕维娟摄。

史名胜名单（National Historic Landmark）和美国国家史迹名录（National Register of Historic Places）。期货交易所大楼以其装饰艺术建筑、雕塑以及大型交易楼层而闻名。建筑楼顶耸立着一座铝制的、约三层楼高的装饰艺术雕像——罗马农业女神赛瑞斯（Ceres），象征谷物和丰收（图2-16）。

专栏21：芝加哥期货交易所发展史

　　19世纪初期，芝加哥是美国最大的谷物集散地，随着谷物交易的不断集中和远期交易方式的发展，1848年由82位谷物交易商发起组建了芝加哥期货交易所，1865年用标准期货合约取代了远期合同并实行了保

图 2-16　芝加哥期货交易所大楼
资料来源：吕维娟摄。

证金制度。早期仅交易农产品，如玉米、小麦、燕麦、大豆等，经过多年发展后，已包括非保存性农产品和非农产品，如黄金和白银。芝加哥期货交易所第一种金融期货合约于 1975 年 10 月推出，该合约为基于政府全国抵押协会抵押担保证券的期货合约。随着第一种金融期货合约的推出，期货交易逐渐被引进到多种不同的金融工具，其中包括美国国库中长期债券、股价指数和利率互换等。另一个金融创新——期货期权于 1982 年推出。

1994 年，芝加哥期货交易所成功推出第一个电子交易系统，通过交易所的公开喊价和电子交易系统，超过 3 600 个会员可自由交易 50 种不同的期货与期权产品。2003 年，交易所成交量达到创纪录的 4.54 亿张合约。2006 年 10 月 17 日，芝加哥商业交易所和芝加哥期货交易所合并成全球最大的衍生品交易所——芝加哥交易所集团。

9. 芝加哥商业贸易中心（Merchandise Mart）

地址：商业贸易中心广场南 222 号，芝加哥市，伊利诺伊州，邮编：60654（222 W Merchandise Mart Plaza, Chicago, IL 60654）

建造时间：1930 年

建筑师：阿尔弗雷德·P. 肖（Alfred P. Shaw）

芝加哥商业贸易中心作为文化、艺术、商业、时尚、媒体等的创新中心，与芝加哥城市的繁荣发展交织在一起。作为美国最大的私营商业建筑，它是世界领先的批发设计中心和商业重地之一（图 2-17）。芝加哥商业贸易中心占地两个街区，曾一度拥有自己专属的邮政编码。这里是室内设计师、建筑师、承包商、企业主和买家的聚集地，也是高端制造、创新设计的策源地。近年来，该大楼成为芝加哥众多最具创意和技术革新意识公司的总部。

图 2-17　芝加哥商业贸易中心
资料来源：吕维娟摄。

10. 伊利诺伊理工大学建筑楼（又名克朗楼，S. R. Crown Hall）

地址：南州街 3360 号，芝加哥市，伊利诺伊州，邮编：60616（3360 S State Street, Chicago, IL 60616）

建造时间：1956 年

建筑师：密斯·凡·德罗

这座建筑被公认为现代建筑教父密斯·凡·德罗最好的作品之一，也是伊利诺伊理工大学建筑学院所在地，其建筑设计本身就展示了密斯设计词汇中的许多核心元素。在该建筑中密斯试图创造出一种反映机械时代精神的风格。钢铁与玻璃的完美结合使得整个建筑大气、通透、开放，它是 20 世纪中期现代主义风格的瑰宝（图 2-18）。2005 年，大楼被整体修复，现在的它看起来和建成时一样迷人。

图 2-18　伊利诺伊理工大学建筑楼
资料来源：吕维娟摄。

11. 玛丽娜大厦（Marina City，又名滨海城）

地址：北州街 300 号，芝加哥市，伊利诺伊州，邮编：60654（300 N State Street, Chicago, IL 60654）

建造时间：1960—1968 年

建筑师：伯特兰·哥德堡（Bertrand Goldberg）

玛丽娜大厦采用"城中城"的设计理念，是当时芝加哥实施中心城振兴的重大项目之一。大楼外墙为混凝土，楼内带有超市、保龄球场以及与大楼名称相呼应的驳船码头。由于其特殊的外形，也被许多人亲切地称呼为"玉米楼"（图 2-19）。

图 2-19　玛丽娜大厦
资料来源：吕维娟摄。

玛丽娜大厦是战后美国第一座城市高层住宅综合体，并因带动了美国市中心住宅复兴而广受赞誉。它将住宅和办公室混合以及配建停车场的高层塔楼模式已经成为美国和世界范围内城市功能混合发展的主要模式之一，并在全球许多城市被广泛复制。

12. 约翰·汉考克大厦（John Hancock Center）

地址：北密歇根大街 875 号，芝加哥市，伊利诺伊州，邮编：60611（875 N Michigan Avenue, Chicago, IL 60611）

建造时间：1965—1969 年

建筑师：布鲁斯·格雷厄姆（Bruce Graham）、法兹勒·卡恩

约翰·汉考克大厦（图 2-20）在落成之后的 40 年内一直是世界上最著名的摩天大楼之一，是 20 世纪后期芝加哥建筑创新的标志，以优雅简洁的设计而著称。

作为世界上第一个多功能高层建筑项目之一，约翰·汉考克大厦的设计对其内部组织产生了很大影响。其建筑设计方案中将商业空间放在地下大厅和五层楼以下，往上依次是停车场、办公室、住宅单元，最后是餐厅、观景台和广播设施。大楼的建筑结构以其富有表现力的结构系统和缓慢倾斜的外立面为基础，这种创新形式旨在有效适应建筑中的各种功能和用途，平缓的向内坡度可为底层的停车场和办公楼层以及高层的住宅楼层提供最佳的平面尺寸。另外，锥形的外部形态显著减小了建筑的风荷载。面向芝加哥繁忙的街景，大厦独特的纤细形态进一步增强了视觉冲击力，令它在建筑群中卓然而立。

约翰·汉考克大厦的建筑形式与当时已确立的美学观念大相径庭。最初，批评家认为建筑过于工业化，但是随着时间的流逝，它象征着芝加哥的结构美学，代表了建筑的机械时代——这些特征也是该建筑令人驻足良久的核心原因。

图 2-20　约翰·汉考克大厦

资料来源：Skyscraper Center. John Hancock Center. http://www.skyscrapercenter.com/building/875-
　　　　north-michigan-avenue/345.

13. 西尔斯大厦（现威利斯大厦）

地址：南瓦克道 233 号，芝加哥市，伊利诺伊州，邮编：60606（233 S Wacker Drive, Chicago, IL 60606）

建造时间：1971—1974 年

建筑师：布鲁斯·格雷厄姆、法兹勒·卡恩

西尔斯大厦高 442 米，从 1974 年建成至 1998 年的 25 年间始终保持着世界上最高建筑物的纪录（图 2-21）。最初拥有者美国西尔斯—罗巴克公司于 1992 年搬出，2009 年正式更名为威利斯大厦。西尔斯大厦有 110 层。大厦底部平面 68.7 米 ×68.7 米，由九个 22.9 米见方的正方形组成。整个大厦平面随层数增加而分段收缩。在 51 层以上切去两个对角正方形，67 层以上切去另外两个对角正方形，91 层以上又切去三个正方形，只剩下两个正方形到顶。

大厦结构工程师法兹勒·卡恩为解决像西尔斯大厦这样的高层建筑的关键性抗风结构问题，提出了束筒结构体系的概念并付诸实践。整栋大厦被当作一个悬挑的束筒空间结构，离地面越远剪力越小，大厦顶部由风压引起的振动也明显减轻。大厦的造型犹如九个高低不一的方形空心筒子集束在一起，挺拔利索，简洁稳定。不同方向的立面，形态各不相同，突破了一般高层建筑呆板对称的造型手法，这种束筒结构体系是建筑设计与结构创新相结合的成果。大楼的西大堂放置了亚历山大·考尔德（Alexander Calder）的雕塑，以迎接上班族。在 2009 年还为游客增建了观景台，通过"壁架"为观光客们展示芝加哥的城市美景。

14. 克卢钦斯基联邦大厦（Kluczynski Federal Building）

地址：迪尔伯恩大街南 230 号，芝加哥市，伊利诺伊州，邮编：60604（230 S Dearborn Street, Chicago, IL 60604）

建造时间：1959—1974 年

建筑师：密斯·凡·德罗

图 2-21　西尔斯大厦

资料来源：Skyscraper Center. Willis Tower. http://www.skyscrapercenter.com/building/willis-
　　　　tower/169.

由密斯·凡·德罗设计的芝加哥克卢钦斯基联邦大厦是其格言"少即是多"的代表作。该建筑的钢铁和玻璃展现了简约、现代和高效的设计理念。大厦于1974年完工，标志着公共建筑的形式和功能进入新时代（图2-22）。

密斯在设计过程中制定了三种不同的方案，最终他将政府办公室、法院和邮局三个功能分成三个不同的建筑，且都置于一个开放的广场上。今天，这个广场成为各种节日、农贸市场和抗议活动的场所。

建筑的玻璃和钢采用严格的网格系统。三栋建筑中的每一个柱子、灯具、长凳、门和路面都排列在网格线上。站在广场的中心，人们可以花几个小时找到建筑元素完美对齐的地方。密斯的精心设计阐释了他的另一句著名格言，即"上帝在细节中"。尽管联邦大厦的设计看上去很僵化，但实际上正如建筑评论家弗朗兹·舒尔茨（Franz Schulze）所形容的，大厦是"具有纪念意义的城市形象"，联邦大厦已经成为国际风格和芝加哥图腾的灯塔。

图2-22 克卢钦斯基联邦大厦
资料来源：吕维娟摄。

15.怡安中心（Aon Center）［曾用名：阿莫科大厦（Amoco Building）、标准石油大厦（Standard Oil Building）］

地址：兰道夫街东 200 号，芝加哥市，伊利诺伊州，邮编：60601（200 E Randolph St, Chicago, IL 60601）

建造时间：1970—1973 年

建筑师：爱德华·杜瑞尔·斯通事务所（Edward Durell Stone & Associates）、铂金斯＋威尔事务所（Perkins+Will）

怡安中心可谓是"更名爱好者"，最初命名为标准石油大厦，常被戏称为"大斯坦"（Big Stan），后改名为阿莫科大厦（因标准石油公司后改名为阿莫科公司）。怡安中心于 1973 年建成，原先的外墙是由 4.3 万块意大利卡拉拉（Carrara）大理石所包裹，但由于大理石极易脱落，后改为白色的花岗岩材质。在 2009 年特朗普大厦（Trump Tower，415 米）建成以前，怡安中心（346 米）是芝加哥仅次于西尔斯大厦的第二高楼（图 2-23）。

因其设计的简单性，没有任何的装饰和曲折，怡安中心看上去具有很高的整体性。该建筑的形状和比例类似同时代的纽约世贸中心大楼（World Trade Center）。怡安中心采用管状钢框架结构系统，带有"V"形的周边立柱以抵抗地震，减少晃动，最小化立柱弯曲并最大化无立柱空间。

尽管建筑的外观令人印象深刻，但是它依旧能很好地融入周边城市环境。一系列的地下人行道将怡安中心与周围建筑群相连接。大厦周边广场带有喷泉和宽敞座位，方便行人驻足。

16.汤普森中心（James R. Thompson Center）

地址：兰道夫街西 100 号，芝加哥市，伊利诺伊州，邮编：60601（100 W Randolph St, Chicago, IL 60601）

建造时间：1985 年

建筑师：海尔姆特·雅恩（Helmut Jahn）

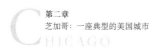

图 2-23　怡安中心
资料来源：吕维娟摄。

当你第一次见到汤普森中心的时候，一定会怀疑是不是有一架 UFO 停在了芝加哥卢普区的中心，而不会认为这是州政府中心（图 2-24）。作为芝加哥最大胆的后现代设计，政府大楼的圆顶采用色彩艳丽的细节装饰。这座 17 层高的全玻璃外墙曲线和坡道面向建筑东南角的一个广场。建筑构造的设计在当时具有超前性，同时也具备大型公共空间的宏伟壮观。游客在汤普森中心内部可以看到建筑物巨大的中庭向上延伸盘旋直至 17 层楼顶。其开放式和透明性设计风格旨在传达政府为人民服务的宗旨。

17. 水之塔（Aqua Tower）

地址：哥伦布大道北 225 号，芝加哥市，伊利诺伊州，邮编：60601（225 N Columbus Drive, Chicago, IL 60601）

建造时间：2004—2009 年

图 2-24　汤普森中心
资料来源：吕维娟摄。

图 2-25　水之塔
资料来源：Skyscraper Center. Aqua Tower. http://www.skyscrapercenter.com/building/aqua-at-lakeshore-east/886.

建筑师：珍妮·甘（Jeanne Gang）

水之塔是著名的"水波纹"建筑，由著名女设计师珍妮·甘设计并于2009年完工。为了在现有建筑物之间设计出和谐的小型景观走廊，水之塔每一层楼的室外平台从大厦结构的表面向外延展，构成了一系列类似梯田的起伏轮廓线，营造出水波粼动的造型（图2-25）。不同弧度的轮廓线构成的户外露台可欣赏到不同的风景，这个独特的阳台设计使建筑呈现出波纹般的效果，具有十足的雕塑感。大楼高262米，楼内含酒店、出租公寓和独立产权公寓。这座摩天大楼也创下了"女设计师第一高楼"的纪录。

五、百年规划的诞生地

1909年出版的《芝加哥规划》（*Plan of Chicago*）由著名规划师丹尼尔·伯纳姆主持制定，被誉为美国历史上第一个现代城市总体规划，也是芝加哥历史上影响最深远、实施力度最强的一部规划，百年后芝加哥的城市格局仍能看到1909年规划的痕迹。

（一）规划的主要内容

受巴黎改造规划的启发，由伯纳姆主持制定的芝加哥规划的目标是"摆脱混乱，实现快速增长"，把这座城市变成"一个为所有人提供最好的生活条件的有效的工具"：一个绿色、整洁的湖畔地区能激发"平静的想法和感觉"。系统规划城市高速公路，整合城际铁路客运终端站；建设庞大的城郊公园系统，将现有的大道拓宽成巴黎式样的林荫大道并增加新的对角街道，以改善城市交通；建设一个宏伟的新古典主义市民中心，使其成为所有人的骄傲和团结的源泉。当然，这项规划中蕴含着一个毫不掩饰的商业逻辑，将所有的计划捆绑在一起以确保经济前景。该规划主要包含以下五方面内容。

（1）园林绿地系统规划：以现有园林绿地、湖泊、水系和森林资源为基础，依托东部密歇根湖，建设大型连续完整的湖滨绿地，在城市内部建设围

专栏22：建筑与规划大师——丹尼尔·伯纳姆（1846—1912）

伯纳姆出生于纽约，成名于芝加哥，他为芝加哥设计了大量的公共建筑和私人住宅，很多成为芝加哥的城市地标。伯纳姆更响亮的头衔是规划大师。他有一句名言："不做小的规划，因为小规划没有激奋人们血液的魔力，它们可能也不会实施。要做大的规划，目标远大并且付诸行动，一个宏伟合理的蓝图一旦记载便永不消亡。"他成功领导了1893年哥伦比亚世界博览会的总体设计，主持承担了很多知名城市的总体规划，如美国华盛顿、旧金山、克利夫兰以及菲律宾首都马尼拉及其北部小城碧瑶市。他也是城市美化运动的创始人和实施者之一，推崇高雅的欧洲古典城市空间和文化生活，带有强烈的罗马古典主义和文艺复兴风格，因此遭受到美国现代建筑之父路易斯·沙利文的抨击，认为哥伦比亚世界博览会的复古潮流使建筑设计倒退了50年。

绕中心区外缘、贯穿建成区中部、防护城市边缘的三大绿化圈层，这三个圈层通过林荫大道、园林大道与湖滨绿地串联，建设尺度由内向外依次增大（图2-26）。

（2）综合交通体系规划：改变现有的多家铁路公司独立经营、自成体系的混乱局面，共享四个环形铁路线，将现有的铁路线整合成协调运作、相互衔接的高效运营系统（图2-27）。外迁当时造成市中心区拥堵的铁路货运站点，在城市外围集中选址大型货物终端站。

（3）城市街道系统规划：进行一系列城市主干道的拓宽和改造工程，延长计划作为城市中轴线的国会大道，增加一条弧状的林荫大道连接规划提出的第二绿化圈层，增加大量的城市放射性道路以实现快捷的交通联系。规划对芝加哥河畔的道路进行了着重考虑，认为滨河大道的设计对减少城市交通

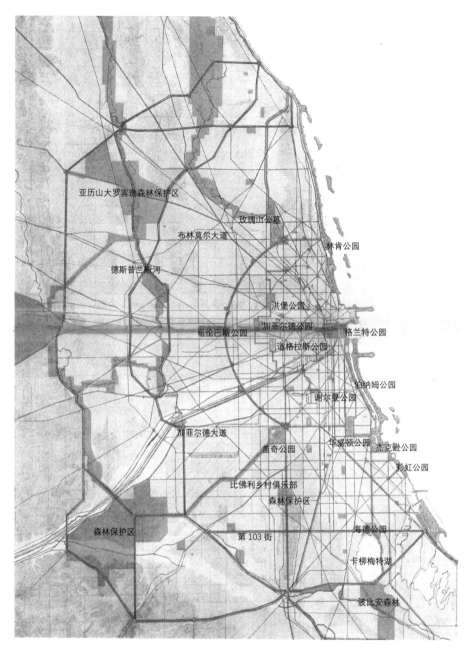

图 2-26　城市园林绿地系统规划

资料来源：作者根据《芝加哥规划》中的图纸进行地名标识。

图2-27　铁路货运系统规划

资料来源:《芝加哥规划》。

拥堵作用重大。滨河大道进行双层高差处理，上层高于普通交通平面，与同样需要进行抬高处理的街道衔接，下层为滨水区，可建设仓储区并进行货物装卸作业。

（4）对中央商务区及中轴线的设计：规划将中央商务区（规划中称为"城市心脏"）定义为西起霍尔斯特德街，北临芝加哥河，东至密歇根大街，南抵12街，约4平方千米的区域，在不远的将来，该边界向周边扩展成约30平方千米（南北长4.8千米，东西宽6.4千米）的区域。解决商务区交通问题应从密歇根大街入手，由于它兼具交通和旅游观光的性质，规划提出拓宽和向北延伸密歇根大街，横断面上考虑步行、观光、过境三类不同的交通流，自兰道夫大街向北延伸跨越芝加哥河时，进行街面抬高处理，以减少东西向交通流干扰。

（5）在《芝加哥规划》中体现伯纳姆"宏伟、震撼力"的莫过于他为芝加哥精心设计的贯穿东西、长达12千米的国会大道景观轴线，轴线正中是以巴洛克式的市政厅为统领的建筑群，中央轴线外围还另外增加了六条放射性轴线。东向轴线延伸至湖滨的格兰特公园，公园内布置了图书馆、艺术协会和菲尔德自然史博物馆等文化艺术设施。

（二）规划的背景及争议

《芝加哥规划》诞生的背景既是劳资冲突最剧烈的时代，也是商业资本家社会改良动力和能力俱强的时代。在联合牲畜场（1904）和卡车司机罢工（1905）暴乱中，芝加哥的商业领袖们认为，有必要采取更有力的措施来整顿混乱的社会和基础设施，这些不稳定因素会拖累芝加哥的发展。1907年，汇聚了芝加哥商界精英的商业俱乐部（Commercial Club of Chicago，组建于1877年）和商人俱乐部（Chicago Merchant Club，组建于1896年）合并，用的是更古老、更有名的商业俱乐部的名字，以便更有效地支持一项伟大的规划，把城市从混乱中拯救出来。商业俱乐部迅速筹集了起草计划所需的资金，并由其成员之一——芝加哥明星建筑事务所的丹尼尔·伯纳姆提供专业支持。商业精英们认为：政府应积极干预以提高城市居民的总体福祉，即不赞同纯粹新自由主义主张的自由放任的市场经济。1909 年 7 月 4 日，《芝加哥规划》公布，尽管该规划被认为是一群商业精英将城市作为商业工具而进行的长远谋划，但该规划中"人民"和"公共利益"的概念到处可见，这与 20 世纪后期私有化、个性化的新自由主义思维模式相去甚远。

该规划被誉为美国现代城市规划的起点，它是伯纳姆辉煌职业生涯中最后的、也是最著名的成就。但对于它的批评和争议从未平息过。该规划对芝加哥"草原上的巴黎"的构想是备受批评的，彼得·霍尔（Peter Hall）在《明日之城》（霍尔，2009）中写道：《芝加哥规划》以水粉渲染出一个精彩的豪斯曼式的芝加哥——形态规则、对称，但全无广泛的社会目标和内容。大量评论家——从传统的左翼改革派到马克思主义者——都批评该规划迎合新兴资产阶级的经济利益和审美情趣，热衷于宏大、规整、统一的物质景观效果，缺少对社会问题的关注。知名城市历史学家刘易斯·芒福德（Lewis Mumford）在其《城市发展史》中论述该规划是一个彻头彻尾的 20 世纪巴洛克式规划，仅关注提高土地价值，不关心作为整体的邻里社区，不关心居民住房，对将工商业组织当成城市秩序中的必要成分缺少充分的理念。

（三）规划实施力度及深远影响

1910 年 1 月，芝加哥规划委员会——负责起草和促进规划的组织——意识到《芝加哥规划》的实施需要公众买单，为了让规划思想成为常识，发行了规划缩略版，分配给八年级学生作为公民课程，意图通过青少年向他们的父母宣传规划的作用。

1909—1931 年，芝加哥规划委员会与每一届市长行政当局密切合作，在某种程度上取得了成效。芝加哥批准了大量的债券发行（1912—1931 年共发行了 86 次），为这座城市提供了超过 2.3 亿美元的资金。韦斯滕大道和阿什兰大道被拓宽，卢普区和周边的交通网得以建立，新的联合车站铁路终点站建成；一大片湖岸被填满，与邻近的格兰特公园一起被美化；沿湖岸线开发了

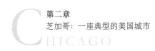

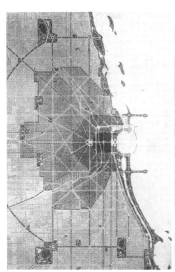

海军码头
湖滨快速道
白金汉喷泉

格兰特公园

谢德水族馆
菲尔德自然史
博物馆
城际铁路

图 2-28 《芝加哥规划》对城市总体格局的影响
资料来源：左图来自《芝加哥规划》，右图来自 Cameron（1992）。

一条新的园林大道；市中心增加了许多公园和游乐场；库克县的森林保护区在城市郊区获得了数万公顷的土地。尽管这些项目中的大部分都没有达到规划的设想，位于城市中心的美丽的市民中心也从未实现，《芝加哥规划》仍然是这些基础设施改革的蓝图（图 2-28）。20 世纪 30 年代初，芝加哥规划委员会的作用削弱，大部分职能被区划委员会接管。1923 年，城市的第一部区划条例颁布。1939 年，芝加哥规划委员会被纳入市政府，仅作为咨询机构。

《芝加哥规划》中提出的绿地系统奠定了芝加哥园林绿地建设的发展框架。规划第一绿化圈层得以永久保留，第二绿化圈层虽未按规划形成大型弧状林荫道，但规划增加的三处大型公园均基本得以落实，第三绿化圈层依据规划设想沿德斯普兰斯（Des Plaines）河形成了大型连续的森林保护区。但多少令百年前的规划师想象不到的是，这些起初为日益拥挤的城市人口提供休闲去处的公园，由于"二战"后大批的中产阶级迁往郊区而显得萧条冷清。

芝加哥的湖滨地带虽未严格按照规划设想填埋湖泊，但近一百多年来，经过数代人的努力，湖滨区形成了绵延三十多千米的大型绿化休闲带，布满

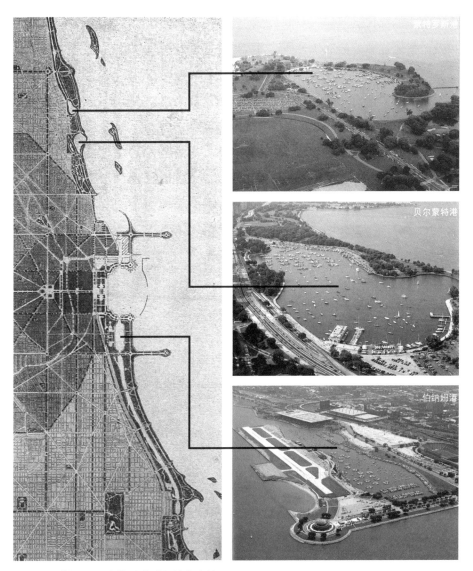

图 2-29 《芝加哥规划》中湖滨绿地的实施
资料来源：同图 2-28。

大大小小的绿茵运动场、多种多样的游憩设施和世界级的博物馆群，是市民以及游客流连忘返的最佳去处。湖滨快速道也如同设想的那样成为一条美景不断、令人忘忧的景观大道。规划中设想的两处大型亲水平台，北平台即是备受游客喜爱的海军码头，南平台并未依样形成，但规划提出在潟湖内停泊游艇的设想得以实现，该港口被命名为伯纳姆港（图2-29）。

近百年来，整个湖滨区内的公共设施数量和体量已大大超过了伯纳姆当年的设想，芝加哥博物馆区［菲尔德自然史博物馆、谢德水族馆（John G. Shedd Aquarium）、阿德勒天文馆（Adler Planetarium）］、橄榄球队的主场索尔哲运动场（Soldier Field）、世界上最大的展览中心麦科米克展览大厦（McCormick Palace）均建设于湖滨绿化带中。湖滨区由于这些大型公共设施的兴建增强了吸引力，这些公共设施也因为美丽的滨湖地区而成为吸引大量国际游客的场所。

另外两个比较有影响的街道工程是瓦克道和北密歇根大街的建设。《芝加哥规划》对于芝加哥河河滨道路的双层设计方案于20世纪20年代在芝加哥规划委员会主席查尔斯·瓦克（Charles Wacker）的推动下得以实施，该道路也因他的贡献而被命名为瓦克道（Wacker Drive，图2-30）。

密歇根大街向北延伸、跨越芝加哥河连接原松树街（后更名为北密歇根大街）的实施并未严格遵守原规划设计，但自兰道夫街向北的新建段的确进行了整体抬高处理，临街建筑双层式入口处理也符合原规划设想。于1920年开通的密歇根桥在芝加哥历史上意义重大，紧接其后的是威格里大厦和《芝加哥论坛报》大厦的落成，北密歇根大街在其后的建设中逐步升格为世界级的商业名街，即"华丽一英里"（The Magnificent Mile），早在1925年以前，用于密歇根大街改造的一千万美元通过沿街地产的升值已得到了六倍的返还（图2-31）。

规划提出的在现有街道基础上进行的拓宽改造大部分得到了实施，而建议增加的放射性道路除奥格登大街（Ogden Street）进行了延伸外，其余的并没有实施，今天芝加哥的大量放射性道路其实在规划编制时期就已经存在。

图 2-30　滨河路双层设计方案的实施
资料来源：同图 2-28。

图 2-31　《芝加哥规划》中跨芝加哥河密歇根大街（左）与 1926 年的密歇根大街（右）
资料来源：同图 2-28。

图 2-32　白金汉喷泉
资料来源：黄焕摄。

　　对规划实施效果持怀疑态度的人最先指出的就是：伯纳姆热切希望建设的国会大道中轴线和巴洛克式市政厅并未形成。这条中轴线建成后应类似巴黎香榭丽舍大道。但国会大道于 20 世纪 50 年代改建成了高速公路（290 号高速公路，又称为艾森豪威尔高速公路）。

　　值得慰藉的是，虽然国会大道并未建成城市的中轴线，但轴线东端格兰特公园的设计实则是对这条中轴线的延续。格兰特公园的中央是白金汉喷泉（图 2-32），它于 1927 年建成，融合了欧洲古典喷泉设计和现代工艺手段，可称为轴线上的最大亮点。白金汉喷泉是世界上最大的照明喷泉，也是城市地标之一。

六、世界闻名的旅游之都

芝加哥不仅是现代建筑发源地、摩天大厦的故乡，还是一座极具文化影响力的城市、世界级的旅游名城。多彩的艺术博物馆、剧院、大师雕塑，生机勃勃的市民艺术文化活动机会，丰富的旅游资源，给这座城市带来了无限魅力。

建筑之都芝加哥，有着全世界最优美的滨水天际线。乘坐芝加哥河上游船游览河岸两旁形态各异的建筑，如同阅读一部生动的现代建筑史。无际的密歇根湖，给芝加哥营造出一望无垠的银沙，让芝加哥变身夏季度假天堂。

40多家顶级博物馆、200多家剧院和精彩绝伦的旅游体验让全世界的游客流连忘返。芝加哥是美国母亲之路 66 号公路发源地，是 NBA 传奇球队公牛队的主场，是爵士乐的摇篮，也是百老汇歌剧的前哨所。芝加哥美食节、华丽一英里购物节等盛大活动让每个游客的行程都分外精彩。

（一）工业时代的文化积累与传承

芝加哥发达的文化设施和基础设施早在 100 多年前就已完成积累，这与自由市场经济下以企业家、商界精英为核心的管理模式是分不开的。如果说芝加哥摩天大楼代表的是企业家追逐商业利润的雄心，那么，大量文化设施的建设则受益于芝加哥早期商业精英的社会情怀。

19 世纪 60 年代和 20 世纪 30 年代，是文化慈善事业蓬勃发展的时代，芝加哥商人和科学家积极与东海岸的同行竞争，力图证明芝加哥像华盛顿特区或纽约一样，是全美的文化圣地。闻名世界的芝加哥艺术博物馆（其前身芝加哥艺术学院创办于 1866 年）、纽伯利图书馆（Newberry Library, 1887）、芝加哥大学（The University of Chicago, 1890）、菲尔德自然史博物馆（1894）、谢德水族馆（1929）、科学与工业博物馆（1933）均由企业家和商界精英创办。这一时期也是芝加哥大规模工业化、资本迅速积累、劳资矛盾剧烈的时期，有部分思想先进的资本家对公益和慈善事业慷慨解囊，不仅仅是为了获得声望，还本着社会改良思想，希望通过完善城市基础设施、提高劳工阶层的审美水平来缓和阶级矛盾。

芝加哥商业俱乐部汇聚了芝加哥工商界的领袖，其会员必须在他从事的行业中取得显著的成就，对城市和国家的重要事务有着极强的责任意识，并能慷慨地献身于公益事业。这个高级俱乐部的会员有许多人是 20 世纪初反对劳工运动的领袖，如零售业巨头约翰·谢德（John Shedd）、批发商约翰·法维尔（John Farwell）和弗兰克·阿姆斯特朗（Frank Armstrong）；肉类加工商小奥格登·阿穆尔（J. Ogden Armour）和他的得力助手亚瑟·米克（Arthur Meeker）；报刊业领袖麦迪尔·麦科米克（Medill McCormick）和

《芝加哥每日新闻》(*Chicago Daily News*)的维克托·罗森(Victor Lawson)[1]。

商业俱乐部成员作为城市文化机构的赞助者在当时表现得相当活跃,到1907年,已有12人在芝加哥艺术博物馆董事会任职,8人在芝加哥交响乐团董事会任职。正是这些人的努力促成了1893年哥伦比亚世界博览会,博览会的成功举办也促成了菲尔德自然史博物馆的成立。生意场上锱铢必较的马歇尔·菲尔德是这座城市最为富有的商人,也是博物馆历史上最重要的人物之一。在商人兼收藏家爱德华·艾尔(Edward Ayer)的游说下,马歇尔·菲尔德向博物馆捐赠了100万美元,并在去世后以遗产捐赠的形式再次捐出800万美元。

(二)世界一流的文化设施

芝加哥拥有40多座内容丰富、品质拔尖的博物馆以及一个占地23公顷的博物馆区。密歇根湖畔的芝加哥艺术博物馆、科学与工业博物馆、菲尔德自然史博物馆、谢德水族馆、阿德勒天文馆等均属世界一流。其中芝加哥艺术博物馆拥有30万件永久馆藏,馆内收录了雷诺阿、毕加索、梵高等一代宗师们的巨作,盘踞于大门两侧的青铜狮子塑像也成为芝加哥的标志之一。科学与工业博物馆是世界上最大的科技博物馆,占地面积6万平方米,是青少年良好的科技教育中心(图2-33)。

作为美国唯一一座拥有五个荣获托尼奖(美国戏剧协会颁发)的地区剧院(古德曼剧院、芝加哥莎士比亚剧院、镜子剧院、胜利花园剧院和斯泰彭沃弗剧院)的城市,戏剧文化在芝加哥这座大都市里体现得淋漓尽致。伦敦《卫报》曾评价说:"芝加哥是美国的剧院之都。"在市中心剧院区、芝加哥百

---

[1] Diamond, A. J. *Chicago on the Make: Power and Inequality in a Modern City*. UC Press. 2017. 商人们的这种同情和慷慨主要是针对弱者,当身体健全的工人们为争取更好的生活和工作条件而抗争时,他们便不再抱有同情心。比如约翰·法维尔是基督教青年会(YMCA)及其孤儿院的一大捐助人,基督教青年会的计划是向工薪阶层的年轻人传福音,为他们提供健康的娱乐选择。19世纪末反劳工运动的菲利普·阿穆尔(Philip Armour)、塞勒斯·麦科米克和乔治·普尔曼都是基督教青年会的慷慨捐助者。

图 2-33　远眺科学与工业博物馆
资料来源：Museum of Science and Industry Chicago. https://www.msichicago.org/.

老汇和几乎遍及当地每一个街区的临街演出点,以及200多家剧院等候您享受各种精彩的表演,除此之外,还有杰佛瑞芭蕾舞团(Joffrey Ballet)、利瑞克歌剧团(Lyric Opera)以及芝加哥管弦交响乐团(Chicago Symphony Orchestra)等声名斐然的艺术团带来的演出。

芝加哥公共空间场所的雕塑、涂鸦也是展示城市文化特色的重要窗口,宽容、兼收并蓄的艺术环境使得芝加哥已先后积累了400余件室外公共艺术作品。这些作品分布于整座城市,形成一个开放的公共艺术广场。来自世界各地的艺术家在这里留下了让人赏心悦目的作品。坐落在千禧公园的"云门"已经成为芝加哥的标志,出现在无数游客的私人相册里和许多电影镜头中,并作为芝加哥城市的象征出现在明信片、运动衫和海报等纪念品上。而雕塑本身也吸引了很多的市民以及来自世界各地的游客和艺术爱好者在此集会。

由艺术大师巴勃罗·毕加索为芝加哥设计的著名的"未命名雕塑",标志着芝加哥现代艺术的开端,并促进了后来100多件艺术品在芝加哥卢普区落户。这座金属雕塑造型奇特,是艺术大师毕加索免费为芝加哥设计的作品,当地人习惯称之为"芝加哥毕加索"(Chicago Picasso)。"芝加哥毕加索"已经成为芝加哥人最引以为豪的公共艺术品之一。尽管雕塑落成之初有不少人一时无法接受这种奇形怪状的抽象派雕塑,但老戴利市长颇有远见,他认为这是城市活力的自由表达。如今,雕塑所在的戴利广场早已成为芝加哥人熟知的聚会地点,人们还经常因假日、纪念日和体育活动而为雕塑戴上一顶相应主题的大帽子,相当有趣。它是市民和世界各地游客公认的城市象征和著名地标之一,人们可从中充分了解并体验这座城市的性格、历史与文化。

皇冠喷泉是坐落于芝加哥千禧公园的公共艺术与互动作品,由西班牙加泰罗尼亚艺术家豪姆·普伦萨(Jaume Plensa)设计。2004年7月启用的皇冠喷泉造价1 700万美元,两侧是以玻璃砖建的塔楼,高15.2米,装有发光二极管以展示内部脸部的数字影像。整组喷泉由两座玻璃砖塔和位于二者之间的黑色花岗岩反射池组成。由计算机控制的显示屏幕,交替播放着代表芝加哥的1 000个市民的不同笑脸,成为芝加哥热情欢迎来自世界各地的游客

的城市象征。

（三）丰富多彩的文化活动

芝加哥每年都会举办1 000多个涵盖表演艺术、视觉艺术和文学艺术等多种类型的文化活动，丰富多彩的文化活动吸引着来自世界各地游客的参观和学习，既繁荣了城市经济，又进一步提升了芝加哥的国际形象。

夏季是热情洋溢的芝加哥举办各类节庆活动的黄金时节，几乎每个周末都排满了户外庆祝活动，包括芝加哥蓝调音乐节、芝加哥福音音乐节、芝加哥美食节、芝加哥爵士音乐节、芝加哥儿童和风筝节、老城区艺术节、66号公路国际节、芝加哥湖滨节、芝加哥世界音乐节等等。成千上万的芝加哥市民倾城而出，与慕名而来的世界游客一起，共飨文化与艺术的盛宴。

音乐也是芝加哥繁荣文化中浓墨重彩的一笔，芝加哥的各类音乐节更是享誉世界。一提到芝加哥，无人不知这里蓝调和爵士乐的传奇性。众多爵士、节奏布鲁斯（R&B）、摇滚以及蓝调艺术家汇集芝加哥，不断为"世界蓝调之都"书写历史和灵魂（图2-34）。芝加哥蓝调音乐节是全球规模最大的免费蓝调音乐节。每年夏天，艺术家们都会在千禧公园的舞台奉上为期三天的顶级蓝调表演。

此外，每年有多达150个人文艺术节，以发现、推介和鼓励新电影制作人为特点的国际电影节在芝加哥轮番上演。在电视台直播的感恩节游行，也是芝加哥极具影响力的节目之一。来自社区的各种类型的表演与全国各地的游行乐队，以充气气球为主题，装点城市街道，烘托节日氛围。

为了丰富市民的文化生活，芝加哥文化中心每天都有小型的音乐演出和艺术展览，包括交响乐、钢琴独奏、小提琴协奏等精彩绝伦的表演，为想要欣赏艺术并且提高自己生活品质的游客和市民提供沃土（表2-2）。夏天，格兰特公园交响乐团和合唱团还会在千禧公园举办免费的公共演出，为城市注入艺术的活力与魅力。另外，嘻哈音乐（Hip-hop）、节奏布鲁斯和雷鬼音乐等另类流行音乐在芝加哥也广受欢迎。

图 2-34　芝加哥爵士音乐节
资料来源：黄焕摄。

表 2-2　芝加哥固定举办的节庆活动

活动名称	活动内容	时间
华丽一英里亮灯仪式	美国最大的夜间假期庆典，为所有家庭和顶级音乐艺术家提供一整天的现场音乐会，最终庆典会在迪士尼经典动画形象米老鼠带领的游行活动中结束，当晚会在 200 棵树上点燃 100 万盏灯，芝加哥河上还会表演人型压轴烟花秀	11 月，圣诞前夕
芝加哥国际电影节	芝加哥国际电影节为北美洲历史最悠久的影展，最高荣誉为金雨果奖（Gold Hugo）。芝加哥国际电影节注重选片的国际性，并特别支持新人和新作的发掘与推荐，因此受到世界著名导演如马丁·斯科塞斯（Martin Scorsese，美国）、彼得·威尔（Peter Weir，澳大利亚）、蔡明亮（中国台湾）等的欢迎	10 月中旬
芝加哥国际马拉松赛事	国际马拉松和公路比赛列表中被国际田联（IAAF）认可的五项世界马拉松专业比赛之一，已有 30 多年历史，被评为华盛顿美国二十大赛事和节日之一，每年都吸引来自美国和 100 多个国家和地区的跑步爱好者	10 月中旬
芝加哥爵士音乐节	30 多年来，芝加哥爵士音乐节都是一个备受欢迎的劳动节周末活动，成为展示本土和各国爵士乐音乐人才华的舞台。其最初是为纪念埃灵顿公爵而设立的节日，现在每年吸引超	8 月底—9 月初

活动名称	活动内容	时间
	过15万名粉丝，被认为是世界上规模最大的免费爵士音乐节之一	
芝加哥美食节	每年吸引150万人次，是芝加哥最大的活动之一，也是对这座城市饮食文化多元融合的庆祝。活动内容从奢侈的美食菜单到快餐外卖，应有尽有。庆祝活动的重点是从音乐到烹饪示范的现场娱乐节目	7月
芝加哥同性恋荣耀大游行	世界知名的性别少数者游行活动之一，吸引了成千上万的参与者	6月底
芝加哥圣帕特里克节游行	美国15项最盛大的活动和节日之一，吸引了40万名观众，其中最吸引人的地方是游行组织方将芝加哥河用环保染料染成绿色，游行中汇集了大量爱尔兰风情的花车和舞者	3月中旬
芝加哥农历新年大游行	美国伊利诺伊州芝加哥市排名前15位的大型活动和节日之一，包括传统的舞龙、舞狮、精美花车、武术队和一支游行乐队，是芝加哥最受欢迎、最丰富多彩的游行之一	1月底—2月中旬

（四）不容错过的体育之都

作为一座曾经被篮球之神迈克尔·乔丹眷顾过的城市，芝加哥一直传承着伟大的体育精神。美国著名体育网站曾公布了美国最佳体育城市评选结果，芝加哥名列第一。这里弥漫着体育的"荷尔蒙"，芝加哥人对体育的狂热甚至能感染每一位游客。

在这座极富体育精神的城市里有着美国四大顶级体育联盟（国家橄榄球联盟、职业棒球大联盟、职业篮球联盟、国家冰球联盟）的五支球队，其中有两支隶属于有着美国国球美誉的棒球联盟——芝加哥白袜队（Chicago White Sox）和芝加哥小熊队（Chicago Cubs）。"飞人"乔丹和他所服役的芝加哥公牛队（Chicago Bulls）声名显赫，称得上是整个芝加哥乃至美国体育的骄傲。有超过100年历史的芝加哥小熊队，球迷广泛分布在全美各地，曾16次获得世界大赛冠军；有着光辉历史的劲旅芝加哥熊队（Chicago Bears）曾经赢得九次美式橄榄球比赛的冠军；联盟元老球队芝加哥白袜队曾三摘美国职业棒球大联盟的冠军；拥有多名名人堂成员的美国冰球联盟球队芝加哥黑鹰队曾四次赢得斯坦利杯（Stanley Cup）。

颇具实力的五大球队为芝加哥体育文化精神的发展奠定了基础，体育的繁荣又给这座城市带来了更多的发展动力，尤其是在经济增长和城市影响力方面。体育彩票、门票、纪念币、纪念邮票等为城市带来相当可观的经济增长。除了正面促进城市经济增长，还能侧面拉动建筑、旅游、通信和制造等相关行业发展。《芝加哥论坛报》曾估计，光是乔丹就给芝加哥带来了10 000亿美元的"纯收入"，这还是在1994年公牛队完成首个三连冠时期所做出的判断。芝加哥长年不断的各类体育赛事，一定程度上助力了芝加哥成为"美国第三大城市"及"全球最具影响力的大都市"称号。

第三章

百年前"东方芝加哥"名称的由来

一、20 世纪初武汉与芝加哥的相似之处

二、20 世纪初武汉与芝加哥的不同之处

从汉口开埠到 20 世纪中叶，汉口作为茶叶和丝绸等出口商品的贸易中心以及武汉 20 世纪上半叶在中国革命中的历史地位，武汉（汉口）经常出现于国际媒体，是一座具有国际知名度的城市。根据 2020 年 2 月一篇来自美国有线电视新闻网（Cable News Network，CNN）的报道，早在 1900 年美国《科利尔》（*Collier's*）杂志就发表了一篇关于长江上的"繁荣之城"的文章，称武汉为"中国的芝加哥"（"The Chicago of China"）。1927 年，美国合众通讯社（United Press）驻上海的资深记者兰德尔·古尔德（Randall Gould）在一篇报道湖北的文章中也使用了这个称号，此后，这个称号在世界各地的报道中被广泛采用。

将武汉称为"东方芝加哥"的文字记载在国内比较有影响的是清末日本驻汉总领事水野幸吉 [1] 所著《中国中部事情：汉口》（武德庆译，2014，以下简称《汉口》），日语原著成书于 1907 年（明治四十年），1908 年传入中国。另外一个较有影响力的记载是 1918 年美国《哈泼斯杂志》（*Harper's Magazine*）登载的一篇署名为瓦尔特·E. 魏尔 [2]（Walter E. Weyl）的文章——"中国的芝加哥"。

水野幸吉在汉口担任总领事期间（1905—1907 年），正是日本帝国主义的扩张期。《汉口》一书对 20 世纪初期的汉口从地理、衣食住、气候与卫生、历史、工业、畜牧业、交通、金融、商业机关、外国贸易、物产、公共机关、关税及邮政、铁路等方面进行了全面翔实的记载。该著作在第一章引言中写道："船离吴淞，沿长江上溯 600 哩，到达与武昌、汉阳鼎足而立的汉水朝宗之处汉口。汉口年贸易额达一亿 3 000 万两，凤超天津、近凌广东，

---

[1] 水野幸吉（1873—1914），出生于日本旧尾张国（现爱知县西部）的一个武士家庭，日本东京帝国大学政治科毕业，同年开始日本外交生涯。先后在朝鲜汉城、德国柏林、中国烟台、中国汉口、美国纽约等地从事外交工作。

[2] 瓦尔特·E. 魏尔（1873—1919），出生于美国费城的一个德裔犹太移民家庭，17 岁时进入宾夕法尼亚大学霍顿商业与金融学院学习，1912 年出版《新民主》（*The New Democracy*）一书，引起当时重要政治家的关注。

现今已成为清国第二要港，几欲摩上海之垒，鉴于此，机敏的视察者言：汉口乃东方芝加哥。"

瓦尔特·E. 魏尔是美国进步运动中重要的政治理论家与美国新民主的倡导者。他于1918年发表的"中国的芝加哥"是一篇在我国广为流传、作为西方观察家认为近代武汉是"东方芝加哥"的权威记载。文章记录了作者本人经上海乘船至汉口的所见所闻所思。在来汉口以前，作者对汉口所知甚少，但已听闻汉口是"中国的芝加哥"，乐观者预测这座城市未来一至两个世纪后会成为世界上最大的城市之一。他想象汉口是一座极其繁荣、熙熙攘攘的现代化大都市，但目之所见，除租界区以外，汉口的建筑、街道等城市景观破旧、落后、拥挤不堪。文中对武汉与芝加哥两座城市进行了直接对比："乍一看，汉口看起来老旧，毕竟与真实的芝加哥很不像——非常地、极其地不像。"汉口本土建筑低矮密集，也没有轻轨、地铁、有轨电车等现代化都市设施，"充其量是发展初期的芝加哥"。但是文中提到，居住于汉口的外国人看好汉口的未来，"正是基于对未来的希望，汉口声称要成为中国的芝加哥"。文章的后半部分对汉口拥有的巨大潜力进行了论述，认为长江拥有远大于密西西比河的运输能力，长江流域三倍于法国的富饶土地，汉口拥有水运与铁路交会的区位优势，从汉口出发的远洋货轮可到达世界上任何一个港口，"从产业和商业的角度，汉口是中国的中心，中国的芝加哥，中国的匹兹堡，甚至中国的纽约"（图3-1）。

一、20 世纪初武汉与芝加哥的相似之处

20 世纪初的中国处于半殖民地半封建社会，外国侵略势力已从沿海深入到内地，汉口从一个繁荣的封建市镇向国际性贸易城市转型，凭借水铁联运、腹地富饶的商贸优势成为仅次于上海的中国第二大经济中心城市。同时期的美国已是世界资本主义强国，芝加哥作为美国西进运动和水铁联运的节点城市，已迅速成长为地位直逼纽约的美国第二大经济中心城市。两者在

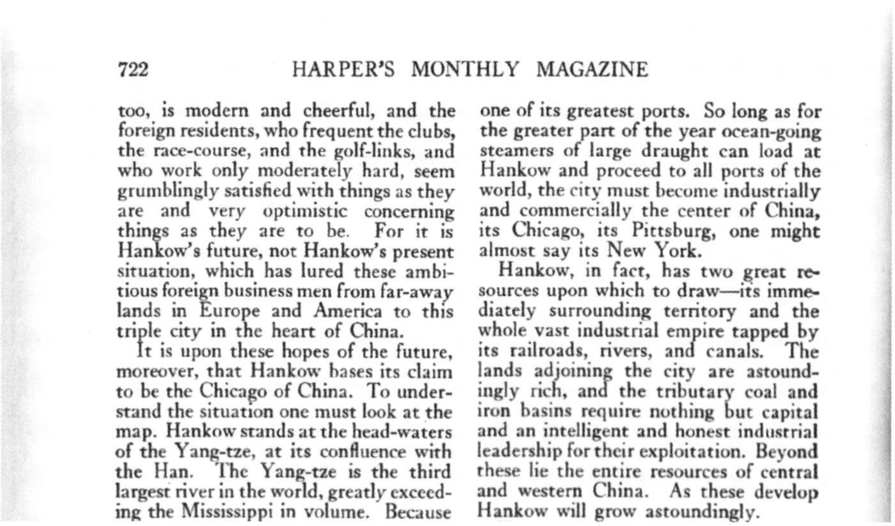

too, is modern and cheerful, and the foreign residents, who frequent the clubs, the race-course, and the golf-links, and who work only moderately hard, seem grumblingly satisfied with things as they are and very optimistic concerning things as they are to be. For it is Hankow's future, not Hankow's present situation, which has lured these ambitious foreign business men from far-away lands in Europe and America to this triple city in the heart of China.

It is upon these hopes of the future, moreover, that Hankow bases its claim to be the Chicago of China. To understand the situation one must look at the map. Hankow stands at the head-waters of the Yang-tze, at its confluence with the Han. The Yang-tze is the third largest river in the world, greatly exceeding the Mississippi in volume. Because one of its greatest ports. So long as for the greater part of the year ocean-going steamers of large draught can load at Hankow and proceed to all ports of the world, the city must become industrially and commercially the center of China, its Chicago, its Pittsburg, one might almost say its New York.

Hankow, in fact, has two great resources upon which to draw—its immediately surrounding territory and the whole vast industrial empire tapped by its railroads, rivers, and canals. The lands adjoining the city are astoundingly rich, and the tributary coal and iron basins require nothing but capital and an intelligent and honest industrial leadership for their exploitation. Beyond these lie the entire resources of central and western China. As these develop Hankow will grow astoundingly.

图 3-1　1918 年美国《哈泼斯杂志》发表"中国的芝加哥"文章（节选）

资料来源：Weyl, 1918。

各自国家的地理位置、交通优势以及工业、商业金融方面的地位确有相似之处。

（一）均具有得天独厚的地理区位

武汉地处中国地理版图的天元之位，除了绝对地理位置居中外，还地处长江与汉水交汇处，是长江水路乃至整个长江流域的中心地带。明清时期，长江流域的开发进入全流域整体发展的新阶段，随着汉江上游地区和江汉—洞庭湖平原的全面开发，地处江汉连接处的汉口凭借五条贸易线路实现东接吴越，西连巴蜀，北通中原，南可达湘、粤、赣，也因其为"中国之中"和"长江之中"的地理位置，自古以来，无论从军事还是经济角度，武汉都是关键节点，乃兵家、商家必争之地。

有别于武汉地处"中国之中"的位置，芝加哥地处美国北部偏东的位置，从地理位置上讲，圣路易斯市比芝加哥更类似于美国腹心城市，它位于纵贯美国南北的密西西比河的中间位置。芝加哥成长为美国的经济地理中心跟美国的经济格局和芝加哥的后天改造有关。美国经济重心在东部，东西向的经济流通需求更大，但密西西比河是一条南北向的水路。1825年以前，国内贸易以南北向的水运为主，即从圣路易斯沿密西西比河向南运往新奥尔良，再转入东海岸。1825年伊利运河挖通后，东部城市的水运通过伊利运河接五大湖，再通过俄亥俄河连接密西西比河，这条线路并不是连通五大湖与密西西比河的最便捷通道。1848年芝加哥建成伊利诺伊—密歇根运河，打通了密歇根湖到伊利诺伊河（密西西比河的支流），这条后天开凿的运河让芝加哥成为连通五大湖和密西西比河最近的城市，帮助芝加哥在水运时代成为美国的交通枢纽。其后，芝加哥先于圣路易斯市，修建跨越密西西比河的铁路，抢占铁路时代先机，正是这种先天地理优势加上后天努力，帮助芝加哥超越圣路易斯市从而成长为美国内陆最大的中心城市。

地理位置居中并不会天然使城市成长为经济中心城市，只有区域开发进入整体开发阶段才会造就中心城市。武汉的经济区位优势是在明代中后期长江流域进入整体开发以后才显露出来。武汉所处的江汉平原是稻、棉、麦、粟、麻、油、糖、鱼的主产地，素有"湖广熟，天下足"的美誉，溯长江而上，西邻原材料富庶的巴蜀地区，顺长江而下，东接中国经济最发达的长三角地区——江浙沪，长江流域各地区的商品流通需求大，特别是近代以来随着长江口岸城市的开放，长江干线成为近代中国对外开放的重要通道。汉口成为内地通往上海的唯一中转点，汉口至上海的水路运输成为最繁忙的运输线路，发挥着东西部产业互补互通和国际贸易通道的作用。

芝加哥也正是把握了美国西部大开发的历史机遇，通过连接经济发达的东海岸与资源丰富的中西部而成长为美国的交通中心和经济中心。美国刚成立时，芝加哥位于西北领地。由于美国的领土向西扩张，这样一来芝加哥成为东西之间重要的门户。芝加哥所处的中西部是美国最大的谷物种植和畜牧区，五大湖流域又有丰富的煤、铁矿藏及其他有色金属等资源，东部沿海发达区域拥有丰富资金和技术，而芝加哥先后在水运和铁路时代打造了契合经济流动方向的运输线路，成为串起这些区域的最重要连接点，在发达的商业贸易基础上打造起庞大的工业基地，进而成长为美国第二大经济中心城市。

（二）水铁联运均在城市发展中起到关键作用

在传统水运时代，以汉口为原点形成的五条主要贸易线路，其中有四条是水路，基本涵盖了当时中国经济最发达、人口最稠密的地区。《天津条约》签订后，美、英、法、德、日等国的轮船公司又以汉口为中心经营长江航线，并带动中国官办和民办轮船业的兴起，使得武汉水运航线可抵达世界各国，进一步强化了其水运交通地位。19世纪80年代，以李鸿章为代表的洋务派提出修建京通或济宁铁路，身为湖广总督的张之洞力排众议，从全局出发提出"宜自京外卢沟桥起，经河南以达湖北汉口镇"，并向清廷逐一分析京汉铁路之利，促成了京汉铁路的修建。1895年张之洞又极力促成粤、湘、鄂三省绅商合作，从美国人手中收回粤汉铁路修建权。1906年和1936年京汉铁路及粤汉铁路分别全线通车，构建了迄今为止对我国影响深远的南北大通道，这两条铁路的开通使得华北平原、黄淮平原以及江汉平原三大经济区紧密地联系在一起，武汉也因此成为东—西、南—北、东北—西南和东南—西北四大战略通道的交汇点（刘鹏程，2016）。水铁联运使武汉从江汉平原经济中心、长江中游大区经济中心又进一步升级为全国最重要的交通枢纽和物资集散地。

芝加哥早在19世纪50年代就开启了铁路时代，且在20世纪初就已建成发达的铁路网络，是依托水铁联运实现城市繁荣发展的典范。19世纪50年代，美国中西部的木材、肉类、谷物沿伊利诺伊—密歇根运河，经芝加哥穿过五大湖，再沿伊利运河和哈得孙河进入东海岸。19世纪下半叶，芝加哥民间资本投资活跃，铁路飞速发展。1852年芝加哥开通了第一条通往东部的铁路，1856年芝加哥拥有10条铁路干线，1869年又开通太平洋铁路，三千多英里铁路线连通到芝加哥，每天有一百多列火车满载当地农产品、林木产品和其他地方产品输送到芝加哥，再转水路运输到世界各地，芝加哥成为美国和北美地区重要的水陆联运交通枢纽（Holland，2005）。1894 年，芝加哥拥有六处大型火车站场，到 20 世纪初，芝加哥将站场升级为大型铁路终端站，以实现不同运营公司铁路运输的统筹管理，进一步巩固了交通枢纽地位。

（三）均是国家重要的工业基地和商业金融中心

武汉与芝加哥均是本国重要的工业基地。武汉作为中国近代工业发祥地之一，是仅次于上海，与天津、广州、青岛、南京等并驾齐驱的近代工业城市。1903—1908 年，清廷立案的武汉工厂数量及资本均居全国第一（张寿汉，1911）。民国初期，汉阳铁厂是中国近代最早的官办钢铁企业，汉阳兵工厂是中国近代规模最大的军工企业之一。在提倡实业、振兴国货的思潮下，民族工业大发展，主要分布在纺织业、碾米业、印刷业、机械业等，特别是纺织业成为轻工业的支柱，武汉是仅次于上海的纺织业中心。1924 年，《东方杂志》曾刊文对武汉的工业地位进行评析，认为"以工业论武汉，实居全国中工业最适宜之中心也"。

20 世纪初的芝加哥是美国的重工业和农产品加工业基地。19 世纪 80 年代，芝加哥生产的铁轨占全美 1/3，纽约和密歇根地区的大多数火车车厢由芝加哥制造。1890 年该市农产品加工、肉类加工、有轨电车制造、锡器、玻璃铸造、机械制造、乐器制造、家具制造都名列第一，制革、建筑、服装和制桶业居全国第二，1860—1890 年芝加哥的制造业产值从 1 355.6 万美元上升到 6.6 亿美元，1910 年更达到 18.7 亿美元（谢菲，2006）。到 20 世纪 20 年代，来自芝加哥的电机、钢铁产品、机床和金属制品由销往美国发展到销往世界各地。

武汉与芝加哥均是本国具有影响力的商业金融中心。清末的汉口是内地最大的货物集散地，云集各类行业，俗称"八大行"，即盐行、茶行、药材行、杂货行、油行、粮食行、棉花行和皮行。商业贸易的繁荣催生了早期的票号、钱庄、典当、银楼坊等旧式金融机构。1894 年以后，票号的发展达到

鼎盛，当时在汉口有三晋源、百川通等32家票号，分本地帮、山西帮、云南帮等，集中开设于汉正街、黄陂街等繁华地带（朱华、徐冰，2011）。汉口开埠后，英国汇隆银行率先在汉口设立分支机构，是汉口设立的第一家外国银行。1905年汉口直接对外贸易已突破3 500万两，而间接对外贸易总额则早在1904年就已突破1亿两大关，庞大的进出口贸易引来外国商家纷纷在汉口设立洋行和商号，最多时有250家，其中日商居首位，有74家，英商57家，德商54家，美商22家，法商20家，俄商8家（皮明庥，1993）。这一时期，国内传统的钱庄、票号也逐步向现代金融转变，1897年湖北境内第一家本国资本的银行——中国通商银行汉口分行设立，系官商合办，由清末被称为"红顶商人"的盛宣怀创办。此后，中国银行、大清银行、浙江兴业银行等也在汉口设分支机构。这些现代金融机构的出现，带动传统的钱庄从经营货币兑换扩大到从事商业款项收支、资金融通等业务，周转量大增，钱庄数也因此扩大到149家，成了华中地区名副其实的金融中心（廖建夏，2008），是中国仅次于上海，与广州、天津并列的四大金融中心之一。辛亥革命后不久，大清银行改组清理，改称中国银行，为民国政府之中央银行，大量的商业银行和外省银行在汉口设立分支机构，从1912年到1926年北伐战争前夕，先后在汉口开设银行的有52家，在中国银行迅速发展的同时，外商银行也在增长，到1922年，由原来的10家增长到20家。受五四运动的影响，提倡国货蔚然成风，地方钱庄发展势头一直持续到20世纪中期，1922年，汉口、武昌的钱庄已增到180家。20世纪20年代，武汉时局动荡，严重破坏了武汉赖以兴盛的商品贸易活动，加上中外金融机构币种混乱，地方军阀滥发票据，导致武汉的经济地位和金融地位出现了下滑。

20世纪初的芝加哥是美国中西部最大的批发零售业中心和制造业中心，商业金融业也顺势快速发展。大型批发零售商聚集在湖街，带动了百货公司、旅馆、餐馆等各类商业服务业的兴起。对商业信息的大量需求和铁路运输的普及刺激了邮购零售业的发展，即通过印刷并邮寄商品目录来吸引偏远地区的潜在客户，这场零售业的革命还带来了现代白领的新理念，即经销商在市中心建设办公楼，大量的白领文员处理来自各地订单，再将订货信息发送给位于河湖和铁路沿线的大型仓储企业。工商业的迅猛发展推动了银行、保险、证券等金融业务的不断创新和壮大，创立于1848年的期货交易所不断进行金融产品和交易标准的创新，其所在的拉萨尔街成为银行集聚的金融一条街。19世纪70年代，芝加哥超过圣路易斯成为中西部的主要金融支点。1880—1900年芝加哥银行的交易总额和存款超过了费城和波士顿，成为仅次于纽约的金融市场。1913年美联储成立后，芝加哥被指定为联邦储备地区银行的总部城市。根据美联储要求，所有国家银行（national bank）必须持有25%的准备金，这为芝加哥吸引了大量资金。到1914年，芝加哥的跨行存款余额（interbank balance）达到2.05亿美元，几乎是1887年的6倍。银行开始专门从事商业活动，为农业、贸易和商业提供资金，或者进行大规模资本投资，通常是通过许多机构组成的财团来建设铁路或其他资本密集型企业。1900—1928年，芝加哥的商业银行进入快速扩张期，总资产净值增长了近6倍。到20世纪20年代，芝加哥成为仅次于纽约和伦敦的世界金融中心。

（四）均是因水而生的魅力滨水之城

武汉是中国著名的江城，具有"两江交汇、三镇鼎立、龟蛇锁江"的独特格局，在上千年的城市发展进程中，始终将长江和汉水作为灵魂和轴线。汉阳城位于汉水形成的冲积平原上，寓意"汉水之北"；孙权修建的夏口城位于长江以南，是"扼束江湖，襟带吴楚"的战略要地；明清兴起的汉口因"汉水之口"而得名，武汉三镇的起源均印证了"因水而生、逐水而居"的营城理念。汉口滨江是武汉最早打造现代公共空间的区域，殖民者在租界内修建堤防、造路，增设人行道、座椅、街灯、灌木丛行道树等，使得武汉人很早就明白了滨水开敞空间对于城市的意义。商贸时代和工业化时代，滨水地带为码头、仓库和港口设施所占据，是城市经济赖以繁荣的载体。21世纪滨水区复兴的理念传入中国后，很快就在武汉得到了响应和实践。武汉自

2000 年始至今，开展了长达 20 多年的江滩建设。2018 年，为落实长江大保护的战略要求，武汉进一步将两江四岸地区上升为传承长江文明，集聚生态保护、历史文化、高端商务功能的引领区进行打造。

芝加哥是世界闻名的百里湖城，城市东侧是浩瀚的密歇根湖，芝加哥河纵穿市区，分南、北支流汇合后与密歇根湖相通，芝加哥的城市发展始终将密歇根湖和芝加哥河作为灵魂和轴线。城市空间形态以中心区为环向外放射，中心区偏向湖滨。由于湖岸线延绵不断，滨湖地区一直是市民们休闲活动空间的重要选择，市民们在滨水区进行钓鱼、游泳、散步和划船等休闲活动。1893 年的哥伦比亚世界博览会和 1933 年的世纪进步博览会均在湖滨公园内举办。博览会的成功举办拉动了湖滨地区的开发，并使之成为城市大型文化、庆典活动的最佳场所。在后续一百多年发展中，湖滨地区是芝加哥历次城市复兴计划的重点。芝加哥河是城市的起源地，同时这条河流又因为 20 世纪初建成的水利工程反转了河流流向而闻名，而 2015 年始开展的芝加哥滨河步道的改造再次让这条河流焕发生机。芝加哥也因为高水准的滨水区营造而成为世界级滨水城市的典范。

二、20 世纪初武汉与芝加哥的不同之处

从汉口开埠至辛亥首义（1861—1911 年）以及民国初期（1912—1927年），这两个时间段武汉均处于和平的发展环境，也分别是水野幸吉和瓦尔特·E. 魏尔近距离观察研究汉口所处时间段。尽管武汉在上述时间段处于近代史上的发展高位，但武汉的近代化脱胎于传统的封建经济，与处于工业化发展巅峰的芝加哥相比，城市发展水平上有不小的差距。

（一）城市用地和人口规模

19 世纪中期至 20 世纪初，中国处于传统经济向近代工业文明的转型期，武汉作为长江中游的经济中心城市，内在发展的动力强劲，但由于战

争、自然灾害、政权更迭等原因，工业化和城市化屡被打断，城市人口和用地规模波动大，相关数据统计不全。同时期的美国处于工业化和城市化的鼎盛时期，经济发展热点由东北部转向中西部，中西部城市人口快速增长是普遍现象，尤以芝加哥的人口增长最为迅猛，建市初期不足 5 000 人，1910 年暴涨至 200 多万人，是仅次于纽约的美国第二大城市。

1. 二者人口均呈增长态势，但武汉人口总量低于芝加哥

武汉城市历史较芝加哥更为久远。汉阳和武昌筑城分别起始于东汉末年和三国时期，明成化年间汉水完成最后一次改道后，汉口逐步发展为中国"四大名镇"之首，到 17 世纪末人口达 30 万人。但由于太平天国起义军三次侵占汉口，1853 年汉口的总人口减少至 20 万人，为此清政府出台了鼓励生育的人口政策，加上大批避难返乡人口，武汉城市人口才逐渐回升。1861 年汉口开埠后，武汉被卷入资本主义大潮中，外国资本与民族资本在此聚集，京汉、粤汉铁路在此交会，开启了近代工业化，武汉人口再次增长。

武昌起义爆发后，汉口近 1/4 的市区被烧毁，人口迅速下降，从起义前的 59 万人下降至 19.5 万人。尽管遭此不幸，武汉仍凭借其强劲的工业实力带动城市恢复，"一战"期间纺织、面粉等民生类工业势头强劲，大量农民进城就业致使人口爆发式增长，1920 年武汉人口恢复至 79 万人，1928 年增长至 85 万人，1930 年人口突破百万大关，达 112 万人。虽然 1931 年的特大洪水给武汉带来诸多困境（谢茜茂，1931）[①]，但整个 20 世纪 30 年代武汉的城市人口依然维持在百万以上（表 3-1）。1938 年武汉沦陷后，次年武汉城市总人口断崖式下跌至 45 万，直至 1948 年，武汉才艰难恢复至百万人口以上。

―――――――――――

① 根据《汉口大水记》，1931 年江、浙、皖、赣、鄂、湘、鲁、豫、冀、辽、粤、桂等地均有受灾，大水淹没了"整个汉口，半个武昌，以及一部分汉阳"，且达一两月之久（谢茜茂，1931）。

表 3-1　武汉与芝加哥自 18 世纪以来城市人口和规模情况对比

| 年份 | 武汉 | | 年份 | 芝加哥 | |
	城市人口（万人）	城市面积（平方千米）		城市人口（万人）	城市面积（平方千米）
1772	20	—	—	—	—
1813	31	—	1830	0.01	1.08
—			1840	0.4479	26.38
1853	20	—	1850	2.9963	24.11
1859	—	15	1860	10.9206	45.30
—	—	—	1870	29.8977	91.04
—	—	—	1880	50.3298	91.04
1889	—	20	1890	109.8570	461.12
—	—	—	1900	169.8575	490.81
1911	82	—	1910	218.5283	492.59
1919	—	27	—	—	—
1920	79	—	1920	270.1705	513.48
1928	85	—			
1930	112	—	1930	337.6438	536.62
1932	120	—	—	—	—
1935	128	—	—	—	—
1937	125	—	—	—	—
1938	114	—	—	—	—
1939	45				
1940	48	—	1940	339.6808	551.27
1945	74	—	—	—	—
1946	92	—	—	—	—
1947	99	—	—	—	—
1948	116	—	—	—	—
1949	—	34.7	—	—	—
1950	118.6	—	1950	362.0962	551.27
1960	258.5	—	1960	355.0404	589.52

年份	武汉		年份	芝加哥	
	城市人口（万人）	城市面积（平方千米）		城市人口（万人）	城市面积（平方千米）
1970	243.4	—	1970	336.6957	589.52
1980	307.4	—	1980	300.5072	589.52
1984	—	178	—	—	—
1985	—	387.26	—	—	—
1990	690.31	863.62	1990	278.3726	589.52
1993	—	1 954.62	—	—	—
1996	—	4 727.11	—	—	—
1999	—	8 467.11	—	—	—
2000	804.81	8 467.11	2000	289.6016	589.52
2010	978.54	8 467.11	2010	269.5598	589.52
2018	1 108.10	8 569.15	2018	270.5988	—

注：1950 年前的武汉城市人口仅为武汉三镇建成区人口数。1949 年后，武汉城市人口包括武汉三镇（汉口、武昌、汉阳）及相应年份所辖郊区县人口。

资料来源：武汉城市人口数据来源：①1920 年 5 月 16 日《日日新闻》；②涂文学、刘庆平，2010；③汤黎，2010，第 57～58 页；④黄式度修，王柏心纂：《续辑汉阳县志》卷八《户口报甲》，第 34、38～40 页，清同治七年（1868 年）；⑤武汉地方志编纂委员会，1998，第 124～126 页；⑥《新武汉》《市政公报》等；⑦国家统计局人口统计司，1988，第 244 页；⑧武汉市统计局，2018，第 37 页。

武汉城市面积数据来源：1859、1889、1919 年武汉城市面积依据《武汉城市街道详图》估测而成，为建成区面积，1949 年武汉城市面积来源于《武汉城市规划志》第 117 页，为建成区面积，1984 年后武汉城市面积数据来源于历年《武汉年鉴》。

芝加哥城市人口、城市面积数据来自美国人口普查局。

19 世纪美国城市的快速增长是一种普遍现象，然而唯有芝加哥在 1915 年前的增长才能被称为真正的"爆炸级"增长。1837 年建市时人口仅 4 000 余人。20 世纪 50 年代始，第二次工业革命到来、美国西部开发热潮、优越的地理位置、发达的水铁联运优势让芝加哥驶上了城市化的快车道，工商服务业蓬勃发展，城市中心区全面繁荣，使得芝加哥吸引了大量的外来移民。这些人中有企业家，也有许多来自欧洲的拥有锤打金属或雕刻木头等宝贵技

能的移民。1860 年，芝加哥城市人口达到 10.9 万人，与圣路易斯、辛辛那提构成美国中西部三大人口超 10 万的大都市。

1871 年，芝加哥已是 30 万人口的城市。1871 年大火虽是一场毁灭性的变故，但城市内在发展动力仍然强劲，1873—1878 年的全国性经济萧条并没有影响芝加哥的人口增长趋势，1880 年其人口已经增长到 50.3 万人，1890 年又翻了一番，超过 100 万人，1910 年达到 218.5 万人。与同时期的城市相比，它的人口仅次于纽约、伦敦、巴黎、柏林和维也纳，然而这几个城市的发展历史都比芝加哥要悠久得多。

1910—1930 年，芝加哥仍然处于工业化浪潮的前沿，制造业蓬勃发展，外来移民迅速涌入，1910—1920 年人口净增长 51 万，1920—1930 年人口净增长 67 万。1930—1940 年，受经济危机影响，人口增长放缓，净增长 2 万人。1940—1950 年，第二次世界大战的军用物资补给需要促进了制造业的繁荣，人口净增长 22 万人，芝加哥人口数量于 1955 年达到峰值，约 370 万人（图 3-2）。

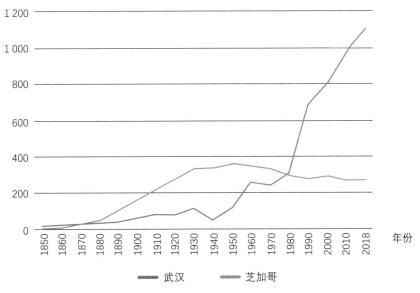

图 3-2　1850—2018 年武汉与芝加哥人口变化比较（万人）

2. 芝加哥行政区划基本稳定，且城市规模大于武汉

城市规模方面，在传统城郭时期，武汉长久保持着汉阳与武昌"双城"对峙的局面，建成区面积长期稳定[①]。而汉水改道后，汉口借助于便捷的水运条件，商业贸易往来和外来人口涌入使得其城市自发生长。19世纪50年代，汉口人民为抵御太平军侵犯，自发修建汉口堡，扩大了建成区面积，至1859年武汉三镇建成区面积约15平方千米。汉口开埠后，对外贸易活动更为频繁，外国资本来华设厂，开启了近代工业历程，促使三镇面积进一步扩大，至1889年三镇建成区面积约20平方千米。此后张之洞任湖广总督，开展了汉阳近代工业新区、武昌沿江工业带（官办四局）、京汉铁路、张公堤等项目，加之20世纪初期民族工业兴起，1919年三镇建成区面积增加至27平方千米。20世纪20—30年代，中国民族工业进入黄金期，第四次民族资本迁徙至武汉，大批工厂兴建，加之粤汉铁路通车，为武汉带来大量人口，使得1949年前三镇建成区面积扩大至34.7平方千米（武汉市城市规划管理局、武汉市国土资源管理局，2008）。由此可见，20世纪初的武汉，在城市体量上与芝加哥相距甚远，一个是面积约500平方千米的制造业之都，一个则是建成区不足50平方千米的工业化初期城镇。

19世纪初，芝加哥还是人迹罕至之处，在接近半个世纪的时间里，芝加哥城市规模基本保持不变。1850年以后，库克县划分乡，行使基本的政府职能。想要获得更多基本服务的居民可以向伊利诺伊州立法机关提出申请，要求将其并入一个可以提供服务并向当地居民征税的村庄、城镇或城市。1851—1920年，由于芝加哥能够提供更好的市政设施和公共教育服务，所以芝加哥兼并了大量的周边城镇。最大的兼并发生在1889年，当时芝加哥周围的五个城镇被并入（其中有一个镇是部分并入）。20世纪20年代以后，

---

① 武汉自19世纪以来形势动荡，加之1927年武汉三镇合并建市后又多次分解，导致城市行政边界并不稳定，难以找到1949年前武汉主城区行政范围的确切边界及数据，故笔者依据1859、1889、1919等年份武汉城市街道详图估测了武汉市建成区面积。

由于郊区抵制，导致芝加哥的扩张停止 [1]（图 3-3）。与武汉不同的是，芝加哥城市体量的增长主要发生在 20 世纪初期，而武汉的城市规模增长主要在 20 世纪末（表 3-1）。

（二）工业化发展水平

武汉近代工业化是在传统手工业基础上发展起来的，且因为战争、列强掠夺、封建势力阻挠等原因而历经挫折。晚清时期，官办工厂、外资工厂以及传统手工作坊并存。民国初期，由于"一战"爆发和国内实业救国思潮的传播，民族工业得到迅速发展。20 世纪 20 年代末，由于帝国列强的垄断和国内时局动荡原因，武汉民族工业逐渐萎缩倒闭。全面抗战爆发的前几年，武汉工业又出现短暂的繁荣。1938 年 10 月武汉沦陷前，大量工厂和设备内迁到西南、西北和华南，武汉沦陷后，工业损失惨重。而同一时期的芝加哥不仅处于国家工业发展的黄金年代，且大量来自欧洲的移民带来了钢铁、冶金、机械、市政建设的工业技术，加上芝加哥腹地资源丰富和承东启西的交通区位优势，芝加哥的工业化不仅起点高，而且规模庞大、体系健全。

1. 武汉工业体系相对完善，但集聚效应与芝加哥存在差距

20 世纪初的武汉已形成三镇各具特色、轻重工业并举的产业体系，汉阳为钢铁、军工业基地，武昌为纺织、造纸业基地，汉口为农副产品加工、日用品生产基地。汉阳铁厂是洋务运动后期中国规模最大的工业企业，是亚洲第一家集冶铁、炼钢、轧钢于一体的现代化钢铁联合企业，下设生铁厂、贝色麻钢厂、西门士钢厂、钢轨厂、铁货厂、熟铁厂六个大厂以及机器厂、铸铁厂、打铁厂、造鱼片钩钉厂四个小厂，在经历管理体制和技术改造后，1904 年始步入发展轨道。重工业方面，武汉以钢铁工业为支柱，衍生出冶

---

[1] Encyclopedia of Chicago. Annexations and Additions to the City of Chicago. 2020-07-01. http://www.encyclopedia.chicagohistory.org/pages/3716.html.

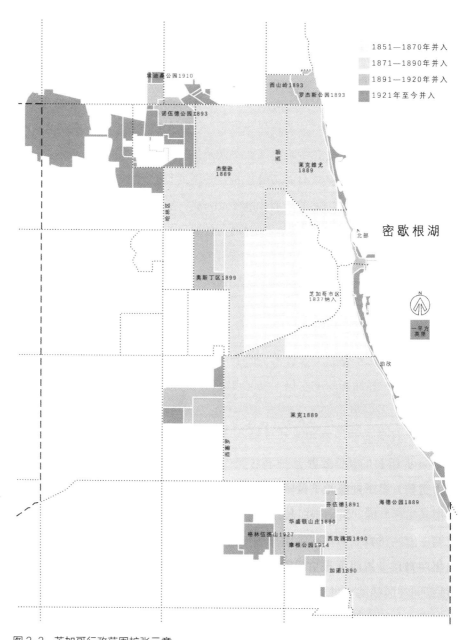

图 3-3 芝加哥行政范围扩张示意

资料来源：Encyclopedia of Chicago. Annexations and Additions to the City of Chicago. http://www.encyclopedia.chicagohistory.org/pages/3716.html.

金、军工、机械、建材等产业；轻工业方面，以纺织业、制茶业、粮油加工、食品加工为主，包括造纸、皮革、印刷、蛋品、卷烟、打包业等（表3-2）。

表3-2　20世纪初武汉与芝加哥工业门类对比

工业门类	20世纪初的武汉	20世纪初的芝加哥
重工业	钢铁、冶金、军工、机械、建材	钢铁、冶金、机械、建材、石油加工、铁路设备制造及修理、汽车制造及零部件、五金制造、木材加工
轻工业	纺织、粮油加工、蛋品、制茶、皮革、造纸、印刷、烟草、包装	屠宰与肉类加工、食品加工、皮革、肥料、服装、家用电器、办公用品、电子产品、家具、印刷和出版、乐器、包装

同时期的芝加哥是世界上最大和最多样化的制造业中心之一（Weber，2019），是美国钢铁冶炼、机械加工、铁路设备制造、汽车、肉类加工及转运、农机制造、木材加工、乐器、家具、服装、电子产品等制造业中心。"美国芝加哥制造"的字样被广泛印在美国家庭、学校和办公室用品上，产品涵盖家庭使用的电器、家具、灯具、钢琴、收音机、电视和电话，办公室用的加法机、打孔机、油印机、铅笔、邮政磅秤、订书机、电传打字机和装订机，以及学校用的椅子、桌子、储物柜、卷笔刀。此外，人们观看的教育电影和电影胶片也制作于芝加哥。

芝加哥制造业起点高、规模大，已进入产业集群和精细化发展阶段。以钢铁工业为例，早在1889年，北芝加哥、南方工厂、联合钢铁公司等共同合并为一个巨大的新实体，即伊利诺伊钢铁公司，是全球最大的钢铁集团公司。此外，像芝加哥钢铁公司、鹰工厂、美国车厢公司、普尔曼公司等大型制造商与许多小公司组成了庞大产业链，小公司为其提供零部件，生产更多精细化的工业产品用于铁路、建筑、桥梁、管道、集装箱、电线等领域。汽车制造业也借助芝加哥钢铁的产业优势而蓬勃发展，20世纪初全市已有28家汽车公司生产卡车及商用车，如美国电动车公司（America Electric Vehicle）、芝加哥电动汽车公司（Chicago Electric Motor Company）、克劳

德斯（Crowdus）汽车公司、伍兹（Woods）汽车公司等，它们共计生产 68
种型号的汽车，并有 600 多家公司为这些汽车制造商提供轴、化油器齿轮、
台灯、散热器等零部件。可见，20 世纪初的芝加哥已进入产业分工精细化发
展阶段，形成了产业集聚效应，工业实力强大。

2. 二者轻工业各有侧重，但武汉重工业实力不及芝加哥

19 世纪末，武汉制茶业兴盛，是中俄万里茶道的起点和集散地。俄商
自 1863 年在汉口创办顺丰砖茶厂始，还陆续创办了新泰和阜昌等大规模砖
茶厂，其后的 60 年里，垄断了汉口茶叶的经营权，经汉口加工、包装后的
砖茶先运往俄国后再运至欧洲各国。1906 年广东客商创办兴商砖茶厂，是
当时制茶质量上乘的企业之一。武昌官办的"纱布丝麻四局"在民营资本
承租后也有不错的表现，出产的丝、麻在意大利都灵"世界博览会"获得殊
荣（表 3-3）。"一战"期间，进口棉纱、棉布显著减少，以民间资本为主导
的武汉纺织业开始起飞，成为武汉当时最重要的产业之一，民国初期四大纱
厂是武汉纺织业的中坚力量（表 3-4），其中武昌第一纱厂"规模为各厂之
冠"。1915—1922 年，武汉新建棉纺织工厂资本达 1 400 余万两，棉纱产量
翻了三倍半。产业规模由 1911 年的纱锭 78 910 枚、普通布机 475 台、自动
布机 1 000 台，上升到 1925 年的纱锭 285 819 枚、普通布机 5 849 台、自动
布机 3 352 台，武汉出产的产品能与京沪布厂出品媲美（翁春萌，2017）。

表 3-3　武昌官办企业参加 1911 年意大利都灵"世界博览会"获奖产品及奖项

参展单位	展览项目	获奖种类
武昌毡呢厂	羊毛呢	金牌
湖北制麻局	葛布、假丝布	最优等
湖北缫丝局	丝织物	最优等
武昌庆元祥	家具装潢	最优等
省城矿务学堂	工矿教具	金牌
武昌府中学堂	辅助实业教育设施	铜牌

资料来源：涂文学、刘庆平，2010。

表 3-4　武汉四大纱厂

序号	名称	创办时间	创办人	总投资	规模	备注
1	武昌第一纱厂	1915	李紫云、刘谷臣	300 万两白银	织布机 300 台，纱锭 89 000 枚	华中地区最大的纺纱厂
2	裕华纱厂	1922	徐荣廷、张松谯	136 万两白银	织布机 500 台，纱锭 42 800 枚	武汉地区业绩最好的纺织企业
3	震寰纱厂	1923	刘子敬、刘季五	175 万两白银	织布机 250 台，纱锭 26 336 枚	——
4	申新纱厂	1922	荣宗敬、荣德生	28.5 万银元	纱锭 14 784 枚，后增至 5 万余枚	——

资料来源：涂文学、刘庆平，2010。

　　芝加哥在轻工业层次上更为高端，除传统农产品加工业强大外，还在服装、电子产品、乐器等领域占据优势。从 1871 年芝加哥大火到 1929 年大萧条，服装业一直都是芝加哥最具活力的行业之一，如果说纽约主导了全美女装市场，那么芝加哥则主导了男装市场。19 世纪 90 年代，为了在与纽约和费城的贸易竞争中取得先机，芝加哥开始建立大型服装工厂来代替手工坊，形成了机械化的流水生产线来生产质地优良、做工精细的高档服装。到 20 世纪 20 年代末，芝加哥成为全美第二大男装生产中心，其产量约占全国总产量的 15%。但大萧条后，服装行业开始走下坡路，芝加哥转向了更为先进的电子工业，开始大规模应用无线电技术。20 世纪 30 年代，芝加哥是收音机、电视机、电话等设备的制造中心，全美 1/3 的收音机由芝加哥生产，世界上超过 50% 的电话由庞大的霍桑工厂（Hawthorne Works）[①]组装。

　　重工业是一个国家整体实力的象征，创办于 1890 年的汉阳铁厂比日本第一家近代钢铁联合企业八幡制铁所早七年，也是中国最早兴建的为京汉、粤汉、津浦等八条铁路提供轧制钢件的唯一工厂，被称为"亚洲第一雄厂"。

————————

① 霍桑工厂位于芝加哥近郊，隶属于美国西部电气公司，于 1905 年开业，运营到 1983 年，是美国重要的工业研究基地。在运营高峰期，霍桑工厂雇用了 4.5 万名工人，生产大量电话设备与多种消费品。

以当时世界第一大钢铁厂德国克虏伯钢铁厂为蓝本设计，机器设备向英国、比利时订购，外国技师 40 余人，工人约 3 000 人。1894 年汉阳铁厂正式投产后，由于种种原因经营亏损。1896 年，盛宣怀接管汉阳铁厂后进行管理体制改革，更换煤矿燃料和炼钢炉，1904 年汉阳铁厂正式步入发展的轨道。当时汉阳铁厂所产之钢，能"卷成炮管、枪筒并大小钢条，精纯坚实，与购自外洋者无殊"。1911 年辛亥革命爆发前，武汉地区的钢铁产量包揽全国新式冶炼炉钢铁总产量的 100%，汉阳铁厂年产钢 7 万吨（翁春萌，2017）。

19 世纪下半叶至 20 世纪 70 年代，是芝加哥钢铁工业最辉煌的时期，发达的铁路和水运，为运输原材料提供了便利，芝加哥大湖区沿岸新建大量工厂。此外，美国一直将钢铁视为战略性资源，给予了各项政策支撑，更为重要的是经济大萧条后，美国加速了基建建设，对钢铁量需求的激增，使得许多企业开始相互整合、资本合并，形成集团化优势扩大生产。当时世界上最大的钢铁公司伊利诺伊钢铁公司，便是由多家企业合并而来，它雇佣了大约 1 万名工人，而且还控制着铁矿、煤矿和运输系统。19 世纪末，这家公司在芝加哥地区拥有的几家工厂每年生产大约 100 万吨成品钢。此外，企业联合与专业化并举的模式也使得大型企业与小公司组成产业链，大大提升了生产效率，拥有多家大型钢铁企业的芝加哥成为世界主要的钢铁生产中心之一。"二战"结束后，美国的钢铁产量占全球的一半以上，而印第安纳州和伊利诺伊州的钢铁厂约占美国总产量的 20%。

3. 武汉近代工业持续发展，但工人数量及其比重低于芝加哥

武汉自开启近代工业化进程以来，工人数量以及在城市总人口中的占比持续上升，尤其在民国初期和民国中后期产业工人数量保持了较高的增长速度，这与以纺织、面粉加工、粮油加工为主体的民生类工业进入高潮期有关，这类中小型的企业对工人数量起到了巨大拉动作用。尽管武汉的近代工业化在当时中国城市中居于领先，但工业化对城市化的推动作用依然非常有限，近代中国依然是一个以农业为主导的社会。

据田子渝撰著的《武汉五四运动史》介绍，19 世纪六七十年代，汉口的顺丰砖茶厂、新泰砖茶厂等四家工厂雇佣了 5 000 余人。这 5 000 余人就是湖北第一批工人，也是武汉的第一批工人。据不完全估计，1894 年武汉产业工人约 1.3 万人，占全国产业工人的 17.7%，仅次于上海，居全国第二位。根据 1907 年日本外务省编写的《清国时期》第一辑记载，"武汉三市的工厂，职数不下 3 万人"，到 1911 年，武汉产业工人约占武汉同期人口的 1/40，为 2 万～2.5 万人（刘秋阳，2018）。民国成立后的十余年，武汉工业投资踊跃，到 1920 年，武汉三镇产业工人约 5.7 万人，达到武汉同期人口的 1/20。如果说民国初期武汉工人数量的增长是渐进式的，那么，民国中后期则是爆发式的增长。抗战爆发前，各地资本汇集武汉建设工厂；抗战爆发后，上海等沿海地区的工厂更是陆续内迁，大量技师、工人随厂抵达武汉，导致全市产业工人数量激增。据《武汉市志·工业志》，1936 年 11 月武汉工人数量增加到 13.4 万人，占全市总人口数量的 11.4%，其中男工 11.3 万人，女工 2.1 万人，20 世纪 30 年代武汉三镇工厂数量也达到 900 家左右。但抗战胜利后的 1946 年 12 月，产业工人数减少至 5.4 万人（表 3-5）。

表 3-5　近代武汉与同期芝加哥产业工人数对比

年份	武汉产业工人数（万人）	年份	芝加哥产业工人数（万人）
1894	1.3	1890	21.0
1907	3.0	1900	—
1910	2.0～2.5	1909	29.4
1920	5.7	1919	40.0
1936	13.4	1936	35.4
1946	5.4	1946	62.8

20 世纪初的芝加哥工业发达，企业类型多、体量大，产业工人数量庞大。1880 年芝加哥产业工人数约 7.9 万人，到 1890 年上升至 21 万人，约占城市人口的 1/5，1909 年接近 30 万人，1919 年达 40 万人，"二战"结束后

的 1946 年攀升至 62.8 万人。1890—1946 年，芝加哥产业工人数占全市人口的比例基本维持在 1/7 ～ 1/5。芝加哥产业工人数量的增长主要得益于三个方面：一是农业机械化等新技术的推广运用，使得乡村地区进一步释放了剩余劳动力，使其进入到工业化的浪潮中；二是铁路运输的便捷带来了产能的扩张，如肉类加工业由于冷藏火车车厢的广泛运用而迅速扩张，1890 年全市约有 1.7 万名屠宰、加工和包装雇员，1928 年则达到 2.8 万人；三是芝加哥大火后城市疯狂的重建工作，为当地提供了大量就业岗位，仅木材加工业就从 1880 年的 171 家企业和 1 792 名雇员上升至 1890 年的 500 家企业和 6 223 名雇员。

4. 武汉大型企业以官办起步，芝加哥大型企业以民办为主

在中国近代工业化的进程中，武汉最引人注目的是官办和官督商办企业的兴起，这主要得益于洋务运动的代表人物张之洞。1890—1908 年，张之洞在武汉创办的各种厂矿占同期中国新建官办与官商合办企业的 24%，为全国之冠。汉阳的大型官办工厂主要有汉阳铁厂、湖北兵工厂、湖北官砖厂等。在汉阳打造官办重工业的同时，武昌也开办了不少官办轻工业企业，主要包括官办"纱布丝麻四局"、湖北白沙洲造纸厂、武昌毡呢厂、武昌制革厂等。1890—1909 年，武昌的官办、官商合办工厂达 17 家，占武汉三镇同类工厂的 50%（翁春萌，2017）。

进入民国后，除湖北兵工厂受中央政府保护外，多数官办、官督商办、官商合办企业因政体改变、市场萧条、战争等原因陷入困境，而民族企业得到了空前的发展。1911—1926 年，武汉民族企业由 120 多家增至 301 家。民办大厂引进国外先进技术与设备，扩充自身技术实力，如周恒顺机器厂、扬子机器厂、武昌第一纱厂、裕华纱厂、震寰纱厂和申新纱厂等，皆为当时勇于改良技术的代表性企业。由于武汉近代工业起源于传统手工业，除少量民办工厂实现机器化生产外，大量工厂规模小，且以手工制造为主。20 世纪 30 年代，武汉民营机器厂 140 余家，多为 1 万元以下资金的半手工作坊，1

万元以上资金者仅 19 户（王钢，2018）。

芝加哥工业规模大且属于资本密集型，大型企业由民间资本掌控，形成集团化优势，主导着全美的市场。19 世纪芝加哥大型钢铁企业的出现是企业家们的努力与地理优势充分融合的结果。1857 年，埃伯·B. 沃德（Eber B. Ward）在芝加哥河的北岸建造了芝加哥第一家铁路轧机公司，至 1860 年发展为芝加哥最大的企业之一，美国首条酸性转炉钢锭制成的钢轨便是在该工厂生产完成。1880 年，沃德旗下的三家公司控制了美国近三成的钢轨产量。铁路设备和供应业务也主要由独立的轨道车制造商掌控，最有名的当数普尔曼公司，创始人乔治·普尔曼是 19 世纪末 20 世纪初世界领先的有轨电车制造商之一，以制造特种车厢和豪华车厢闻名。芝加哥肉类加工业也主要由三巨头掌控，即菲利普·阿穆尔、古斯塔夫斯·斯威夫特和纳尔逊·莫里斯（Nelson Morris），他们主导着牲畜的价格和肉制品的价格。其中，菲利普·阿穆尔在 1867 年创办的阿穆尔公司是芝加哥最大的肉类加工企业，公司开发了冰柜房，解决了全年猪肉供应的问题。而古斯塔夫斯·斯威夫特公司发明的第一辆冷藏火车车厢能将加工后的肉制品运送到东海岸市场，这些大企业家们还在其他地区设立分厂并在东海岸成立销售公司及冷冻仓库，主导着全美的肉类加工市场。此外，农业生产设备、乐器、玩具制造等行业也由民营资本主导。

同时期的武汉尽管工业水平处于中国领先地位，但仍属于工业化的起步期，大型工厂主要是官办或官商合办，通过引进国外先进设备和技术来增强本国工业实力。张之洞在武汉创办的汉阳铁厂、湖北兵工厂均是国家战略性产业，投入高、风险大，但张之洞以超前的目光，求新求大，无论设备还是技术均以世界最高标准引进，力图将中国的重工业实力拉到世界一流水平。在这类高投入、高风险的产业上，民营资本受限于资金、技术实力和管理体制而很难涉足。民国初期涌现出一批借鉴西方工业技术又力图革新的民族实业家，但由于原始资本积累不足、缺乏工业技术革命积淀、国际资本挤压等原因，并未形成像芝加哥一样的民办大厂，更没有形成集团化的运作模式，且近代中国政局动荡、战争频仍，无论是官办还是民办企业均很难有稳定的发展环境。抗战时期，汉阳铁厂设备被拆卸运往重庆，难以拆卸的就地炸毁，一代雄厂就此落幕。

（三）城市基础设施水平

20世纪初的武汉，作为中国第二大城市，城市基础设施建设相对于国内其他城市而言具有先进性，但受限于城市工业化发展水平，基础设施建设落后于芝加哥。本书选取城市道路系统、桥梁建设、公园绿化三个方面，与同时期的芝加哥进行对比。

1. 武汉现代化道路建设处于起步阶段，芝加哥已建成严密的道路系统

武汉早期的老街大多空间狭窄，宽4～5米，"车行街中，侧身以避，不复能容人行"，条件不佳（秦添，2017）。开埠前汉口并没有行政地位，因此在商品贸易的实用主义意识引导下，城市形态有机生长，街道空间与水系的联系极为紧密，四通八达的街巷网络终端无一例外指向汉水，街巷的尽头则是商品贸易的码头。而武昌城与汉阳城则为传统的封闭性城池，武昌城的骨架路网由两条东西向的正街分别串联宾阳门—平湖门（武珞路）、忠孝门—汉阳门（抚院街，今民主路），以及南北向的兰陵街、得胜桥街所构成，城墙外围环以河街。汉阳城内则形成"丁"字形路网骨架，包括贯穿朝宗门和凤山门的东西向道路显正街，以及连接南纪门—鼓楼—汉阳府署的南北向道路鼓楼东街。

开埠后，西方殖民者进入汉口，修建租界区，利用道路方格网形式进行功能划分，并充分考虑各租界的相互联系和实用性，规划的横向道路与长江平行，纵向道路垂直于长江，呈现"有序、规整"的规划布局模式。由于西方街道标准和马路的传入，促使当时政府尝试用西方的规划思想解决城市拥堵问题，街道被赋予了不同等级。1905年，仿效租界在汉口设立了汉口马路工程局，负责市政设施建设与道路更新等任务。1907年，马路工程局将

汉口堡（原为抗击太平天国而修筑的城墙）拆除，并在原有基础上扩展了街区，宽度为 12～17 米，路面为砖渣泥结碎石，这是武汉近代历史上第一条现代意义的马路——后城马路，即今日中山大道。

1911 年武昌起义后，临时大总统孙中山责成内务部筹划汉口修复事宜，计划模仿巴黎、伦敦的规模对武汉进行规划，还绘制了汉口街道规划图（图 3-4），把扩展城市道路、增设人行道、改善排水设施作为修复重点，对狭窄的道路进行尺度、规模、形式上的整改。规划参照西方城市设计将道路分为约 13 米、26 米、49 米三类，并在满足交通需求的基础上，更加注重人的安全性和舒适性，例如道路中央铺设电车道，两旁为马路和人行道，道路两旁植树绿化，滨江地段考虑景观需求等。但由于政府财政支出有限，重建汉口的宏伟规划蓝图无力实现，最后仅在后湖修建了几段公路。1926 年，汉口市成立，设立工务局，负责全市道路、桥梁、管道、公共建筑、公共设施等工程项目。虽然武汉行政建制屡次变换，但工务局的部门性质和职责范围一直得以保留，并未发生较大变化（表 3-6）（李义纯，2015）。

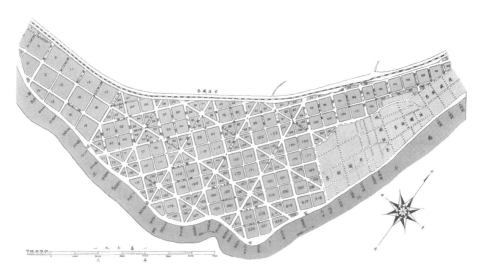

图 3-4　1912 年建筑汉口全镇街道
资料来源:《武汉历史地图集》编委会，1998。

表 3-6　国民政府时期工务局所属市政和主要职权

设立时间	名称	所属市政	主要职权
1926	汉口市工务局	汉口市	汉口和汉阳的街道、沟渠、堤工、桥梁规划和建设管理
1927	武汉特别市工务局	武汉特别市	主要负责三镇建设
1927	特别管理区区工务处	原德俄英三区管理局	专司管理区内修缮和建筑
1928	武汉市工务局	武汉市工程委员会	负责规划建筑管理
1930	汉口特别市工务局	汉口特别市	负责城市基础建设与规划
	省会工程处	武昌	负责城市工程建设
日伪统治时期	建设局	伪市政府	负责武昌、汉口、汉阳三镇的道路、堤工、下水道修建
1938	工务局	国民政府统一规定	在《建筑法》中将工务局定位市政府管理建筑的职能部门
1945	工务科	武昌市政府	管理武昌、汉阳的市政建设
1949	汉口市工务局	汉口市	管理汉口的市政建设
	武昌市政府工务处	武昌市	管理武昌的市政建设

资料来源：李义纯，2015。

1932 年后的城市道路格局更加明显。其中，汉口纵向道路多与长江沿岸垂直，横向道路基本与长江沿岸平行，总体上形成网格式的道路系统，便于联系沿江各个码头从事贸易活动。时至今日，汉口四条主要平行于长江的大道（沿江大道、中山大道、京汉大道、解放大道）以及几条垂直于长江方向的道路（如南京路、香港路等），基本和 1949 年前的汉口城区道路布局一致。同样，武昌的横向临江大道与和平大道则平行于长江建设，纵向的建设路垂直于长江，构成了与汉口租界相似的道路网状结构。在汉阳和武昌旧城区，多数道路是由原来老城区道路延续扩展而来，比如武昌城区的武珞路、珞瑜路、中南路、徐东路等以及联系彼此道路组成的路网，显示出不同于汉口城区明显的平行和垂直江面的道路体系（图 3-5）。

芝加哥严密的方格网道路系统是基于土地出售的经济考虑。美国国会于 1785 年通过《土地法令》，规定每个地区都要雇一名地理学家来测量土地，

图 3-5　1932 年武汉市街道

资料来源：《武汉历史地图集》编委会，1998。

将土地划分为镇区单元，镇区土地细分后，按数字从南到北进行递增编号，创建网格编号则是为了方便房地产销售而设计的。1830 年，伊利诺伊—密歇根运河委员会聘请了詹姆斯·汤普森（James Thompson），一位来自兰道夫郡卡斯卡斯基亚（Kaskaskia）的土地测量员，为这座城镇进行了土地测量和地块切分，来为计划建设的运河筹资。1830 年 9 月 4 日，第一批地块出售。汤普森设计的小镇有约 20 米宽的笔直街道（相当于测量员的链条长度），每条街有近 5 米宽的小巷。这些基础工作完成后，后续测量员就会跟进，按照同样的模式绘制新的地图（图 3-6、图 3-7）。

在严密的土地测量规则下，芝加哥的城市街道系统伴随着人口和土地的扩张而呈现有规律的拓展。19 世纪末期由于高架铁路的建设，沿袭网格

图 3-6　1830 年詹姆斯·汤普森绘制的地图
资料来源：Encyclopedia of Chicago. Origins of the Grid. http://www.encyclopedia.chicagohistory.org/pages/ 410050.html.

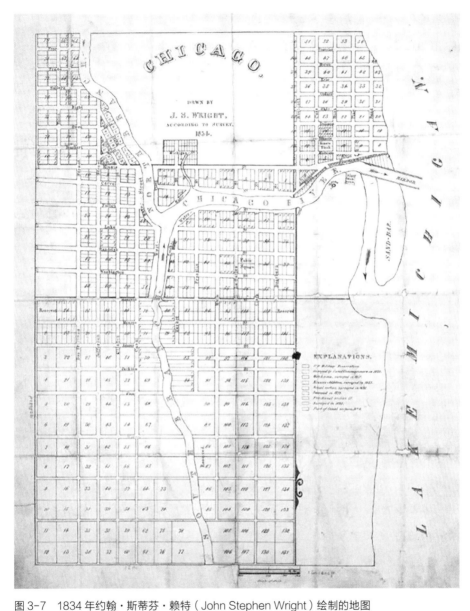

图 3-7　1834 年约翰·斯蒂芬·赖特（John Stephen Wright）绘制的地图

注：这张地图增加了新划分的区域，显示的网格超出了汤普森原来的地图范围。

资料来源：Encyclopedia of Chicago. Origins of the Grid. http://www.encyclopedia.chicagohistory.org/pages/ 410050.html.

系统会带来轨道上的多个急转弯，并且线路长度并不是最经济的，因此，高架线和地面线都沿着对角线延伸，包括沿密尔沃基大道延伸到肯尼迪高速公路中心的蓝线，以及平行于阿切尔大道部分的橙色线。道路建设质量也随着技术水平的提高而逐步完善。在 20 世纪混凝土路面被开发出来后，芝加哥道路开始逐步硬化。1926 年，芝加哥地区规划协会（Chicago Regional Planning Association）发表了一份关于芝加哥地区高速公路的研究报告，得出的结论是："解决交通拥堵的一个办法是修建更宽、更多的公路。"该报告中所附的高速公路方案就是采用了方格网加放射的模式。

从公共交通的演进来看，1852 年芝加哥首次推出公共马车，1859 年开通第一条轨道马车线，由一两匹马拉着车厢沿着街道上的铁轨行进。由于马服役期仅几年，而且排放大量的粪便和尿液导致街道污染严重，1867 年芝加哥开始尝试用小型蒸汽机车来代替马匹，但是却带来了烟雾和噪声。1882 年，芝加哥城市铁路公司从旧金山获得了缆车技术，并成功在道富街运行第一条电缆线路。1894 年，这个城市拥有了世界上最大的有轨缆车系统，有约 128 千米长的轨道、11 个蒸汽发电厂、超过 1 500 节车厢在市中心运行。1890 年后，芝加哥街道公交由缆车升级为更便宜、体积更大的有轨电车。1906 年，芝加哥拥有了世界上最大的电车系统，经过几年的迅猛发展，到 1913 年其乘客量累计达到 6.34 亿人次。1914 年，芝加哥城市铁路公司和芝加哥铁路公司进行地面线路合并，成为美国最大的有轨电车运营商。1929 年，其乘客量全年累计近 8.9 亿人次。该公司在大萧条期间遭遇了财务失败，最后被芝加哥交通管理局（Chicago Transit Authority，CTA）接管。1959 年，有轨电车退出历史舞台。

除了发达的地面交通外，20 世纪初的芝加哥拥有世界上最好的高架轨道交通系统，有四家独立的公司在城市中修建了高架铁路并延伸到近远郊①。

---

① 1892 年芝加哥南区快速运输公司（Chicago & South Side Rapid Transit Company）成立后，芝加哥开始修建高架铁路。蒸汽机车把乘客从国会大道运输到第 39 街。（转下页）

1897 年，拥有湖街 L 号和西北 L 号的有轨电车大亨查尔斯·耶基斯完成了联合高架铁路的建设，这是一条连接四条线路的市区环路，现有的 L 形线放弃了它们各自在市区的终点站，绕了一个大圈。到 1898 年，所有的高架铁路都由蒸汽机车改为电力机车。

　　1911 年，四家高架铁路公司合并，建设和安装的标准化使得铁路的统一运营成为可能，第二次世界大战后公有制公司更是采取了统一化的建设标准。1945 年，芝加哥交通管理局（CTA）[①] 成立，并于 1947 年接管了快速运输线的运营。CTA 修订了 "L" 的运作模式，关闭客运量较低的车站，轨道交通长度由 1947 年的 140.0 千米缩短到 1958 年的 109.4 千米。1969 年以来，经历四次重大扩建后，2003 年达到 172.2 千米，其中几条线路开创式地沿着高速公路的中间地带布置。最近的一条橙色线于 1993 年建成，用来连接西南区以及复兴后的中途国际机场至卢普区（图 3-8）。

（接上页）这条铁路延伸到杰克逊公园，到 1910 年，铁路支线已经延伸到恩格尔伍德、肯伍德和联合牲畜场。其他三家公司修建的高架铁路分别是：湖街高架铁路，1893 年投入运营从市场街（现在的北瓦克道）向西到加利福尼亚大道的线路，1910 年线路延伸到郊区森林公园；大都会西区高架铁路，1895 年开始运行从市中心到洛根广场的电动火车线路，1915 年线路延伸到森林公园和西塞罗，有分支线到加菲尔德公园、洪堡公园和道格拉斯公园；西北高架铁路 1900 年开通从市区通往威尔逊大道（Wilson Avenue）的线路，并于 1912 年抵达威尔梅特（Wilmette），其分支线通往鸦林镇（Ravenswood）。

① Encyclopedia of Chicago. Chicago Transit Authority. http://www.encyclopedia. chicagohistory.org/pages/274.html. 芝加哥的高架铁路和街道铁路公司在大萧条时期陷入破产困境。尽管在第二次世界大战期间客流量很大，但汽车的出现使它们的重组不太可能成功，州立法机关授权新的 CTA 为城市高架铁路系统投资超过 1 200 万美元，为街道铁路投资 7 500 万美元。这些钱被用来购买了 3 560 辆有轨电车、152 辆电动巴士、259 辆机动巴士和 1 623 辆快速运输车。CTA 最终用公交车取代了所有的有轨电车并放弃了 6 条高架线路。1963 年，它开始了一项扩建计划，修建了通往斯科基北郊、西北侧的奥黑尔国际机场、西南侧的中途国际机场和丹·瑞安高速公路中间地带的新线路。创建 CTA 的法律没有对补贴做出任何规定。服务增加、客流量下降和通货膨胀导致运营赤字，1974 年，区域交通管理局（Regional Transportation Authority，RTA）成立，征税补贴公共交通。20 世纪末，CTA 大约一半的营业收入来自票价，其余部分来自联邦、州和地区补贴。1997 年，CTA 是美国第二大交通系统，拥有约 1 900 辆公共汽车和 1 150 辆快速运输车，年乘客量约 4.19 亿人次。

图 3-8　1910 年芝加哥城市街道及高架铁路

资料来源：Encyclopedia of Chicago. Transportation and the Grid. http://www.encyclopedia.
　　　　 chicagohistory.org/pages/410054.html.

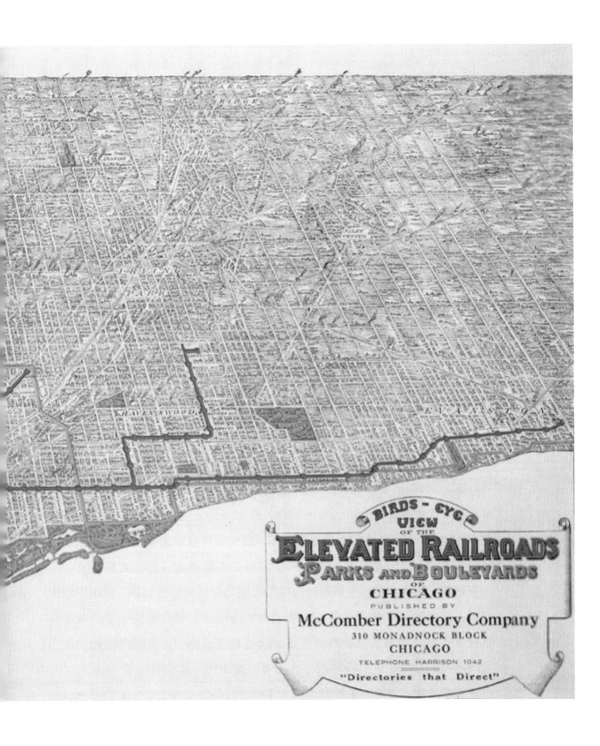

BIRDS - EYE
VIEW
OF THE
ELEVATED RAILROADS
PARKS AND BOULEVARDS
OF
CHICAGO
PUBLISHED BY
McComber Directory Company
310 MONADNOCK BLOCK
CHICAGO
TELEPHONE HARRISON 1042
"Directories that Direct"

2. 长江大桥构想止于图纸，芝加哥已引领桥梁建设的创新

如今的中国是桥梁建设大国，武汉是中国"桥梁之都"，但百年前的武汉还没有跨越长江建设桥梁的水平。当时建桥跨越长江、汉水连接京汉与粤汉铁路的构思成为各方关注的焦点，然而由于多种原因长江大桥迟迟未能开工。从最早张之洞提出的构想，到第一次实际规划，再到最终建成，先后经历了五轮规划设计。

武汉长江大桥的第一次实际规划是在1913年詹天佑的主持下开展的，他带领13名北京大学桥梁系毕业生抵汉测量桥址，后在时任北京大学校长严复的帮助下，将其建桥意向代呈于交通部。该规划虽未实施，但也与此后的数版规划选址基本相同。第二次规划则是1919年孙中山在《建国方略》之《实业计划》中明确指出的："于汉水口以桥或隧道，联络武昌、汉口、汉阳三城为一市。至将来此市扩大，则更有数点可以建桥，或穿隧道。"1921年北洋政府邀请美国桥梁专家约翰·华德尔（John Waddell）访华对武汉长江大桥进行设计，但由于时局动荡不安，护国运动、护法运动等接踵而至，当局政府无法承受庞大的建设费用，计划不了了之。1923年，辛亥革命的领导者之一孙武组织编制了《汉口市政建筑计划书》，再次提出"以汉阳之大别山麓（龟山），武昌之黄鹄山麓（蛇山）为基，架设武汉大铁桥，可收平汉、粤汉、川汉三大铁路，连贯一气之完美"。第三次规划开展于1935年，此时的粤汉铁路即将通车，京汉与粤汉铁路确有必要在武汉进行连接。由茅以升担任处长的钱塘江大桥工程处对武汉长江大桥桥址做了测量钻探，并请苏联驻华莫利纳德森工程顾问团讨论合作计划。但由于集资困难，加上抗日战争，结果也不了了之。1936年，粤汉铁路通车，粤汉铁路徐家棚站只能与京汉铁路刘家庙站通过轮渡连通，火车乘渡轮过江成为"江城一景"。抗日战争胜利后开展了第四次规划，并于1946年成立武汉大桥筹建委员会，省政府领导万耀煌为主任委员，茅以升为总工程师，当时的方案提出铁路和公路合并可降低造价，位置仍以龟山、蛇山之间为宜，为减

少墩数、便利船运，决定改用较长跨度的悬臂拱桥，设 4 墩 5 孔，后因解放战争、经济困难，武汉长江大桥的建设计划再次被搁置。直到 1949 年中共中央军事委员会提出了《武汉大桥计划草案》，吸纳过去桥梁专家的选址意见，开始了第五次规划。从 1950 年开始，政务院责成铁道部花了近三年时间，组织桥梁专家在武昌、汉阳约 6 平方千米范围内对河漕两岸开展勘测钻探，最终于 1954 年 1 月政务院第 203 次政务会议上通过《关于修建武汉长江大桥的决定》，确定将龟、蛇二山作为天然的引桥基础，乘山势把两岸长达数百米的引桥筑在上面，同时也将该项目列入 1949 年后第一个五年计划重点项目。1957 年 10 月，武汉长江大桥正式通车，从第一次提出设想到最终实际建成通车共花了近 70 年的时间。它是古往今来长江上第一座跨江大桥，它的建成结束了长江自古以来依赖水运渡船连接的历史，标志着武汉三镇真正联通。武汉长江大桥更是成为联系中国南北方经济的重要纽带。

早在 1834 年，芝加哥河上就建设有可移动的桥梁，以方便通行，芝加哥第一座州街大桥（State Street Bridge）是旋转类桥。这类桥在一个大的中心桥墩上旋转，让河上的船只从两边通过。由于这些桥不仅对滞留在桥上的行人造成危险，而且它们避让出的狭窄通道无法让更大的船只通过，于是在 1839 年被拆除。后续年份里芝加哥又陆续建造了四座浮桥，但在 1849 年的春季洪水中，所有的桥都被冲毁。1857 年，芝加哥市第一座由市政府出资的桥梁通车，到 1871 年，可移动的桥梁增加到 27 座。这些桥大多是摇摆桥，在一个中心码头上旋转，以避开船只，由于帆船和桥梁之间频繁碰撞，促使人们积极寻找新的建桥方案。

1895 年，土木工程师威廉·施尔泽（William Scherzer）为西区高架铁路线（又称"Met"）设计了一座桥，以便火车能够在杰克逊街和范布伦街之间的芝加哥河穿梭。这座桥又称施尔泽滚动升降桥，即一种早期的竖旋桥或称"跷跷板"桥，使用了改良的设计，通过弯曲的转轮举起桥的两端。这座桥实际上是两座并排独立的桥组合而成：一座通行火车，另一座通行汽车，并且它们可以被同时吊起，也可以分开吊起。1898 年，芝加哥又在州街安装了一座滚动升降桥。

使芝加哥桥梁声名鹊起的是耳轴开合桥，也被称为"芝加哥风格"的桥。第一座耳轴开合桥建于1902年，至今仍在科特兰街（Cortland Street）。耳轴开合桥与滚动升降桥设计类似，主要的改进是使用大量的地下重物来精确抵消桥身重量。建于1915年的杰克逊街桥是最早的单层耳轴开合桥，1916年竣工的湖街桥是最早的双层耳轴开合桥，上层为轨道交通，下层为车行道和人行道（图3-9）。1949年，州街跨芝加哥河的桥被设计成耳轴开合式。今天，芝加哥拥有48座可移动桥，其中18座在市中心，当有大型船只通过时，跨河桥梁依次张开，等船只通过后再落下（图3-10）。

3. 武汉开始学习西方先进理念，芝加哥绿地系统已较为完善

汉口开埠后，殖民者在租界内相继建设了一批西式花园，改变了国人一直以来以皇家园林、私家园林、寺观园林为主的园林导向。以私家园林为基础扩建公园对社会公众开放成为武汉近现代公园的发端。1924年建成的首义公园是在私家园林"乃园"的基础上改造而成，是武汉最早的公园。1929年对外开放的中山公园是在原汉口地皮大王刘歆生私家园林"西园"的基础上改建的，是武汉近代最著名的公园之一。

民国时期的武汉汇聚了一批留学海外的市政建设专业人才，是中国市政规划建设的活跃城市之一。1929年毕业于英国格拉斯哥大学的市府总工程师张裴然撰写了《武汉特别市之设计方针》，首次提到全市性公园系统规划（图3-11），空间布局上，形成汉口、汉阳以湖泊为核心，武昌连山成系的极具武汉本地特色的城市公园系统格局（夏欣等，2022）。1936年由汉口工务局编制的《汉口都市计划书》，将"公园与造林"作为独立章节进行详述，首次提出将公园作为城市避难场所，将所有城市湖泊纳入"公园地区"，倡议建设超过100千米的全市性的"林园道路"系统。将面积约0.117平方千米的旧英德球场划为森林公园，至此森林公园的概念在武汉市第一次被提出（张艳明等，2006）。

图 3-9　最早的双层耳轴开合桥——湖街桥
资料来源：吕维娟摄。

图 3-10　芝加哥河上的桥梁依次打开
资料来源：吕维娟摄。

图 3-11　武汉特别市公园系统
资料来源：陈韦、武洁等，2019。

近代武汉的公园建设及规划体现出鲜明的民族主义色彩，中国的精英人士在汲取西方规划理念的同时，也充分考虑中国传统的山水自然观，打造融于城市、融于自然的公园城市，他们的规划设想直到今天仍对我们建设现代公园城市有启示意义。

芝加哥是 20 世纪绿地建设的领导者，自建市初期就注重城市园林绿地系统的建设：1839 年划定了两块公园绿地，即迪尔伯恩公园（Dearborn Park）和滨湖公园（Lake Park），后者是格兰特公园的一片区域；1864 年建成了林肯公园（Lincoln Park）；1869 年受纽约中央公园建设巨大效应的影响，芝加哥市的北区、西区和南区分别成立公园委员会，并开始了南城区华盛顿公园（Washington Park）、杰克逊公园，西城区洪堡公园（Humboldt Park）、加菲尔德公园（Garfield Park）、道格拉斯公园（Douglas Park）和北城区林肯公园的扩建；同年弗雷德里克·劳·奥姆斯泰德主导将公园连接成网，用公园和林荫道形成花园城市。奥姆斯泰德对南部公园进行了设计，并设想以中途岛草原（Midway Prairie）林荫道连接华盛顿公园和杰克逊公园。杰克逊公园于 1879 年建成，并在 1893 年成为哥伦比亚世界博览会的主场，在奥姆斯泰德的主笔下，博览会以公园的方式呈现，并且新建了新古典主义风格的建筑，这直接促进了杰克逊公园向东拓展。1896—1907 年，通过垃圾填埋方式，格兰特公园大幅东扩并成为湖滨绿地建设的样板。

1899 年芝加哥扩大行政范围后，另成立了 19 个公园管理局。1903 年，库克县成立了森林保护区管理机构，对城市河湖周边的草地、沼泽和外围森林等自然资源进行保护。20 世纪初，芝加哥的公园和绿地已基本成系统（图 3-12）。据南区公园委员会统计，1908 年，近 580 万游客在 13 个小公

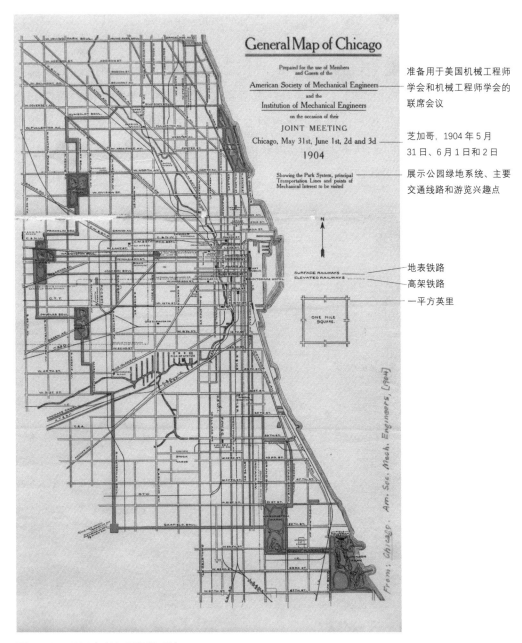

准备用于美国机械工程师
学会和机械工程师学会的
联席会议

芝加哥，1904 年 5 月
31 日、6 月 1 日和 2 日

展示公园绿地系统、主要
交通线路和游览兴趣点

地表铁路
高架铁路
一平方英里

图 3-12　1904 年芝加哥绿地系统

资料来源：Encyclopedia of Chicago. General Map of Chicago, Showing the Park System, Principal
　　　　Transportation Lines, and Points of Mechanical Interest, 1904. http://www.
　　　　encyclopedia.chicagohistory.org/pages/10630.html.

园里开展健身、游泳、阅读和午餐活动，同一年有超过 200 万人光临了 12 个游乐场。

1909 年，《芝加哥规划》提出的绿地系统指导了芝加哥未来百年发展的园林绿地建设框架，特别是对密歇根湖滨绿地和滨水公共空间的营造起到了指引作用。规划设想通过填埋湖泊方式扩大湖滨绿地、文化设施、游憩用地。在 20 世纪 30 年代以前，海军码头、伯纳姆公园、北岛等知名景点均通过填埋湖泊方式建成。

第四章

百年后武汉与芝加哥的对比

一、武汉与芝加哥综合实力对比

二、武汉与芝加哥分项实力对比

三、武汉的历史机遇与芝加哥的艰难转型

近代武汉（汉口）被誉为"东方芝加哥"，这是对武汉未来发展前景的一种肯定，在国家贫弱、历经苦难的背景下，武汉的发展水平落后于蒸蒸日上的芝加哥。1949年后，中国在和平的环境下专注于经济发展，特别是1978年改革开放以来，中国经济持续高增长，包括武汉在内的中国特大城市在国际舞台上崭露头角，武汉再次提出建设国际化大都市的奋斗目标，这座曾被誉为"东方芝加哥"的城市，仍能类比芝加哥吗？

一、武汉与芝加哥综合实力对比

以全球化和世界城市研究网络（Globalization and World Cities Research Network，GaWC）、日本森纪念财团城市战略研究所（The Mori Memorial Foundation's Institute for Urban Strategies，MMF）、科尔尼管理咨询公司（A. T. Kearney，以下简称"科尔尼公司"）等为代表的研究机构所发布的一系列世界城市排名，是判断城市综合水平和竞争力的重要参考。在各类世界城市研究的学术成果和媒体排名中，芝加哥基本位居世界城市排名的前20位，其高效的生产性服务业以及强大的研发实力、资本调配能力和文化影响力使其在世界城市排名中长期位列第一方阵。近年来，随着中国经济的快速崛起，武汉市在世界城市中的排名快速攀升，2018年进入世界百强名单，与芝加哥的发展差距在逐步缩小。

（一）GaWC世界城市排名

GaWC世界城市排名旨在描绘全球化时代的世界城市网络，以判断其中各个枢纽城市的等级属性。从20世纪90年代后期开始，以英国拉夫堡大学（Loughborough University）为基地的GaWC开始了世界城市网络的实证研究。这一排名以175家高端生产性服务业公司在世界各大城市的办公网络为指标，通过检验城市间金融、专业、创新知识流，确定城市在世界城市网络中的位置，并将其从高到低划分为A级（alpha）、B级（beta）、G级

（gamma）和S级（sufficiency）四级。

从GaWC排名结果来看，芝加哥近10年来的排名先降后稳。2004年之前，芝加哥稳定在全球前10，2008年触底降至第19位，2008年之后排名逐渐爬升至10名左右，在全美范围内仅次于纽约，与北美地区的洛杉矶、多伦多具有较强的竞争关系（图4-1）。

纵观历年的GaWC排名，能够直观地发现中国城市联通世界的能力正不断攀升。2010年前，进入榜单前100的中国城市仅香港、北京、上海、台北、广州5个，2018年这一数字已扩大至11个（含港台地区）。武汉实现了跨级别式跃升，从2012年第一次进榜位列第283位，到2018年连跳两级由S级（283）升至B级（95），进入世界城市百强名单，上升势头明显，增速和排名均位居中国新一线城市的前列（图4-2）。

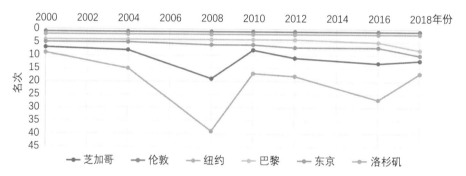

图4-1　2000—2018年部分国际城市GaWC排名

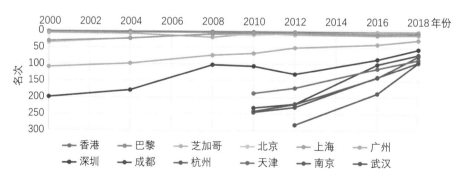

图4-2　2000—2018年国内外部分城市GaWC排名

（二）MMF 全球城市实力排名

MMF 于 1981 年在日本创办，从 2009 年开始每年发布一次全球城市实力排名（Global Power City Index，GPCI）。这一指标是目前全球权威城市排名中，唯一一个由东亚国家发布，是对于城市环境、宜居性、基础设施与交通水平等多项指标进行综合考量的排名，其执行委员会专家包括已经过世的英国规划界泰斗彼得·霍尔（Peter Hall），全球城市理论提出者、哥伦比亚大学教授萨斯基娅·萨森（Saskia Sassen），英国伦敦大学学院（University College London）教授、空间分析专家迈克尔·巴蒂（Michael Batty）等。

GPCI 选取 44 个有代表性的世界城市作为研究对象，根据城市的"吸引力"评估世界主要城市并研究它们对于全球人力、资本和企业的综合吸引力，基于经济发展、研发实力、文化互动、宜居性、环境和交通可达性等六个方面的指标进行评价。

从 GPCI 排名结果来看，芝加哥近 10 年来的排名先降后升，2013 年跌至第 29 名，为近年最低，2018 年逐步爬升到第 19 名，且 2015 年之后增速明显加快。在北美地区，2018 年芝加哥的位次仅低于纽约（2）、洛杉矶（12）、多伦多（14），与波士顿（20）、温哥华（21）存在很强的竞争关系（图4-3）。从分项指标来看，芝加哥在经济发展方面的单项排名为 25，研发实力单项排名为 7，文化互动单项排名为 27，宜居性单项排名 50 之后，

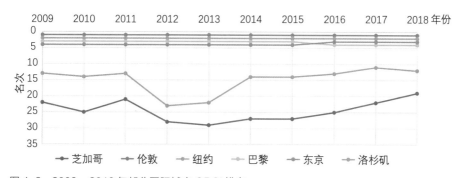

图 4-3　2009—2018 年部分国际城市 GPCI 排名

环境单项排名 18，交通可达性单项排名亦位列 50 之后。明显可见，芝加哥的优势在于研发实力、环境、经济发展与文化互动，而宜居性和交通可达性的水平亟待提升。

在本排名体系中，中国（含香港、台湾地区）上榜的城市仅有香港、北京、上海和台北，武汉无缘该排行榜。中国内地上榜的城市在研发实力和环境质量这两方面的得分与其他国际一流城市存在巨大差距。

（三）科尔尼全球城市指数排名

科尔尼全球城市指数排名是由全球顶尖的战略咨询公司——1926 年成立于芝加哥的科尔尼管理咨询公司于 2008 年开始发布的城市研究报告，从商业活动、人力资本、信息交换、文化体验和政治参与感五个维度进行考量（图 4-4），不仅对城市当前的表现（全球城市指数）进行评估，更创新性地

商业活动	人力资本	信息交换	文化体验	政治参与
纽约	纽约	巴黎	伦敦	华盛顿特区

全球城市指标单项冠军

财富500强企业 北京	**国际移民数量** 北京	电视新闻开放度 日内瓦， 布鲁塞尔	博物馆数量 莫斯科	**使领馆数量** 布鲁塞尔
全球顶尖服务业公司 香港	**世界一流大学** 香港	新闻机构发达度 伦敦	视觉表演艺术 纽约	**智库数量** 华盛顿特区
资本市场 纽约	**大专以上学历** 东京	宽带用户 日内瓦，苏黎世	体育赛事 伦敦	**国际机构数量** 日内瓦
航空运输能力 香港	**国际学生数量** 墨尔本	言论自由度 布鲁塞尔， 阿姆斯特丹， 斯德哥尔摩	国际旅客数量 伦敦	**政治会议数量** 布鲁塞尔
海运能力 上海	**国际学校数量** 香港	网络形象 新加坡	餐饮服务能力 纽约	**与全球保持密切联系的地方机构** 纽约
国际会议频次 巴黎		国际会议频次 巴黎	国际友好城市数量 圣彼得堡	

图 4-4 全球城市指数五个维度的各项指标以及每个指标得分最高的城市

对城市的发展潜力进行评估（即全球城市展望）。到 2018 年，科尔尼公司的全球城市指数所涵盖的城市，从 2008 年的 60 余个快速增长到了 135 个（Kearney，2018）。

从全球城市指数排名结果来看，芝加哥近十年来的排名稳定在世界第 7 位，2018 年下降至第 8 位，在北美地区仅次于纽约，与洛杉矶存在很强的竞争关系。从分项指标来看，芝加哥在商业活动和人力资本两方面得分较高且保持稳定增速，但在信息交换、文化体验和政治参与方面分数较低且增长乏力。

从全球城市展望排名结果来看，2018 年芝加哥位于潜力榜第 15 名，2016—2018 年三年间下降了 3 位，落后于旧金山（1）、纽约（2）、波士顿（8）、休斯敦（9）、多伦多（12）这五个北美城市。从分项指标来看，芝加哥在公民幸福感方面的增长潜力较大，在创新能力和政府治理能力方面的增长与前述城市具有较大差距，是未来持续健康增长的短板（图 4-5）。

在这一排名体系中，最初能够进榜的中国城市仅包括香港、北京、上海和台北，但在 2016 年后，排行榜扩大了评估的范围，将广州、深圳、杭州、南京、天津、成都、重庆、武汉等城市纳入考量。从图 4-6 的排名走势可见，北京已经连续四年进入全球城市前 10 位，上海也跃入前 20，广州和深圳凭借极强的地方经济活力、稳定高速的经济增长跻身前 100。对于武汉等广大新一线城市而言，受益于高速增长的国内外投资、大规模城市基础设施

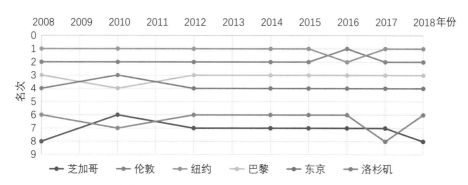

图 4-5　2008—2018 年部分国际城市全球城市指数排名

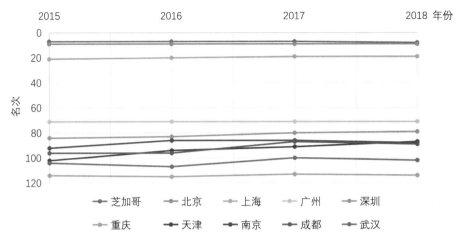

图 4-6　2015—2018 年国内外部分城市全球城市指数排名

建设、营商环境透明化以及市民生活品质不断提升，更多城市正在国际舞台上崭露头角。武汉在榜单上虽位列下游，但其稳健的增长预示着不断增强的城市实力和发展潜力（图 4-6）。

二、武汉与芝加哥分项实力对比

近年来武汉保持了快速发展的良好势头，其在全球城市体系中的地位也大幅攀升，但与已成为发达经济体的芝加哥相比，武汉在经济、科技、人才、文化等诸多领域仍有较大差距。

（一）经济实力

1. 武汉与芝加哥经济总量差距巨大

改革开放以来，中国经济快速增长，中美主要城市之间经济发展水平的差距逐渐缩小，同处于各自国家中部区域的武汉和芝加哥亦是如此。2018年，武汉市全年实现地区生产总值 14 928.73 亿元，比上年增长 8.0%，在全国经济总量排名第九。芝加哥大都市区 2018 年 GDP 高达 6 894.65 亿美元，

是美国 GDP 第三高的大都市区，仅次于纽约和洛杉矶大都市区，约为纽约大都市区 GDP 的 40.9%（表 4-1）。武汉与芝加哥在经济总量方面的差距仍然巨大，其在各自国内的经济地位也不尽相同。从城市在全国经济版图中的地位来看，芝加哥大都市区是全美第三大大都市区，2017 年 GDP 占美国

表 4-1　2012—2017 年全美 GDP 总量最高的十大大都市区历年 GDP 总量

2017 年排名	大都市统计区	国内生产总值（现价 GDP/ 百万美元）					
		2012 年	2013 年	2014 年	2015 年	2016 年	2017 年
1	纽约—纽瓦克—泽西城	1 439 233	1 477 043	1 542 763	1 618 366	1 662 671	1 717 712
2	洛杉矶—长滩—阿纳海姆	820 863	852 034	901 980	967 100	996 432	1 043 735
3	芝加哥—内珀维尔—埃尔金	578 016	585 948	608 805	639 033	657 589	679 699
4	达拉斯—沃斯堡—阿林顿	417 065	448 178	475 929	491 879	503 667	535 499
5	华盛顿—阿林顿—亚历山德里亚	454 224	459 268	471 254	491 779	509 599	529 990
6	旧金山—奥克兰	366 151	385 451	413 026	445 124	475 417	500 710
7	休斯敦—伍德兰兹—舒格兰	462 299	488 430	507 183	494 837	472 331	490 074
8	费城—卡姆登—威尔明顿	370 052	389 787	400 621	418 605	431 384	444 975
9	波士顿—剑桥—牛顿	355 585	364 804	380 769	407 675	419 783	438 684
10	亚特兰大—桑迪斯普林斯—罗斯韦尔	291 481	307 750	326 502	347 604	369 806	385 542

注：2017 年，纽约和洛杉矶大都市区 GDP 为万亿美元级别。作为比较（2017 年末美元兑人民币中间价为 100 美元 = 666 元人民币），2017 年，上海 GDP 为 3.01 万亿元人民币（0.45 万亿美元），北京为 2.80 万亿元人民币（0.42 万亿美元），深圳 2.22 万亿元人民币（0.34 万亿美元），武汉 1.34 万亿元人民币（0.20 万亿美元）。

资料来源：Bureau of Economic Analysis, United States Department of Commerce, https://www.bea.gov/.

的 3.36%；武汉在中国城市中的排名仅为第九，2017 年 GDP 仅占中国的 1.65%。另外，它们与各自国内排名第一的区域（城市）相比，经济总量均为前者的 40%～45%，说明美国的经济极化现象更为显著，而中国各大城市之间发展的差距相对较小。

近年来武汉市经济地位的快速攀升，与中国国内市场的大幅激活不无关系。改革开放后，随着国家让一部分地区和一部分人先富起来的政策实施，东部地区率先富了起来，这个时候东部很多城市和武汉的差距缩小甚至实现了赶超。国家随后实施西部大开发战略，西部各省份在财政扶持和投资倾斜的带动下经济也飞速增长，随着东西部利好政策的实施，中部地区经济比重在全国出现下降，出现了所谓"中部塌陷"的现象。中部地区城市实力在全国整体下滑，2000 年前后，中部地区城市跌落到最低谷，武汉则在 2007 年跌入低谷，位列全国副省级城市第 9 位，全国第 18 位。2008 年全球金融危机爆发，以外向型经济为主的沿海城市遭受巨大打击，开放性较弱的内陆城市反而乘势崛起，武汉在 2014 年回升至全国副省级城市第 5 位。近年来，中美贸易摩擦不断，位于中国腹地的武汉，经济增长反而展现出强有力的韧性，保持了 8% 以上的年均增长率，成为双循环经济格局中重要的增长极。

芝加哥大都市区作为一个传统的总部经济聚集区，其在全美乃至全球都首屈一指的高端密集型总部商务区——卢普区，以及散布在大都市区近郊区的多个全球企业总部，是其经济体量保持全美领先的关键因素之一。在芝加哥大都市区有超过 400 个大企业总部，其中 36 家是福布斯五百强企业，包括全球最大的医疗健康公司之一沃尔格林博姿联合公司、波音公司、农业企业巨头阿彻丹尼尔斯米德兰、美国联合航空公司、全美最大的能源公司爱克斯龙以及食品业大鳄卡夫亨氏和麦当劳等。

2. 武汉经济增速远高于芝加哥

武汉经济增长受中国宏观经济环境影响较大，与国家总体经济发展趋势息息相关。2006 年左右，武汉基建投资持续发力，经济增速明显加快，

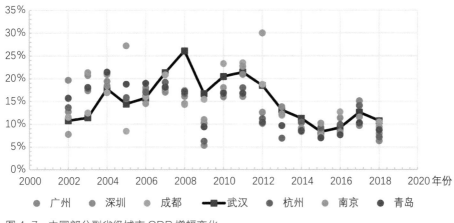

图 4-7　中国部分副省级城市 GDP 增幅变化

GDP 实际增速长期保持在 8% 以上，但到了 2011 年以后，由于杭州、南京、成都等城市的"新经济"快速崛起，武汉经济增长速度逐渐被赶上甚至超越，但整体上仍保持了较高的净增长速度（图 4-7）。

　　芝加哥大都市区的经济增速在全美大都市区中排名靠后。2001—2016年，芝加哥大都市区的 GDP 增速远低于洛杉矶、华盛顿、波士顿、纽约大都市区，年均增速仅 0.8%（图 4-8）。实际上，2001—2007 年，芝加哥大都市区的 GDP 仍累计增长了 10.1%，与纽约、波士顿并无太大差距，然而2008 年金融危机之后各大都市区的经济表现分化明显。芝加哥和洛杉矶是受金融危机影响最为惨重的两大都市区。虽然引发此次经济危机的原因极其复杂多样，但不难发现，美国制造业的整体衰落最为明显，芝加哥作为传统的制造业集聚地自然不可幸免。近年来，虽然芝加哥努力发展其他产业，但是效果并不如其他竞争对手那样明显（图 4-9）。以 2016 年的 GDP 增速来看，芝加哥的增速仅仅位于全美前 100 大都市区中的第 67 位。

　　3. 武汉传统制造业比重高于芝加哥

　　美国的经济结构已进入后工业化阶段，其服务业主导型产业结构被认为是后工业化阶段和现代化阶段的最优产业结构（张辉、丁匡达，2013）。

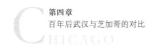

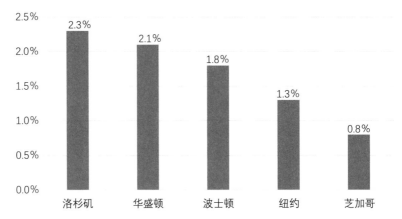

图4-8　2001—2016年美国五大都市区GDP年均增长率走向

资料来源：CMAP. Regional Economic Trends. 2011. https://www.cmap.illinois.gov/programs/ regional-economic-indicators/trends.

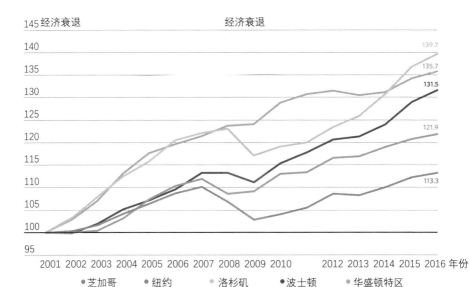

图4-9　2001年为基期的美国五大都市区GDP走势

注：以2001年GDP为"100"计算。

资料来源：同图4-8。

美国学者研究发现，服务业已成为美国总生产率增长的主要动力（Kaboski and Francisco，2009）。到 2018 年，美国三次产业结构相对稳定，第一产业增加值 1 641.88 亿美元，占比在 0.80%，第二产业增加值 38 151.44 亿美元，占比下降至 18.62% 左右，第三产业增加值稳健增长到 165 147.47 亿美元，占比 80.51%。

芝加哥大都市区的产业发展趋势与美国产业结构不断"软化"的演进模式基本一致，即从工业时代传统的物质生产转向与技术和知识创新相关的产业。2018 年，芝加哥大都市区三次产业结构分别为：第一产业 2.46 亿美元，占比 0.04%；第二产业 1 133.72 亿美元，占比 16.44%；第三产业 5 758.47 亿美元，占比 83.52%（表 4−2）。

表 4−2　2018 年美国及芝加哥大都市区产业结构

产业	美国		芝加哥大都市区	
	增加值（亿美元）	占比（%）	增加值（亿美元）	占比（%）
第一产业	1 641.88	0.80	2.46	0.04
第二产业	38 151.44	18.62	1 133.72	16.44
第三产业	165 147.47	80.58	5 758.47	83.52
合计	204 940.79	100.00	6 894.65	100.00

资料来源：根据美国经济分析局数据整理而成，其中芝加哥大都市区产业结构是根据 2018 年各行业 GDP 规模进行计算。

过去 20 年中，芝加哥大都市区保持稳健增长态势，制造业与信息技术，艺术、娱乐、休闲、住宿和餐饮服务，教育服务、医疗保健和社会援助，专业和商业服务以及金融保险和不动产在 GDP 中占比较高（图 4−10）。

与此同时，中国的产业结构也在不断升级变迁，整个国民经济重心由第二产业逐步向第三产业转变。2018 年，中国第一产业增加值为 64 745.20 亿元，比重为 7.04%；第二产业增加值为 364 835.20 亿元，比重为 39.69%；第三产业增加值为 489 700.80 亿元，比重为 53.27%。特别是，房地产业、

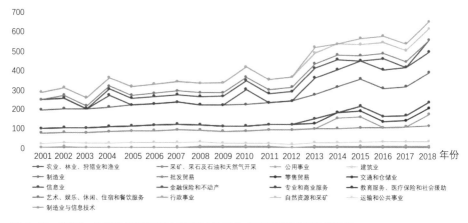

── 农业、林业、狩猎业和渔业	── 采矿、采石及石油和天然气开采	── 公用事业	── 建筑业
── 制造业	── 批发贸易	── 零售贸易	── 交通和仓储业
── 信息业	── 金融保险和不动产	── 专业和商业服务	── 教育服务、医疗保险和社会援助
── 艺术、娱乐、休闲、住宿和餐饮服务	── 行政事业	── 自然资源和采矿	── 运输和公共事业
── 制造业与信息技术			

图 4-10 2001—2018 年芝加哥大都市区各行业 GDP 规模（百万美元）

金融业、信息业、租赁和商务服务业近 20 年占比增长较为明显，成为推动中国经济快速发展的重要因素。

武汉是传统的工业重镇，目前正处于工业化中后期阶段。2018 年，武汉三次产业构成为 2.43 ∶ 37.37 ∶ 60.20。其中，第一产业增加值 362.00 亿元，同比增长 2.9%；第二产业增加值 5 579.42 亿元，同比增长 5.7%；第三产业增加值 8 987.31 亿元，同比增长 10.1%（表 4-3）。

表 4-3 2018 年中国及武汉市产业结构

产业	中国		武汉市	
	增加值（亿元）	占比（%）	增加值（亿元）	占比（%）
第一产业	64 745.20	7.04	362.00	2.43
第二产业	364 835.20	39.69	5 579.42	37.37
第三产业	489 700.80	53.27	8 987.31	60.20
合计	919 281.20	100.00	14 928.73	100.00

资料来源：国家统计局：《中国统计年鉴》，2020 年；武汉市统计局：《武汉市统计年鉴》，2021 年。

与芝加哥以金融服务、法律服务、保险服务、信息技术等为代表的知识型经济结构相比，武汉汽车及零部件、装备制造、食品烟草、钢铁及深加工

等传统制造业仍占有较大比重。2018年，武汉产值超过千亿元的产业大多集中在上述行业，产业结构中的技术型、知识型产业占比不高，工业与服务业行业结构优势不突出的问题还存在。

值得关注的是，与美国产业空心化趋势不同，芝加哥大都市区保持了制造业、货运物流等传统行业的优势。芝加哥大都市区在货运和制造业方面的双重集聚被视作一种固有的优势，帮助它获得了强大的全球竞争力。芝加哥大都市区的货运和制造业两个集群的就业人数占总就业人数的17.5%，创造了约80万个工作岗位，是全美大都市区中这两个产业就业集中度（以区位熵测度）最高的地区。芝加哥大都市区产业集群的发展和专业化，产生了巨大的经济回报，亦降低了行业的经营成本，产业集群吸引了高质量专业人才来到该地区寻求就业机会，高质量就业人才的集聚又反过来吸引了相关企业，促进产业进一步蓬勃发展，带动生产力增长。

4. 武汉专业服务业成熟度不及芝加哥

根据学者针对全美前100个大都市区的研究认为，单一中心的产业空间结构在当代的美国大都市已不多见，取而代之的是分散在大都市区内的多个较为集聚的就业中心；坐落在城市中心的传统CBD仍被视作经济效益最高的地方，但其在大都市区总的就业规模中所占的比例已经低至16%左右，而在近郊区聚集的就业中心则占据了超过40%的就业岗位。

芝加哥大都市区亦呈现这种分散化的趋势。芝加哥市区是高度集聚的专业服务业集群，第三产业占GDP的比重超过90%；其他区域为"大分散＋小集聚"的制造业和相关服务业集群，吸纳了大量就业人口。从就业岗位分布上看，芝加哥市区是一个明显的就业集中地，而沿着主要高速路拓展的方向上，近郊区和远郊区也分散地形成了一些小规模的就业集聚中心；从行业的类型来看，芝加哥市内主要聚集了各类服务业，包括专业服务，健康、教育、政府服务，旅游、零售、其他服务等；郊区则是以制造业和专业服务业为主（Manduca，2018）。

目前，芝加哥市仍是大都市区的经济和产业中心，但呈现出高端服务业由大都市区中心向外扩散的趋势。数据显示，芝加哥市所在的库克县，其全产业 GDP 占大都市区的比重 2001—2010 年稳定在 60% 以上，2011 年开始该比重小幅下降到 59% 左右。分布在芝加哥大都市区郊区制造业与芝加哥市的高端生产性服务业具有较强的经济联系，但其规模并不足以支撑芝加哥市区如此大体量的高端生产性服务业。芝加哥地区已成为重要的全球经济枢纽，为全球跨国企业和各国公司开展包括金融服务、法律服务、保险服务、信息技术、市场营销和物流等在内的复杂的生产性服务业。芝加哥的生产性服务业具有典型的全球化特征，这也是芝加哥能够称为"全球城市"的重要原因。

处于经济快速增长和结构调整中的武汉，经济格局呈现出分散与集聚并存的趋势。武汉第二产业向外扩散的趋势明显，2018 年新城区和开发区第二产业增加值为 3 994.80 亿元，占全市第二产业增加值的 71.60%，近郊区域成为武汉第二产业的主要贡献区域。武汉服务业特别是生产性服务业进一步向中心城区集聚，中心城区第三产业增加值达到 5 592.71 亿元，占全市第三产业增加值的 62.23%（表 4-4）。七个中心城区中，除了硚口区和青山区外，其他区第三产业增加值占 GDP 的比重均超过 75%，服务业在其经济增长中占有重要地位，特别是近年来中心城区生产性服务业的快速增长，带动全市生产性服务业占第三产业比重从 2012 年的 33.1% 提高到 2019 年的约60.0%。

武汉中心城区第三产业增加值不仅在规模上与芝加哥市差距较大，而且内部结构上金融、法律、保险等专业服务业成熟度不及芝加哥，对中部地区发展的支撑和带动作用尚未完全形成，更谈不上对全球经济和产业的影响。武汉市所具备的高等教育优势，暂未像芝加哥那样成为推动其高端服务业发展的基石。高端产业发展不足，致使城市对高素质人才的吸引力极其有限，导致历年毕业的高素质人才外流，反过来又制约了高端产业的发展。

表 4-4　2018 年武汉各区产业结构

区域	第一产业		第二产业		第三产业		GDP（亿元）
	增加值（亿元）	比例（%）	增加值（亿元）	比例（%）	增加值（亿元）	比例（%）	
江岸	0.08	0.01	216.71	17.33	1 033.53	82.66	1 250.32
江汉	0.00	0.00	91.06	6.93	1 222.45	93.07	1 313.51
硚口	0.00	0.00	209.35	26.50	580.64	73.50	789.99
汉阳区	0.00	0.00	148.84	21.58	540.84	78.42	689.68
武昌区	0.00	0.00	168.17	12.14	1 217.12	87.86	1 385.29
青山区	7.74	0.97	541.35	67.69	250.58	31.34	799.67
洪山区	1.36	0.14	209.14	21.83	747.55	78.03	958.05
中心城区小计	9.18	0.13	1 584.62	22.05	5 592.71	77.82	7 186.51
新城区及开发区小计	352.82	4.55	3 994.80	51.60	3 394.60	43.85	7 742.22
武汉市	362.00	2.42	5 579.42	37.37	8 987.31	60.20	14 928.73

资料来源：武汉市统计局：《武汉市统计年鉴》，2019 年。

（二）科技实力

美国将当今时代视为"大国竞争时代"，而高科技领域被视为大国竞争首要的、决定成败的领域（周琪，2021）。2017 年以来，中美之间的竞争由贸易摩擦逐步演变为"科技"领域特别是关键技术的全面封锁与脱钩。能否在高科技领域占据领先地位，成为决定国家力量最为重要的因素。武汉与芝加哥同为本国的高等教育重镇，在国家科技体系和科技产出中均具有重要地位。过去几十年，以雄厚的高等教育为基础，伴随着中国经济的快速发展和国内外科学技术的深度交融，武汉的科技实力快速攀升，与芝加哥的差距逐渐缩小。

1.武汉高等教育发展水平与芝加哥有较大差距

高等教育水平是一个城市发展水平和科技实力的重要标志。从高等院校的数量和办学规模上看，武汉以拥有近百所普通高等院校、超过百万大学生数量而居于中国高等教育的第一方阵，成为中国重要的科研教育基地。芝加哥的大学及科研院所数量在全美处于领先地位，拥有 42 所公立和私立大学（含研究生院），还有 2 所商业管理与法律专科大学、4 所医学类专科大学、10 所宗教大学、4 所社会科学研究学院，社区大学更是数不胜数。

与芝加哥相比，武汉在高等教育的规模上已处于领先，但是在办学水平方面仍有较大差距。根据 2022 年 QS 世界大学综合排名，排名前 10 的大学均位于欧美等发达国家，其中美国有 5 所大学进入前 10 榜单。位于芝加哥的芝加哥大学位列全球第 10 名，西北大学位列全球第 34 名，而武汉综合实力最强的武汉大学和华中科技大学排名分别为第 225 名和第 334 名。

纵观世界大学综合排名榜单，不难发现排名靠前的世界一流大学大多位于纽约、伦敦、东京、巴黎、波士顿、洛杉矶、芝加哥等国际大都市或其周边。具有雄厚经济实力和文化影响力的国际大都市通过政策支持、资源支撑、物质基础、环境营造、公共服务等为世界一流大学的发展提供了土壤。世界一流大学通过人才培养、科技创新与成果转化、社会服务、文化引领等为城市注入源源不断的活力，塑造城市精神，推动城市发展。芝加哥亦是如此。2017 年，全球学生票选出"最适宜求学城市"，芝加哥位列第 46 名，其在就业机会、社会文化资源和活动、社区包容度等方面的领先优势，持续吸引着世界各地的优秀人才在芝加哥求学生活，造就了一批批学界泰斗和商界精英，这也是这座城市能够保持强大发展韧性的基础。

2.武汉科技创新能力与芝加哥差距不断缩小

"自然指数—科研城市 2020"通过追踪 82 种高质量自然科学期刊上发

表的科研论文，分析全球主要城市 2019 年的自然指数表现。数据显示，北京在全球科研城市中继续蝉联第 1 位，纽约都市圈、波士顿都市圈、旧金山—圣何塞地区和上海分列第 2～5 位，芝加哥列第 11 位。中国除了北京和上海之外，另有四座城市跻身全球科研城市排名前 20 位，分别是南京（第 8 位）、武汉（第 13 位）、广州（第 15 位）与合肥（第 20 位）（表 4-5）。与 2018 年榜单相比，芝加哥排名下降了 1 位，武汉的排名则由第 19 位大幅上升至第 13 位，与芝加哥的差距在缩小。

表 4-5　2020 年自然指数

排名	城市 / 都市区	位置	2019 份额	2019 文章数	占本国比重（%）
1	北京	中国	2 846.37	6 018	21.0
2	纽约都市圈	美国	2 066.37	4 894	10.3
3	波士顿都市圈	美国	1 909.81	4 325	9.5
4	旧金山—圣何塞	美国	1 692.50	3 979	8.4
5	上海	中国	1 480.48	3 227	10.9
6	巴尔的摩—华盛顿	美国	1 371.14	3 536	6.8
7	东京都市圈	日本	1 155.52	2 529	38.2
8	南京	中国	980.32	2 047	7.2
9	巴黎都市圈	法国	976.60	2 680	43.6
10	洛杉矶都市圈	美国	902.26	2 283	4.5
11	芝加哥都市圈	美国	802.17	1 963	4.0
12	首尔都市圈	韩国	787.15	1 619	54.8
13	武汉	中国	730.11	1 513	5.4
14	伦敦都市圈	英国	719.87	2 174	19.1
15	广州	中国	661.75	1 515	4.9
16	苏黎世	瑞士	610.24	1 491	41.0
17	新加坡	新加坡	607.95	1 254	100.0

排名	城市 / 都市区	位置	2019 份额	2019 文章数	占本国比重（%）
18	圣迭戈都市圈	美国	576.18	1 465	2.9
19	剑桥	英国	567.24	1 589	15.0
20	合肥	中国	547.61	1 279	4.0

资料来源：北京市人民政府网站："'自然指数—科研城市 2020'发布　北京位居全球科研城市首位"，http://www.beijing.gov.cn/ywdt/jiedu/zxjd/202009/t20200921_2075012.html。

　　武汉所展现出的科技创新优势与其所具备的产业基础高度相关。从研发投入可以看出，计算机、通信和其他电子设备制造业是武汉市 R&D 投入金额最高的行业，并大幅领先于其他行业。武汉集聚了长飞光纤、烽火通信等通信领域的龙头企业，在光传输设备、承载网等领域的技术创新需求，催生了武汉光电国家研究中心、华中科技大学、武汉邮电科学研究院等一批在光电、通信领域领先的研究机构（图 4—11）。近年来，武汉凭借较低的人力成本和突出的科教优势，吸引了华为、小米、联想、长江存储、武汉新芯、富士康和京东方等一批通信领域的优秀企业在武汉设立研发机构或生产基地，建立起覆盖光通信、半导体、面板和消费终端等领域的光电子信息产业集群。与此同时，依托传统的产业优势，武汉在汽车制造、电气机械和器材制造业等行业保持了较高的研发投入，积累了一定的创新能力，但与北京、上海、深圳、合肥等创新优势城市相比，武汉的创新资源数量和等级差距较大（图 4—12）。

　　虽然武汉的科技创新能力取得了长足进步，但与芝加哥相比仍有显著差距。根据澳大利亚数据分析机构"思考现在"（2ThinkNow）发布的全球城市创新指数，芝加哥是全美排名第 5、全球第 11 的创新城市，而武汉位列全球第 302 位，差距巨大[①]。与硅谷、纽约等城市在初创企业、互联网企业、风

---

① 2ThinkNow, Innovation Cities™ Index 2018. https://www.innovation-cities.com/innovation-cities-index-2018-global/13935/.

图 4-11　武汉市研发投入金额最高的 10 个行业（万元）
资料来源：武汉市统计局：《武汉统计年鉴》，2021 年。

险投资等新型经济领域所具有的创新优势不同，芝加哥创新研发活动主要集
中在传统优势产业（图 4-13），如化工制造、机械制造、电脑及电子产品、
金融保险等。其中，芝加哥在机械制造、金融保险业方面的创新能力位居全
美第二位[①]。芝加哥所具有的敏锐洞察力和创新精神是其保持优势行业长盛不
衰的秘诀。以金融业为例，在信息时代，芝加哥依托传统的金融业优势，迅
速转变为全球开发新金融技术的枢纽，通过科技赋能传统金融，提升流通资
金效率，进而又会吸引更多的风险投资，从而推动芝加哥制造业技术的发展
（张利斌，2020）。

　　通过知识集群与产业集群的联姻，打通创新链—产业链的连接通道，是
巩固和提升科技创新实力的重要路径。芝加哥以优势产业为基础，构建企
业、科研院校、科技服务等机构之间"创新网络"，实现创新策源与产业发
展的良性互动，推动传统产业不断优化升级。这是芝加哥能够摆脱美国"铁

---

① Illinois Science and Technology Coalition. 2018 Illinois Innovation Index. https://www.
istcoalition.org/wp-content/uploads/UE-Index-FINAL-4.9.pdf.

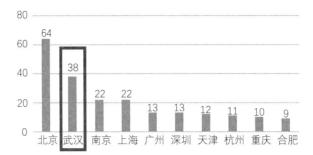

国家工程技术研究中心

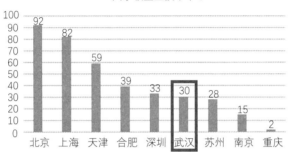

国家级企业技术中心

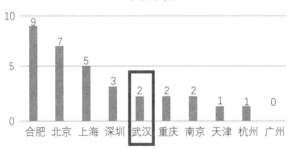

大科学装置

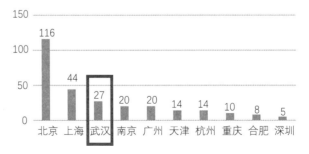

国家重点实验室

图 4-12　典型城市创新资源数量对比（个）

资料来源：武汉市规划研究院：《武汉市创新地图研究报告》，2021 年。

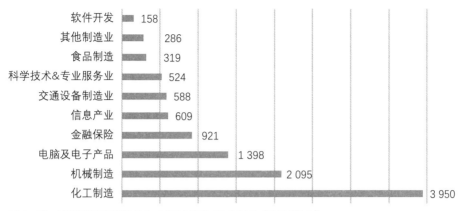

图 4-13 伊利诺伊州研发投入金额最高的 10 个行业（百万美元）

资料来源：伊利诺伊科学和技术联盟（Illinois Science and Technology Coalition）。

专栏 23：全球创新能力最强的 10 个城市

　　根据 2ThinkNow 发布的 2018 全球城市创新指数，全球创新能力最强的 10 个城市依次是：东京、伦敦、旧金山—圣何塞、纽约、洛杉矶、新加坡、波士顿、多伦多、巴黎、悉尼，芝加哥排名第 11 位。中国（含港澳台地区）最具创新能力的城市是：香港（第 27 位）、上海（第 35 位）、北京（第 37 位）、深圳（第 55 位）、台北（第 60 位）、广州（第 113 位）、苏州（第 220 位）、南京（第 241 位）、天津（第 256 位）、成都（第 259 位）、重庆（第 281 位）、厦门（第 285 位）、杭州（第 299 位）、武汉（第 302 位）。

锈带"工业衰退命运的一个重要原因，也是武汉金属冶炼、汽车制造等传统产业转型发展亟须吸取的宝贵经验。

3.武汉与芝加哥研发水平均受制于经济发展水平

　　研发投入对科研实力的影响是显著的。中国科学研究与实验发展

（R&D）经费投入正在快速追赶美国。美国国家科学院（NAS）的《无尽前沿：科学下一个75年》报告指出，美国在全球研发支出中的份额从2000年的近40%下降到2017年的28%。在此期间，中国在全球研发资金中所占份额从不到5%上升到25%以上（范英杰，2022）。武汉对科学研究研发的投资增长也随着城市经济总量的增加而快速增长。武汉市R&D经费支出占GDP比重从2015年的3.02%上升到2019年的3.20%，达到518.62亿元，在全国城市中排名第7位（武汉市科学技术局，2021）。长期的大规模研发投入，使得武汉高新技术产业快速发展，并在通信、材料、生物技术等特定研究领域具有了领先优势。2020年，武汉市全口径高新技术产业增加值占GDP比重达26.18%，高新技术企业数量增加至6 259家，在全国副省级城市排第5位；全市有效发明专利58 157件，每万人有效发明专利拥有量51.87件，PCT国际专利申请量1 389件。

尽管中国通过加大研发投入提升了科技实力，但美国仍是世界领先的科技强国，也是全球R&D经费投入最高的国家。芝加哥所在的伊利诺伊州2015年R&D总投入达到165亿美元，位列全美第8位，这是芝加哥地区能够在科研实力方面长期保持领先的关键因素之一。其中，芝加哥拥有的费米国立加速器实验室、阿贡国家实验室两座科学界顶尖实验室的投入就超过10亿美元。

从科技投入产出效率看，芝加哥所在的伊利诺伊州R&D活动产出专利的效率比较高。2015年，全州获得的专利总数排名全美第7位，每10万美元的R&D投入平均能够实现304.7项专利，与美国平均水平284.7项相比领先不少。2017年，全球专利获取量最高的50家公司中包括位于芝加哥大都市区的波音公司、AT&T公司（美国第二大移动通信运营商）。在伊利诺伊州内，芝加哥地区的公司在专利申请中更是占据绝对优势，如卡特彼勒公司（总部办公室位于芝加哥，主要生产工程机械、矿山设备、燃气发动机、柴油机等）、摩托罗拉公司（总部位于芝加哥）、IBM公司、谷歌公司、CNH凯斯与纽荷兰机械公司（注册于荷兰，总部位于伦敦，在芝加哥地区

一是隶属于美国能源部和芝加哥大学的费米国立加速器实验室（Fermi National Accelerator Laboratory）。实验室成立于1967年，原名"国家加速器实验室"，主要研究领域为高能物理学、粒子物理学。在第一任主任威尔逊和几代科学家的领导下，费米国立加速器实验室取得了许多令人瞩目的成就。组成我们这个世界的12种基本粒子——6种夸克与6种轻子中，费米实验室发现了其中的b与t两种夸克，这些发现极大地丰富了人们对于世界的认识。

二是位于杜佩奇县的阿贡国家实验室（Argonne National Laboratory），是美国能源部下属的国家实验室。它始建于1942年，前身为芝加哥大学冶金实验室，以开发新能源和核能为主要任务，同时也是第二次世界大战中曼哈顿工程的一部分。现在阿贡国家实验室已发展成为一个覆盖先进计算机科学、材料科学、生物学、物理学等多学科的科学与工程研究中心，拥有先进光子源、阿贡超级计算设施、阿贡串联直线加速器系统、大气辐射测量南大平原大气观测站和纳米材料中心五大国家设施，着力解决人类社会发展所面临的严峻问题，如可持续的清洁能源、保护环境等。

有制造基地，其农用拖拉机和联合收割机的生产世界排名第一，工程机械生产列世界第三）都是生产专利的"大户"（图4-14）。但是从研发投入的增速上来看，2011—2015年，伊利诺伊州的创新研发活动总投入仅仅增长0.8%，同期全美其他州的平均增速是3.7%，可见芝加哥的创新研发活动发展动力不足，这与其整体经济增长乏力不无关系。

中国经济的快速发展使国内许多城市具备了成为世界技术中心和科学中心的可能。世界经济中心的转移是技术中心和科学中心转移的先决条件。纵观历史，世界科学中心最早是意大利，然后转移到英国，再从法国到德国，在20世纪20年代转移到美国。世界科学中心的转移有清晰的脉络：经济、

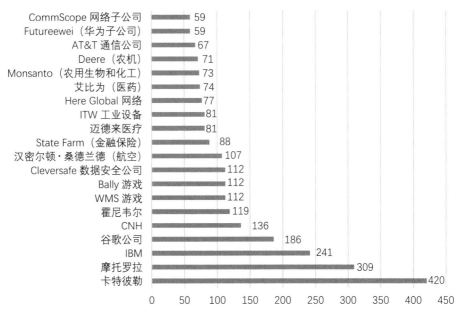

图 4-14　2017 年伊利诺伊州获得专利数量最高的 20 家企业

资料来源：同图 4-13。

技术和科学紧密联动，经济中心、技术中心先于科学中心转移，经济的强大和技术的活跃带动科学发展，是成为世界科学中心的基础和最强驱动力（曹晓阳，2021）。新老科学中心转移从来不是一帆风顺的，常常伴有激烈的冲突，无论意识形态是否相同，老的中心总是倾向于对新的中心进行技术封锁，但是历史上没有哪次封锁能阻碍新老科学中心的交替。随着中国经济总量逐渐接近并赶超美国，世界经济重心逐步向中国转移，中国正从制造业大国向创新型强国迈进，北京、上海、深圳等一批特大城市已经在国际科研创新体系中占据了重要地位，在"双循环"的新发展格局下，具有强大经济体量和科教优势的武汉有希望在未来争得一席之地。

（三）人力资源

1. 武汉人口增量远大于芝加哥

武汉市与芝加哥大都市区同为人口约千万的超大城市。2018 年，武汉

市域常住人口 1 108 万人，同期芝加哥大都市区人口为 950 万人，在人口体量上大体相当，但在流动趋势上则相反。不论是芝加哥大都市区还是芝加哥市，都面临着人口流失的困境，而武汉市市域和中心城区均保持了较为强劲的人口吸引力。2018 年，武汉市市域常住人口位列全国第八，中心城区常住人口 638 万，约为芝加哥市的 2.36 倍（表 4-6）。

表 4-6　芝加哥与武汉人口规模对比

年份 \ 常住人口	武汉（万人）		芝加哥（万人）	
	市域	中心城区	大都市区	芝加哥市
2000	805	476	910	290
2010	979	620	946	270
2018	1 108	638	950	270

资料来源：武汉市中心城区人口数据来源于《武汉市城市总体规划（2017—2035 年）》专题研究。

2010—2021 年，武汉市常住人口增加了 386.35 万人，年均增加 35 万人，近年来武汉市常住人口增量大、增幅大，是在"双循环"背景下中国经济发展重心"由外向内"转移的宏观条件下实现的，也集中反映了不断改善城市品质、优化营商环境，提高城市吸引力、竞争力、发展力，特别是提高城市对高素质人才的吸引力，优化人口结构和促进人口均衡高质量发展等方面取得的突出成绩。武汉市常住人口的增幅远超户籍人口的增幅，说明户籍政策的调整不是人口增长的决定性因素。武汉市在 2017 年发布留汉大学毕业生落户新政，实行大学生落户与就业创业政策全脱钩、零门槛。在放松户籍政策的第二年，武汉市户籍人口增长了 30.08 万人，为近十年之最，但随后户籍人口增幅明显下滑（表 4-7）。

表 4-7　2010—2021 年武汉市人口

年份 \ 人口	户籍人口（万人）	常住人口（万人）	户籍人口变化	常住人口变化
2010	836.73	978.54	—	—

人口 年份	户籍人口（万人）	常住人口（万人）	户籍人口变化	常住人口变化
2011	827.24	1 004.00	−9.49	25.46
2012	821.71	1 012.00	−5.53	10.00
2013	822.05	1 022.00	0.34	10.00
2014	827.31	1 033.80	5.26	11.80
2015	829.27	1 060.77	1.96	26.97
2016	833.85	1 076.62	4.58	15.85
2017	853.65	1 089.29	19.80	12.67
2018	883.73	1 108.10	30.08	18.81
2019	906.40	1 121.20	22.67	13.10
2020	916.19	1 244.77	9.79	123.57
2021	934.10	1 364.89	17.91	120.12

注：①人口普查每10年开展一次；1%人口抽样调查每5年开展一次；中间间隔的年份开展1‰
人口抽样调查。

②第六次人口普查数据时间点为2010年11月1日，第七次人口普查数据时间点为2020年
11月1日。

③2015年全国1%人口抽样调查时间点为2015年11月1日。

④武汉市常住人口在2020年和2021年出现异常增长，这跟抽样调查数据与人口普查的调
查口径不一致、武汉在2020年遭受新冠疫情影响相关。

与武汉人口持续增长趋势不同的是，芝加哥大都市区人口在2012年左右达到顶峰，约1 000万人，2016年减少到988.26万人，在美国大都市区人口规模中排名第三，仅次于纽约—纽瓦克都市区（人口2 365.61万人）、洛杉矶—长滩都市区（人口1 859.20万人）（图4-15、图4-16）。但是，从人口增长趋势上来看，芝加哥面临着人口流失的困境，这在美国前20大城市中是绝无仅有的[①]。引起人口流失的主要因素包括芝加哥极寒的天气、不断高涨的物业税、攀升的失业率、严重的社区犯罪问题。值得注意的是，在离开芝加哥的居民中，还包含着大量黑人群体，根据美国人口普查数据，

① United States Census Bureau. 2011. 2000 Population and Maximum Decennial Census Population of Urban Places Ever Among the 100 Largest Urban Places. https://www. census.gov/population/www/documentation/twps0027/tab23.txt.

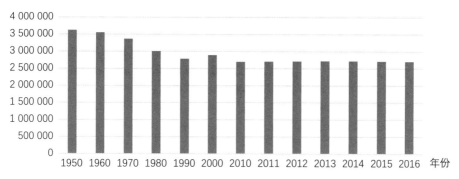

图 4-15 1950—2016 年芝加哥市人口变化（百万人）

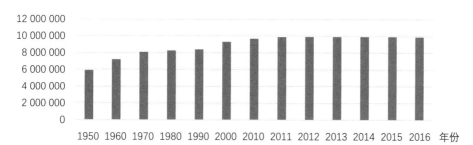

图 4-16 1950—2016 年芝加哥大都市区人口变化（百万人）

2000—2010 年芝加哥市黑人居民减少 18.1 万人，同时，曾作为人口增长主力军的墨西哥移民也在加速离开芝加哥，因此，专家预测在未来几十年内芝加哥的人口正向增长的可能性极小。

2. 武汉人口向心集聚度高于芝加哥

在人口的区域分布上，武汉市与芝加哥更是差异明显。武汉市人口依然呈现在城市中心区高度聚集的态势。武汉市主城区面积 680 平方千米，占市域面积的 7.9%，其常住人口达到 638 万人，占全市人口的 57.6%（表 4-8）。人口在主城区（城市中心区域）的集聚，是保持城市经济活力的前提，但也加剧了城市中心区域住房、基础教育的供需不平衡，高房价、入学难等影响了城市居民的幸福感。

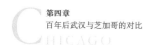

表 4-8　1990—2018 年武汉市人口分布情况

区域 \ 年份		面积（平方千米）	1990 年人口数量（万人）	2000 年人口数量（万人）	2010 年人口数量（万人）	2018 年	
						人口数量（万人）	人口密度（人/平方千米）
都市发展区	主城区	680	366.32	475.71	619.72	638	9 382
	新城组群	2 581	112.71	145.66	188.26	310	1 201
	小计	3 261	479.03	621.37	807.98	948	2 907
农业生态区		5 308	211.28	183.44	170.56	160	301
全市		8 569	690.31	804.81	978.54	1 108	1 293

资料来源：武汉市国土资源和规划局、武汉市规划研究院，2018。

　　在最近几轮城市总体规划中，武汉市均将主城区人口疏解作为重要的发展策略。2010 年以后，武汉市新城组群人口增速明显加快，中心城区人口增速下降，位于远郊的农业生态区域人口则持续减少。这与武汉市土地开发和人口政策是一致的：随着城中村改造的完成，主城区可开发土地大量减少，不再具备大规模承接新增人口的空间；新城组群成为土地开发和产业发展的重点，大量新建住宅和就业机会的提供，成为人口导入的重要驱动力。同时，逐步富裕起来的居民对休闲娱乐的需求大幅增加，城镇周边的乡村地区正在成为城市居民游憩休闲的首选之地，吸引了一批农业产业和旅游产业资本下乡创业，国家也在通过推动农村土地制度改革为乡村发展注入新的活力，未来特大城市周边的乡村地区可能会出现一定程度的人口回流。

　　芝加哥大都市区人口呈现明显的郊区化迁移的趋势。2000—2010 年的十年间，芝加哥大都市区的人数增加了近 36.5 万人，增长率为 3.9%，远低于约 10% 的全国增长率。与大多数美国城市一样，最明显的增长发生在远郊区，而近郊区和市区则出现下滑，人口的区域分布趋势呈现以下三个特征。一是巨大的芝加哥市区人口损失，十年间失去了 20 万人，下降到 270 万人，这是自 1910 年人口普查以来的最低点。2017 年的人口相较于 1950

年减少了 89.8 万人，并且继续下降，2020 年时相较于 1950 年峰值减少了 100 万人。二是近郊区人口缓慢增长，近郊区包括位于芝加哥市外的库克县的一部分以及印第安纳州莱克县（Lake County，该县与芝加哥市东部毗邻）。2000—2010 年，芝加哥近郊区增加了不到 3 万居民，增长率仅 1%。这意味着所谓的"近郊区发展模式"——认为人口增长将集中在城市近郊地区——也是不成立的。三是远郊区人口增长率为 16.5%，超过全国平均水平约 10%。从数量上看，郊区增加了超过 50 万人，其中涨幅最明显的是南部的威尔县（Will County），增长了 17.5 万人，这里曾经是芝加哥大都市区边缘地带的"领地县"（collar counties）。而距离中心城区最远的麦克亨利县（McHenry County）增长了 10 万人。远郊区增速最快的肯德尔县（Kendall County），人口翻了不止一倍。

芝加哥人口结构的分散趋势也体现在就业岗位的分布上。尽管芝加哥拥有全美第二强的中央商务区（仅次于纽约的曼哈顿中央商务区），但就业机会正从中央商务区迅速分散开来。根据卢普区联盟（Downtown Loop Alliance）2018 年的报道，在过去的十年中，卢普区的私营部门就业人数下降了 20%。总的来说，市区现存的就业人口约占地区就业人数的 10%，数量不足曼哈顿或华盛顿特区的一半。另外，芝加哥市区的通勤就业人口比例仅次于曼哈顿和布鲁克林，也反映出大都市区职住失衡的现状。据统计，2000 年有 55% 的市中心工作人员（包括卢普区、芝加哥河北岸以及西部和南部邻近地区的大型市中心）需要在市区与郊区甚至大都市区之间通勤上班。

3. 武汉人口种族构成较芝加哥简单

芝加哥是一座移民城市，人口种族构成极其复杂，而武汉人口种族构成相对单一。第六次人口普查数据显示，武汉市汉族人口为 969.69 万人，占总人口的比重为 99.1%，少数民族人口为 8.85 万人，占比不到 1%。相对简单的人口构成，使得武汉没有明显的种族矛盾。2018 年，芝加哥的种族构

成是白人占 51.4%，黑人或非裔占 29.5%，原住民（含印第安人、阿拉斯加人）占 0.3%，亚裔占 6.7%，其他族裔占 9.2%[①]。从人口出生地来看，芝加哥拥有美国第五高的外国出生人口（表 4-9）。复杂的人口结构给芝加哥带来了多元的文化，同时种族隔离也带来了许多社会矛盾。芝加哥的各类人口种族在空间上均有自己的"领地"。白人主要集聚在城市北部和西南的中高端居住社区，且集聚度较高（社区单个种族占比超过 70%）；西班牙裔在城市北部、中部、南部都有分布，且集聚度较高（社区单个种族占比超过 70%）；黑人明显集聚在南部地区和西部地区，且集聚度最高（社区单个种族占比超过 90%，甚至达到 100%）；亚裔集聚在市中心的北阿穆尔广场。

表 4-9　2000、2010、2018 年芝加哥种族与族裔情况

年份 种族与族裔	2000 年		2010 年		2018 年	
	人口（人）	占比（%）	人口（人）	占比（%）	人口（人）	占比（%）
白人	1 215 285	42.0	1 212 835	45.0	1 389 965	51.4
黑人或非裔 美国人	1 065 012	36.8	887 608	32.9	797 489	29.5
美洲印第安人和 阿拉斯加原住民	10 289	0.4	13 337	0.5	7 237	0.3
亚裔	125 974	4.3	147 164	5.5	181 679	6.7
夏威夷和太平洋 诸岛原住民	1 788	0.1	1 013	0.0	501	0.0
其他种族	393 204	13.6	360 493	13.4	248 437	9.2
两种及以上种族	84 443	2.9	73 148	2.7	80 680	3.0
西班牙裔 或拉丁裔	753 649	26.0	778 862	28.9	776 661	28.7
总计	2 895 995	100.0	2 695 598	100.0	2 705 988	100.0

注：西班牙裔人口与各种族人口均会产生重合，总人口中不再重复计入西班牙裔人口。
资料来源：根据美国人口普查局数据整理。

———————————

① 芝加哥市政府网站——普查数据在线查询库，http://censusviewer.com/city/IL/Chicago。

从人口受教育程度上看，武汉市与芝加哥大都市区差距较大。第七次人口普查数据显示，武汉市常住人口中，具有大学以上学历的 417.46 万人，占总人口的 33.87%，比第六次人口普查增加了 170.95 万人，增长了近 70%。而芝加哥大都市区 2018 年具有大学以上学历的人口达 381.37 万人，占总人口的 38.6%。高素质劳动人口的集聚是芝加哥保持全球竞争力的关键因素之一，也是武汉市未来不断追赶的目标。

从就业岗位上看，芝加哥大都市区为美国第三大劳动力市场，约有 470 万的就业人口规模，武汉市的就业规模则超过了 560 万人。第三产业已经成为武汉吸纳就业人口规模最大的产业，与此同时，由于武汉雄厚的制造业基础以及对新型制造业的不断追求，第二产业也保持了强大的就业承载力，这与芝加哥大都市区具有相似性。芝加哥所在的伊利诺伊州一方面被视为"蓝领工人"的聚集地，另一方面，跨国企业总部的集聚培育了相当大规模的职业经理人、科研技术人员和金融从业者，但在就业结构的金字塔中，庞大的社会中坚力量——中产阶级家庭却是芝加哥与整个伊利诺伊州最为薄弱和缺失的。2008 年金融危机后，由于人力资源成本居高不下且州内税率高于其他州，伊利诺伊州的经济复苏，尤其是制造业的复苏步伐在全美处于劣势[①]。

（四）交通基础设施

1. 武汉与芝加哥航空地位差距巨大

芝加哥大都市区已形成由奥黑尔国际机场、中途国际机场、罗克福德机场（Chicago Rockford Airport）以及行政机场（Chicago Executive Airport）组成的芝加哥机场群。芝加哥大都市区各机场定位存在明显差异，奥黑尔国际机场是美国最繁忙的国际客货机场之一；中途国际机场主要承担国内客运；罗克福德机场为美国联合包裹运送服务公司的货运枢纽，承担芝加哥地区近 10% 货邮吞吐量；行政机场则为公务航空专用机场。芝加哥大

---

① https://www.illinoispolicy.org/illinois-has-4th-most-fortune-500-corporate-headquarters-in-u-s/.

都市区的机场群旅客吞吐量合计达 1.012 亿人次，已经成为继伦敦、纽约及东京等地区之后，全球第八个旅客吞吐量突破 1 亿人次的机场群。

目前，武汉市仅有武汉天河国际机场 1 座民用机场，2019 年完成旅客吞吐量 2 715 万人次，不到芝加哥大都市区的 30%，其中国际及地区旅客吞吐量 311 万人次，仅为芝加哥大都市区的 20% 左右。武汉市机场的货邮吞吐量同样与芝加哥大都市区差距巨大。2019 年，武汉天河国际机场货邮吞吐量 24.32 万吨，仅为芝加哥大都市区的 10% 左右（表 4-10）。

表 4-10　2019 年武汉与芝加哥机场吞吐量

机场	旅客吞吐量（万人次）		货运吞吐量（万吨）	备注
	国内外旅客	其中国际旅客		
武汉天河国际机场	2 715	311	24.0	国际、国内航运
芝加哥奥黑尔国际机场	7 980	1 300	186.1	国际、国内航运
芝加哥中途国际机场	2 240	—	—	国内客运为主
芝加哥罗克福德机场	20	—	41.9	货运机场

资料来源：根据芝加哥航空局和中国民航局官网公开数据整理而成。

按照吞吐量排名，武汉天河国际机场在中国排名第 14 位，而芝加哥奥黑尔国际机场在 1955 年建成时就是全美最为忙碌、客货运量最大的机场，也是美国联合航空公司总部所在地。从繁忙程度上来看，芝加哥奥黑尔国际机场是全球年运送旅客数量排名第 6 的机场；同时，奥黑尔国际机场也是全球年货运量（吨）排名第 18 的机场。

武汉航空运输业发展不足与中国整个航空运输业发展滞后息息相关。同时，高铁对航空带来冲击也不言而喻。作为历史上成形早且规模大的机场群之一，芝加哥大都市区航空业的发展值得借鉴。强大的国内航线网络使奥黑尔国际机场至今仍为美国最大的国内枢纽之一，但同时也制约了机场国际航线的增长，在美国东西海岸各机场逐渐成长过程中，奥黑尔国际机场国际航线份额逐渐萎缩，远程航线竞争力大不如前。这也提示，同样位于中部区域的武汉在积极拓展国际航空市场的同时，要利用发达的高铁网络和空铁联运

优势提升国内航空市场的份额，真正成为中部区域的空运龙头。

2. 武汉与芝加哥均是其国内重要的铁路枢纽

尽管铁路运输在北美货运体系中所占比例逐年降低，芝加哥仍然是全美铁路货运第一城，2016 年收发货物总吨数超过 7 400 万吨，远远领先于第二名堪萨斯城（3 400 万吨）。武汉优越的地理位置以及发达的交通设施，在中国交通格局中长期拥有着重要地位，而高铁时代的到来，更是给武汉提供了新的发展机遇。

在高铁时代，武汉位于八大高铁枢纽城市的中心位置[①]，是中国六大铁路客运中心之一，2017 年铁路货运量约 6 981 万吨，位列全国第十名。武汉铁路客运总量仅次于北京、广州、上海，位居全国第四。其中，发送客流仅次于北京、广州、上海，位居全国第四；到达客流仅次于北京和广州，位居全国第三；而中转客流更是在 2013 年超越北京、广州，位居全国第一，成为全国最大的铁路客运中转站。武汉同时也是中国首个拥有三个特等客运火车站的城市，且三大火车站的运力日趋均衡，对缓解巨大的交通客流压力具有极大作用。

随着高铁时代的来临，合肥、长沙等城市的枢纽地位得到了大幅提升，一些人质疑作为老牌全国综合性交通枢纽城市，武汉的枢纽地位却开始下降。其实不然，从近几年国家规划的"八纵八横"干线高铁来看，虽然沪昆高铁、京台高铁、京昆高铁、包海高铁、呼南高铁 5 条高铁都没有经过武汉，但是中国最重要的 3 条高铁——京沪高铁、京广高铁、沿江高铁——中有 2 条途经武汉。武汉铁路枢纽将建设 12 个方向的放射高铁路网，实现 3 小时通达大半个中国。但从国际交往上看，国家公布的"十三五"铁路枢纽规划中，武汉却不在全国四大国际性综合交通枢纽之列，这也充分说明武汉作为内陆城市，在国际交通方面存在较大短板。

---

① 《中长期铁路网规划》（2016—2030 年）。

芝加哥是美国东西跨州高速路大动脉上的重要节点，亦是最为重要的铁路货运枢纽。2019年末，全美共有约22.53万千米[①]的货运铁路线，其中超过四分之一的线路会穿过芝加哥地区。铁路货运为美国的基础设施建设和制造业提供了安全、低价、快速、环保的运输保障。目前，芝加哥的铁路货运吞吐量在全美城市中排名第一，芝加哥联合站（Chicago Union Station）是全美客运量第五大的车站，千禧站（Millennium Station）是客运量第十三的车站。2007年，芝加哥大都市区铁路散货运输量为1.16亿吨（终到芝加哥）、6 109万吨（从芝加哥发出），铁路集装箱运输量为4 544万吨（终到芝加哥）、4 985万吨（从芝加哥发出），从货物价值上来说，铁路散货货物价值超过1 600亿美元，铁路集装箱货物价值超过3 900亿美元。

3. 武汉与芝加哥均面临水运衰落的困境

20世纪80年代，武汉港一度是中国内河最繁忙的港口之一，可以通达上游的重庆、宜昌以及下游的上海和宁波等地，数百万人在武汉港中转。20世纪90年代，随着公路、铁路、航空等更为快捷的运输方式兴起，武汉港的客运功能逐渐衰退。2001年10月10日是长江客运史上一个令人难忘的日子，中国最大的内河航运企业长江航运集团宣布，已有128年历史的汉申（武汉至上海）客班轮航线退出长江客运，武汉港水上客源锐减。2003年遭遇"非典"，致使长江客运雪上加霜，宜昌以下16个港口普客班轮在当年全部彻底停航[②]。

2008年，湖北省政府为发挥武汉港口航运传统优势，构建统筹协调工作机制，着手研究动议建设武汉新港。2009年，国家批复成立武汉新港管委会，明确为湖北省政府派出机构，由武汉市组建并代管。2010年5月，武

---

① 作为比较，2019年中国铁路运营总里程约12万千米。

② 湖北网络广播电台："28年前的今天武汉港主体工程竣工 成为长江上最大的客运枢纽"，http://news.hbtv.com.cn/p/1713304.html。

汉新港管委会挂牌运行。武汉新港涵盖武汉、鄂州、黄冈、咸宁四个城市港口，规划港口岸线 309 千米，各类生产性泊位 1 126 个。其中，武汉港规划港口岸线 133 千米，各类生产性泊位 432 个（集装箱泊位 44 个，商品汽车滚装泊位 13 个），通过能力 2.85 亿吨。武汉港以大宗散货、件杂货、集装箱、商品汽车运输为主，兼有旅游客运功能，是武汉长江中游航运中心的主要载体。2018 年，武汉港货物吞吐量达到 10 318 亿吨，其中集装箱吞吐量完成 156.02 万标箱，汽车滚装量完成 95 万辆，成为内河最大、全国第三的汽车滚装运输中心，这与武汉作为中国重要的汽车工业基地是分不开的。但是，与国内同级别的南京、重庆等城市相比，武汉港的吞吐量逊色不少（表 4-11）。

表 4-11　2018 年中国年吞吐量超过 1 亿吨的港口排名

排序	港口	吞吐量（万吨）	同比增长（%）
1	宁波舟山港	108 439	7.4
2	上海港	68 392	−3.0
3	唐山港	63 710	11.1
4	广州港	59 369	4.2
5	青岛港	54 250	6.1
6	苏州港（内河）	53 227	−12.0
7	天津港	50 774	1.4
8	大连港	46 784	2.8
9	烟台港	44 308	10.6
10	日照港	43 763	8.9
11	营口港	37 001	2.0
12	湛江港	30 185	7.0
13	黄骅港	28 771	6.4
14	南通港（内河）	26 702	13.3
15	南京港（内河）	25 199	6.6
16	深圳港	25 127	4.1
17	泰州港（内河）	24 509	22.9
18	北部湾港	23 986	9.7

排序	港口	吞吐量（万吨）	同比增长（%）
19	秦皇岛港	23 119	−5.7
20	厦门港	21 720	2.9
21	连云港港	21 443	4.1
22	重庆港（内河）	20 444	3.7
23	福州港	17 876	20.5
24	江阴港（内河）	17 560	10.0
25	东莞港	15 580	8.5
26	镇江港（内河）	15 330	7.9
27	珠海港	13 799	1.6
28	泉州港	12 832	−1.2
29	芜湖港（内河）	12 016	−6.2
30	海口港	11 883	5.2
31	杭州港（内河）	11 812	10.2
32	九江港（内河）	11 689	−0.2
33	岳阳港（内河）	11 121	−6.8
34	锦州港	10 960	4.3
35	嘉兴内河港	10 696	13.4
36	湖州港（内河）	10 486	−0.5
37	马鞍山港（内河）	10 355	−6.1
38	武汉港（内河）	10 318	3.0
39	扬州港（内河）	10 129	7.5
40	丹东港	10 066	−29.2
41	铜陵港（内河）	10 008	−9.8

资料来源：港口圈："全国 41 个亿吨港排名，你所在的港口位列第几？"，https://xueqiu.com/9371001315/126968954。

　　芝加哥港是美国 19 世纪最为重要的航运交通枢纽，对芝加哥早期的崛起至关重要。进入 20 世纪后，由于铁路运输体系日益完善和公路运输的兴起，芝加哥内河航运地位逐渐下降。1959 年，伊利诺伊州议会成立芝加哥区域港口区（Chicago Regional Port District）对芝加哥大都市区的港口设施进行统筹管理，其后改名为伊利诺伊国际港口区（Illinois International Port

District）。1972年，芝加哥市内的海军码头正式停止商业航运业务[1]。1978年，伊利诺伊国际港口区在卡柳梅特河口获取了0.77平方千米的土地新建码头和航运设施，并将该地命名为易洛魁码头（Iroquois Landing），为港口区拓展了更为广阔的腹地。伊利诺伊国际港口区目前包含两处主要的港口设施，分别为卡柳梅特湖区域和易洛魁区域。

芝加哥作为内河时代的港口霸主，目前已经无法在全美吞吐量前25的港口中占据一席之地。当前美国集装箱吞吐量最高的25个港口主要集中在东西海岸的纽约、长滩、西雅图以及南部的休斯敦和查尔斯顿，这些港口城市无一不是滨海城市，通过发掘自身深海良港的天然优势，大力建设能够供万吨级货轮停靠的远洋海港，故而在集装箱吞吐量方面遥遥领先。这体现了远洋航运在全球贸易体系中越来越重要的货运趋势，也为芝加哥重回货运枢纽的目标提出了更大挑战。

目前芝加哥港与密西西比河和五大湖仍保持有便捷的航运通路，主要运营货物为国内运输的干散货[2]，但货运吞吐量在全美的排名已跌落于20名以后。2018年，芝加哥港的干散货吞吐量为1 200万吨，其中1 100万吨属于国内货物，100万吨属于国际货物（图4-17）。芝加哥港国内交通主要通过航行在密西西比河上的驳船进行运送，而国际交通主要通过联通加拿大的五大湖区货船运送。理论上来说，通过驳船转货轮的方式，可以将货物从五大湖区运送穿越密西西比河，再通过墨西哥湾进入远洋货运之中，但由于经济和时间成本的限制，目前没有这样运行的货运线路。除了美国货物运输方式转向以公路运输为主外，芝加哥钢铁等传统工业的快速衰退也是其水运地位下降的重要原因。芝加哥港周边区域曾经是一个工业重镇，普尔曼公司、威斯康星钢铁公司、美国钢铁公司南厂和其他重要工厂都曾在此生产、经营，

---

[1]　Illinois International Port District. About IIPD. https://www.iipd.com/about-3.

[2]　干散货是指不加包装的块状、颗粒状、粉末状的货物。典型的干散货如矿石、砂石、煤，散装运输的粮食（谷子、小麦）、盐、糖等。当前，美国的干散货港口主要集中在五大湖区域、西北部与加拿大接壤的区域、东北部大西洋沿岸和南部墨西哥湾。

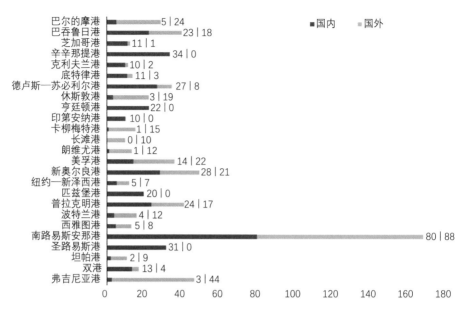

图 4-17　2018 年美国干散货吞吐量排名前 25 的港口（百万吨）

资料来源：United States Department of Transportation. Port Performance Freight Statistics in 2018 Annual Report to Congress 2019. https://www.bts.gov/newsroom/port-performance-freight-statistics-annual-report.

但到 20 世纪 70 年代后，许多工厂被关闭和废弃，使得区域内的货运需求进一步缩减。

　　在快速立体综合交通时代，由于高速公路、铁路、管道运输以及航空运输的普及，武汉和芝加哥的水运地位都无法摆脱相对衰落的命运。但是，从综合交通区位来看，武汉和芝加哥地区仍是各自国内最为便捷的铁路、公路和航空综合枢纽，具备发展"多式联运"的基础和潜力。目前，芝加哥大都市区规划协会正与伊利诺伊国际港口区联合研究制定《伊利诺伊国际港口区总体规划》①。武汉市也正在着手编制《武汉港总体规划（2021—2035

————————

① 《伊利诺伊国际港口区总体规划》(Illinois International Port District Master Plan)，目前正在现状研究和评估阶段，尚未完成规划成果（https://www.cmap.illinois.gov/programs/lta/iipd-master-plan#Study_area_2017）。

年)》①。两座相隔万里的城市不约而同地在思考如何发挥传统区位优势，在国际国内货运体系结构性改革的背景下，建立铁路、公路、水运、空运等多种交通方式高效联运的模式，重新激发港口的活力与竞争力。

4. 武汉地铁建设较芝加哥有后发优势

武汉首条地铁线路——轨道交通 1 号线于 2004 年 7 月 28 日开通运营，2010 年以后武汉地铁建设进入高峰期。2021 年，武汉同步开通运营 5 号线、16 号线以及 6 号线二期 3 条地铁线路，实现了轨道交通在武汉市各区的全覆盖。至此，武汉城市轨道交通运营总里程增至 478.6 千米，在全球城市轨道总里程排名中位居第七，跻身世界级地铁城市。目前武汉地铁运营线路共 11 条，包括 1 号线、2 号线、3 号线、4 号线、5 号线、6 号线、7 号线、8 号线、11 号线、16 号线、阳逻线，车站总数 282 座（图 4-18）。2021 年，武汉地铁客运量超过 10 亿人次，占公共交通客运量比重超过 50%，城市轨道交通凭借其快捷、高效、安全等突出特点，已成为武汉市民最喜欢的出行方式。

美国城市轨道交通系统的历史可以追溯到 19 世纪末，芝加哥是美国最早开通城市轨道交通的城市之一。目前，芝加哥大都市区用于通勤的轨道交通包括芝加哥市的城市轨道交通（Rail "L"），以及为芝加哥地区库克、杜佩奇、威尔、莱克、肯德尔和麦克亨利六个县服务的通勤铁路（Metra Trains）。其中，芝加哥城市轨道交通由芝加哥交通管理局（CTA）进行组织管理，因此又称 CTA Trains。芝加哥城市轨道交通系统包括红色、蓝色、棕色、绿色、橙色、紫色、粉色、黄色八条线路，线路总长 165 千米，每天乘客量 50 万～ 60 万人次。芝加哥城市轨道线路在卢普区形成了"口"字形的环线（图 4-19），每一条线路都将卢普区与主要发展轴线、经济走廊、交通枢纽连接起来，构成完善的轨道交通系统。

---

① 武汉市交通运输局："武汉港总体规划（2021—2035 年）环境影响评价第一次公示"，http://jyh.wuhan.gov.cn/pub/whjtj/jtzxx/tzgg/202110/t20211020_1799421.shtml。

图 4-18　2022 年武汉地铁运营图

资料来源：武汉地铁集团："武汉地铁详细线路"，https://www.wuhanrt.com/public_forward.
　　　　aspx??url＝Route_details.aspx。

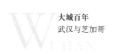

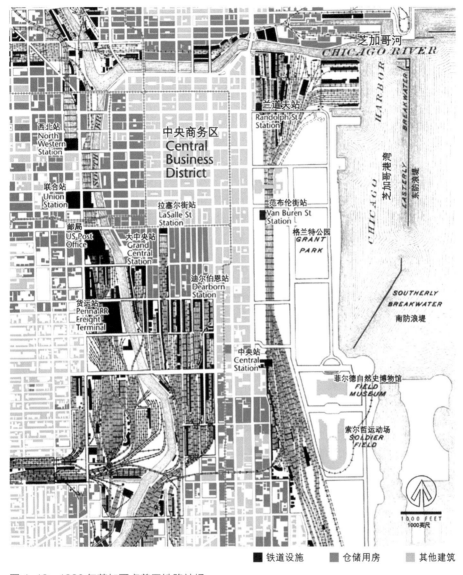

图 4-19　1930 年芝加哥卢普区铁路站场

资料来源：Michael P. Conzen. Railroads and Chicago's Loop. http://www.encyclopedia.
chicagohistory.org/pages/1775.html.

芝加哥大都市区通勤铁路是全美第二大通勤铁路系统，共有 11 条线路和 250 个车站，线路总长约 482 千米。芝加哥大都市区通勤铁路的起点站均匀分布在芝加哥城市中心区，其中最大的联合站（Union Station）是通勤铁路和美国铁路公司（Amtrak）的共用站。在芝加哥市中心，通勤铁路服务 23% 的通勤者（这个比例为全美最高），每天有 12 万以上的通勤者汇聚在约 7.8 平方千米的市中心地区。然而，在市中心以外的地区，使用通勤铁路出行的比例仅为 0.3%（陈雪明，2013）。过低的通勤铁路出行比例，使得部分线路面临着巨额亏损。为了提升区域通勤铁路运行的稳定性和服务效率，1974 年伊利诺伊州成立了区域交通管理局（RTA），对芝加哥城市轨道交通、芝加哥大都市区通勤铁路（Metra Rail）以及其他的公共交通进行统一管理（图 4−20）。

与芝加哥相比，武汉的地铁建设具有后发优势，最为突出的是先进设施和技术的应用。芝加哥的地铁建设较早，地铁站空间狭小，设施较为陈旧，很多地铁站都没有自动扶梯、垂直电梯，一些地铁车厢也没有空调，移动支付覆盖率低。武汉的地铁是 2000 年以后才开始兴建的，因此设施相对较新，地铁站场空间也较为宽敞，几乎所有地铁站都配置了自动扶梯、垂直电梯以及便利的商业设施，乘客可以方便地使用手机等移动支付方式进行乘车。值得一提的是，2021 年底开通的武汉地铁 5 号线采用全自动驾驶模式，列车从唤醒检查、正线运营、回段场休眠全过程均可实现自主完成。

（五）城市文化

城市文化是一个城市区别于其他城市的内在特质，也是一个城市独特精神和魅力所在。中美不同的文化基因和历史变迁，孕育了武汉与芝加哥不同的文化特质。很难比较不同社会背景下的城市文化孰优孰劣，无论是武汉"敢为人先，追求卓越"的城市精神，还是芝加哥"冒险开拓，多元包容"的城市特质，都是推动城市转型发展的内在驱动力。

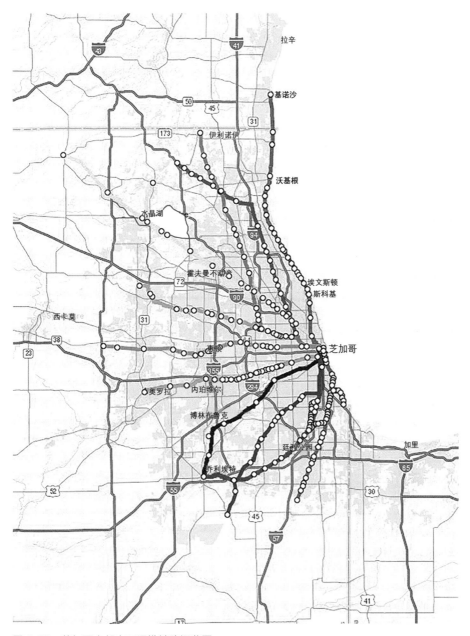

图 4-20　芝加哥大都市区通勤铁路运营图
资料来源：Chicago Transit Authority. System Map. https://www.transitchicago.com/maps/system/.

1. 武汉的文化影响力不及芝加哥

　　武汉地处中国经济地理中心和荆楚文化核心区，武汉的地域文化以荆楚文化为底色，又随着时代的变迁不断地融合创新。从空间轴上说，武汉是雄浑的北方文化与灵秀的南方文化的交汇与融合之地；从时间轴上说，武汉是传统农耕文化与溯江而上的近代工业文化的碰撞与融合之地，因而其城市文化呈现出多元文化融合包容、阔大开放的气象（傅才武，2020）。从历史文化资源来看，武汉是国家第二批国家历史文化名城，现有 33 处全国重点文物保护单位，99 处省级文物保护单位，145 处市级文物保护单位，197 栋优秀历史建筑，27 处首批工业遗产遗迹，5 片历史文化街区。从文化设施资源看，武汉市共有 74 个博物馆、17 个图书馆以及 13 个剧场（表 4–12）。武汉以湖北省博物馆、湖北省图书馆、琴台大剧院、辛亥革命博物馆等高等级文化设施为核心，搭建了支持区域文化影响力不断提升的设施体系（林建伟，2022）。

表 4–12　2018 年武汉与芝加哥大都市区文化设施对比（个）

城市	剧场	文化馆	公共图书馆	博物馆	历史保护街区 / 镇村	优秀历史建筑 / 地标建筑
武汉	13	15	17	74	67	197
芝加哥大都市区	200	—	82	200	30	150

资料来源：武汉市统计局，2019；刘青，2014。

　　芝加哥是美国东部与西部经济和人口流动的中转点，文化上既有别于注重严谨得体的东海岸，也不同于崇尚自由随性的西海岸，某种意义上代表了美国文化的特质，主张个体自由，鼓励开拓创新，对异质文化具有很高的包容性。依托工业时代强大的经济实力，芝加哥拥有世界瞩目的现代建筑群，大量高品质的文化艺术设施。在向全球化城市转型发展的过程中，芝加哥高度重视文化强市战略，将文化发展融入城市建设的方方面面。芝加哥大都市

区共有博物馆 200 个，中心城区内的各类博物馆共 67 个，博物馆群与公园、地标建筑、剧院和音乐厅等文化设施和公共空间，成为游客们前往芝加哥观光的重要吸引点。三大享誉全球的音乐节、艺术展、美食节等盛大的文化活动吸引着世界目光，这些独具特色的城市文化品牌又通过发达的文化创意产业向外传播，进一步强化了城市的国际声誉和文化影响力。

由于城市实力和发展阶段的差距，武汉的文化影响力不及芝加哥，甚至与国内同等城市相比都还有较大差距。2017 年，同处于长江中游城市群的长沙文创产业增加值为 902.6 亿元，而武汉为 619.1 亿元。深度发掘城市文化基因，将有形和无形文化资源转化为文化场馆、文化活动和文化产品以培育城市发展的新生动力，提升城市影响力，是武汉市未来打造城市软实力的必经之路。

2. 武汉比芝加哥更具文化营造潜力

武汉的文化资源呈现出在中心城区集聚的特征，特别是长江与汉江交汇的"两江四岸"地区集聚了众多武汉文化的精华。位于长江南岸的武昌旧城风貌区融黄鹤文化、首义文化、红色文化、民俗文化等多元文化为一体，拥有国家 5A 级旅游景区黄鹤楼、4A 级旅游景区首义文化旅游区和武汉革命博物馆等一批国家级旅游景区，昙华林、户部巷两条湖北旅游名街。位于龟山脚下的汉阳旧城风貌区是知音文化发源地和中国近代工业文明的发祥地之一，高山流水的典故便发生于此，境内有古琴台、晴川阁、归元禅寺、张之洞博物馆、龟山公园等人文历史景观。位于长江北岸的汉口原租界风貌区和汉正街传统商贸风貌区是武汉近现代商贸文化的集中展示窗口，也是武汉市文物保护单位和优秀历史建筑最为集中的区域（图 4-21）。

芝加哥的许多艺术团体和机构也形成了典型的空间集聚，目前芝加哥市内集聚文化设施的区域主要是沿着密歇根大街——它被视作芝加哥的主要文化大道。沿着密歇根大街有两个文化集聚区：一是位于卢普区南部、密歇根大街东部的博物馆区（Museum Campus）；二是位于密歇根大道的"文化一

图 4-21　武汉市中心城区文化资源分布示意

资料来源：武汉市规划研究院：《武汉长江主轴总体规划》，2018 年。

英里"（Chicago Cultural Mile）。这两个区域在空间上紧紧相邻，成为芝加哥文化氛围最为浓厚的区域，也是展示城市形象的最佳场所（图 4-22）。

　　武汉历史悠久，文化资源远较芝加哥厚重、丰富。近年来，将历史文化融入现代生活越来越成为各大城市提升影响力的重要举措，芝加哥由以制造业为主的工业城市向文化创意驱动发展的现代大都市的转型经验，对武汉具有借鉴意义。芝加哥以文化设施建设为突破口，对城市文化的持续发掘，塑造出独特的价值观与"人文气息"，吸引大量创造性群体和居民聚集、工作、生活及消费，并借此带动文化旅游、服务业等其他行业发展，推动社会经济整体发展和市民素质的大幅提升。2017 年，武汉市政府提出"文化强市"战略，把文化作为城市可持续发展的重要动力，并编制实施了《武汉市文化战

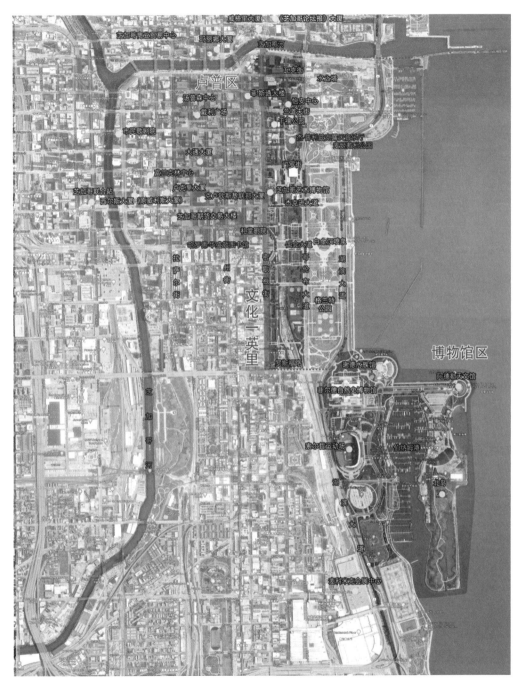

图 4-22 芝加哥博物馆区和"文化一英里"范围示意

资料来源：底图来自谷歌地图。

略功能区实施性规划》，旨在以文化功能区建设促进文化要素聚集与文化产业链分工协作，提高城市文化影响力（武汉市规划研究院，2018）。在物质空间建设改造时，更应注重"独特的价值观与人文气息"的塑造，这是芝加哥文化战略成功的秘诀，也是其能够具备全球文化影响力的根基。

三、武汉的历史机遇与芝加哥的艰难转型

受益于中国经济持续增长和长期向好的总体态势，武汉长期处于发展的快车道，对于这样一个有着国际化大都市奋斗目标的城市而言，区域一体化发展、人才的净流入、雄伟的城建计划是城市持续关注的重点。美国则在经历 2008 年金融危机后处于温和的经济复苏期，芝加哥在美国中西部总体增长乏力的背景下，人口外流和政府财政赤字使得城市面临着诸多的发展困境。

（一）为建设国际性大都市而奋斗的城市——武汉

武汉城市地位的相对衰落和沿海城市的快速崛起，与中国经济对外依存度的快速提高密不可分。2008 年的金融危机和 2018 年的中美贸易摩擦一再证明了依赖外贸出口拉动经济增长的局限性。中国是拥有 14 亿人的人口大国，国内市场潜力巨大，位于中部地区的武汉，具有得天独厚的区位、人才、环境优势。中国的经济正在进入高质量发展的下半场，国内市场在中国经济中的地位更加重要，武汉迎来了历史上最好的发展机遇。

1. 雄心勃勃的城市发展计划

2012 年，武汉市启动了 2049 战略规划编制工作，提出"建设一个更具竞争力更可持续发展的世界城市"的发展目标，向世界展示了城市的雄心。《武汉 2049 远景发展战略规划》编制领衔者、时任中国城市规划设计研究院院长李晓江对武汉的未来预期非常乐观。他认为，武汉市远景目标是更具竞争力、可持续发展的世界城市，人口规模达到 1 600 万～1 800 万，这一目标没有不

切实际，也不是好高骛远，而是基于城市发展趋势得出的。在全球最大经济体的美国，巨型城市达到 10 个，均衡分布在美国各区域。2020 年由联合国编制的《世界城市化展望》(*World Urbanization Prospects*) 报告指出，中国城镇人口还将大规模增加，预计到 2050 年在现有基础上继续增加 2.92 亿人，中国也将有望成为全球最大经济体，在这一国家发展大势之下，中部必将出现承担国家重要功能的中心城市。随着"以国内大循环为主体、国内国际双循环相互促进"战略格局的形成，武汉正面临新一轮机遇，近几年出现的人口流动正在呈现区域化和本土化现象，也从侧面印证了这个趋势。

武汉城市发展的宏伟目标在国家层面也得到了肯定。2016 年 12 月，国家发展改革委印发《关于支持武汉建设国家中心城市的复函》，原则同意武汉建设国家中心城市，提升城市综合实力和服务带动功能。2018 年，武汉制定《武汉建设国家中心城市实施方案》，提出到 21 世纪中叶全面建成国家中心城市。根据该方案，武汉将分三步建设国家中心城市。至 2021 年，地区生产总值达到 2 万亿元左右，推进国家中心城市形成基本框架；至 2035 年，基本建成全国经济中心、高水平科技创新中心、商贸物流中心、国际交往中心和综合交通枢纽；至 2049 年，建成具有国际影响力、全球竞争力和可持续发展能力的世界亮点城市。

为了落实 2049 远景战略目标、承担建设国家中心城市的重担，自 2016 年起，武汉市按照"两规合一、三规同步、多规融合"的工作思路，组织开展了《武汉市城市总体规划（2017—2035 年）》(以下简称"新总规")编制工作。新总规的编制，是在 2049 远景战略目标指引下全面谋划武汉中长期发展的行动纲领，是实现"2020—2035—2050"城市发展顶层设计的关键环节，对城市发展发挥"战略引领、刚性管控、多规融合"的重要作用，也是从全局层面对武汉功能和空间格局进行战略升级与格局优化的一次重大契机。历时近三年，武汉市新一轮总规规划成果于 2018 年 8 月 27 日通过武汉市规划委员会审议。

在新总规中，武汉将城市发展的目光投向更为广阔的区域，构建了

"146"武汉大都市区一体化发展格局，即以武汉为核心的1小时交通通勤圈（60～80千米半径）区域内，形成以武汉主城为核心，以武鄂、汉孝、武咸、武仙洪为4条主要发展廊道，以鄂州、黄石、黄冈、孝感、咸宁、仙桃6个地级市为综合服务节点的大都市区"146"空间格局。届时，武汉大都市区将成为面积超过2万平方千米、常住总人口数千万的国际大都市区（武汉市国土资源和规划局、武汉市规划研究院，2018）。

2. 全力推动产业转型和高素质人才留汉

武汉作为我国近代工业发祥地之一，百年来在国家工业布局中具有举足轻重的地位，在夯实传统产业的同时，也在不断推动产业转型升级，发力新型产业。特别是2010年以后，武汉抓住新一轮科技革命和产业变革机遇，聚焦光电子信息、汽车及零部件、生物医药及医疗器械等主攻方向，实施高新技术企业培育行动计划，加快推进产业转型升级。2017年，武汉高新技术增加值占规模以上工业增加值的比重为64%，仅次于深圳等国内少数城市，超过了中部诸市。其中，高技术制造业投资增长56.5%，工业技改投资增长28.9%，研发强度超3%，高于全国平均水平，也高于成渝地区。2019年，继形成光电子、汽车两大万亿元产业集群后，武汉将下一个万亿元产业集群瞄准了大健康产业，着手编制了《武汉市大健康产业发展规划（2019—2035年）》，提出建设一批特色鲜明、定位清晰、配套完备、绿色生态的高端产业园，构建全方位、全周期的大健康产业链条，预计到2035年，大健康产业总收入达到18 000亿元，成为全球生物医药及医疗器械产业链和创新链上的重要节点。

同时，在新一轮信息技术变革中，面对缺少互联网龙头企业的局面，武汉在独角兽企业[①]方面正在奋力追赶。中国目前是全球独角兽企业的第二大

---

① 独角兽企业是投资行业尤其是风险投资业的术语，一般指成立时间不超过10年、估值超过10亿美元的未上市创业公司。独角兽企业被视为新经济发展的一个重要风向标，在高科技领域、互联网领域尤为活跃。

来源，截至 2019 年 12 月 31 日，全球独角兽企业总数达到 436 家，其中中国独角兽企业共 107 家，占全球总数的 24.54%[①]。诞生于武汉的安翰、卷皮网、斑马快跑及药帮忙等一批独角兽企业迅速崛起，武汉拥有独角兽企业的数量在全国排名第九，且原为独角兽企业的斗鱼和直播优选已经赴美上市，从独角兽企业中"顺利毕业"。新型互联网企业与资本的紧密结合，为武汉的转型发展注入了强大活力。

传统产业的转型升级和新兴产业的快速发展，使得武汉市对高素质人才的渴求越来越强烈。虽然武汉具有庞大的高等教育规模，但在很长一段时期内，以大学毕业生为代表的武汉本地培养的高素质人才却大量流失，如何留住这些高素质人才，为武汉的建设和发展聚集后劲，成为武汉亟须破解的难题。2017 年，武汉市发布《关于支持百万大学生留汉创业就业的若干政策措施》，提出从"安居落户、促进就业、支持创业、高效服务"四个方面，鼓励大学生留汉创业就业，堪称史上最强的"人才新政"。自"百万大学生留汉"政策实施以来，2017 年有 30.1 万名大学毕业生选择留汉创业就业，2018 年留汉大学生达 40.6 万人（武汉市规划研究院、武汉大学，2019）。"百万大学生留汉"政策的实施，有效改善了武汉人才流失的困境，对于优化武汉的人口结构、提升城市的发展动力效果显著（表 4-13）。

高素质人才无疑是推动城市高质量发展的重要动力。近年来，全国许多城市陆续出台人才政策、大幅降低落户门槛，开启了一轮抢人大战。位于中西部地区的成都、西安、郑州等城市近十年的常住人口增量均超过了武汉，表明在人才争夺战中武汉仍面临较为激烈的竞争（表 4-14）。城市人口数量增长是衡量一个城市吸引力的重要标志，但人才质量在未来以创新能力为核心的城市竞争中更为重要。与武汉等城市不同的是，北京、上海等超大城市近年来采取一系列城市功能疏解措施，常住人口增速明显放缓，但同时降低了人才特别是高端人才落户门槛，以"人才竞争力"提高"城市竞争力"。

---

① 任泽平、连一席、谢嘉琪:《中国独角兽报告》，2020 年。

表 4-13　2010—2018 年留汉大学毕业生人数及比例

年份	留汉大学毕业生（万人）	武汉本地大学毕业生（万人）	大学生留汉比例（%）
2010	11.2	31.7	35.33
2011	8.8	33.2	26.51
2012	8.6	33.2	25.90
2013	10.4	34.2	30.41
2014	10.8	36.0	30.00
2015	12.6	35.5	35.49
2016	15.0	35.8	41.90
2017	30.1	35.5	84.79
2018	40.6	32.8	123.78

注：留汉大学毕业生包括外地留汉和本地留汉大学毕业生。

资料来源：武汉市规划研究院、武汉大学，2019。

表 4-14　2010—2021 年主要城市常住人口增长情况（万人）

排名	城市	2021 年常住人口	2010 年常住人口	人口增量
1	深圳	1 756.01	1 035.79	720.22
2	广州	1 881.06	1 270.08	610.98
3	成都	2 119.20	1 511.88	607.32
4	西安	1 316.30	846.78	469.52
5	郑州	1 274.20	862.65	411.55
6	武汉	1 364.89	978.54	386.35
7	杭州	1 220.40	870.04	350.36
8	重庆	3 212.43	2 884.62	327.81
9	长沙	1 023.93	704.07	319.86
10	佛山	961.26	719.43	241.83

3. 超常规实施城市基础设施建设计划

为了弥补城市基础设施的欠账，武汉自2011开始启动了超常规的基础设施建设，城建投资计划从2011年的725亿元增长到2019年的3 100亿元（图4-23）。武汉超常规的基础设施投入，使得武汉常年有数千个在建工地，2014年甚至引来英国广播公司（BBC）以武汉作为主要对象进行采访报道，成为指责中国城建"大跃进"、负债过高的"负面典型"。但是，面对社会和公众的质疑，武汉没有回避和退缩，连续多年的大幅投入，使得武汉城市基础设施和城市建设水平大幅改善和提高。深圳市智慧城市研究会和上海社会科学院综合考虑轨道交通建设、公交覆盖率、高楼指数、城建品质和绿化标准五个指标后，联合发布了2018年中国城市建设水平综合评估，武汉居第六位，仅次于北上广深等一线城市，发展势头迅猛（表4-15）（深圳市智慧城市研究会、上海社会科学院，2019）。

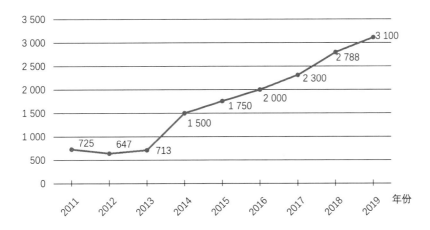

图4-23 2011—2019年武汉城建投资计划（亿元）

表 4-15　2018 年中国城市建设水平综合评估

城市	地铁／轻轨	公交覆盖率	高楼指数	城建品质	绿化	总分
深圳	92.85	96.79	100	95	97	481.64
上海	96.73	98.19	98	98	89	479.92
广州	93.91	95.98	97	93	90	469.89
北京	96.08	96.33	89	96	89	466.41
南京	93.78	92.34	93	91	92	462.12
武汉	92.88	92.56	95	91	85	456.44
杭州	91.17	93.17	84	92	96	456.34
成都	91.96	90.97	92	90	89	453.93
重庆	92.64	84.98	96	89	91	453.62
天津	91.82	91.12	94	90	83	449.94
苏州	91.21	91.23	82	89	94	447.44
青岛	91.16	92.12	83	86	90	442.28
沈阳	90.59	87.87	93	88	79	438.46
大连	91.56	86.87	84	89	87	438.43
南宁	90.34	81.77	88	83	93	436.11
厦门	90.04	86.85	81	86	92	435.89
西安	90.91	89.92	87	87	76	430.83
长沙	90.68	89.98	81	85	82	428.66
佛山	90.26	90.98	75	84	83	423.24
宁波	90.74	84.67	80	85	82	422.41

资料来源：深圳市智慧城市研究会、上海社会科学院，2019。

（二）为扭转中心城区衰退而不懈努力的城市——芝加哥

美国经济重心向西海岸的转移，使得中部城市陷入整体衰退的趋势，位居全球顶级城市地位的芝加哥也未能例外。芝加哥中心城区面临着城市发展动力不足、人口持续流失、财政负担沉重、种族隔离严重等问题，扭转中心城区不断衰败的局面是芝加哥不得不长期面对的艰巨任务。

1. 金融危机后，芝加哥大都市区的复苏发展较为缓慢

进入 2000 年之后，芝加哥大都市区的经济增长速度（GDP 年增长率）一直处于全美前 100 个大都市区的下游，人口也处于流出状态。芝加哥人口结构的分散趋势也体现在就业岗位的分布上，2000 年以来，卢普区的私营部门就业人数下降了 20%。2007 年美国次贷危机引发全球性金融风暴，世界各国蝴蝶效应般地出现经济增长放缓甚至衰退现象，大量工厂企业倒闭，许多工人下岗失业，芝加哥也受到冲击，再一次处于重要的转型变革时期。

芝加哥大都市区在金融危机前后，贫困率保持在全美前 100 大都市区的中游位置。2007 年以来，芝加哥大都市区的交通运输业、物流业和建筑业岗位过剩，工人失业率畸高，其中建筑业单个行业的失业率达到 30% 以上。2010 年之后，随着全球经济复苏和国内经济刺激政策投放，芝加哥大都市区内开始出现就业岗位的增长，但是新增的岗位主要处于远郊区，与聚集在城市中心区的贫困人口具有空间上不匹配的特征。2017 年，芝加哥市的贫困率为 18.6%，芝加哥大都市区的贫困率较低，为 11.2%，这一贫困率数值高于华盛顿、旧金山、西雅图和波士顿等大都市区，但低于全美大都市区的均值，亦低于纽约、亚特兰大和洛杉矶等大都市区（图 4-24、图 4-25）。

金融危机后美国大都市区的经济复苏趋势明显具有以高科技产业、创新型产业和初创互联网企业为动力引擎的特征。2007—2009 年，美国经济仍处于金融危机的震荡影响之下，2009—2013 年，全美经济一直处于持续但有波动的缓慢复苏之中，总体而言复苏力度比较温和（王国兴、尹翔硕，

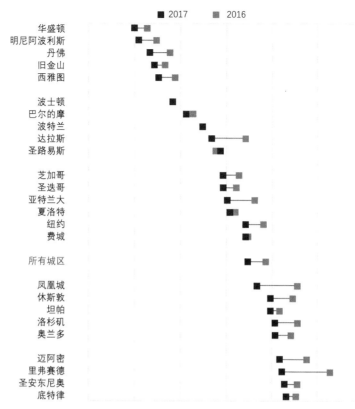

图 4-24　2016—2017 年美国大都市区贫困率变化
资料来源：Bishaw, A., Benson, C. Poverty: 2016 and 2017—American Community Survey Briefs. 2018.

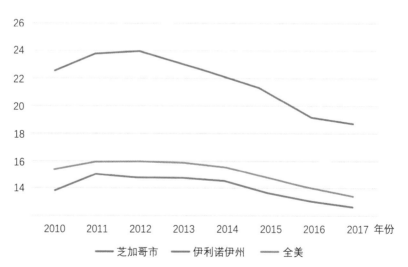

图 4-25　2010—2017 年芝加哥市、伊利诺伊州和全美贫困率对比
资料来源：同图 4-24。

2013）。2010—2015年，在"阳光带"大都市区的引领下，全美大都市区GDP和新增岗位数都稳步上升，而五大湖周边的大都市区，如芝加哥大都市区，复苏的步伐明显更加缓慢。从经济增长的动力来看，创新和研究驱动的新产业类型以及初创企业的增长正是旧金山、西雅图和波士顿等大都市区腾飞的关键因素；从生产效率来看，研发驱动的创新型产业的生产率增速也远远高于工业型的大都市区（如底特律、芝加哥）。根据布鲁金斯学会2017年的研究，芝加哥大都市区与全美规模前100的大都市区相比，2010—2015年，综合经济增速、经济繁荣度增速和经济包容度增速均位列50位左右，可见芝加哥的经济复苏速度处于全美中游，作为体量第三的大都市区来说并不亮眼。

2. 陷入人口外流和财政危机中的城市

与美国其他城市相比，位于中部的芝加哥更依赖墨西哥移民的流入来平衡本地出生人口的缓慢增长。20世纪90年代，移民占芝加哥人口增长的绝大部分，但2007年以后，墨西哥裔人口增长速度在全美各大都市区都开始下降，在芝加哥也不例外。同时，由于芝加哥存在社会安全和失业问题，2000年之后，芝加哥的有色人种也大量迁往郊区和"阳光带"地区，进一步加剧了人口的负增长。根据美国人口普查局的数据，芝加哥是美国人口规模前20的城市中唯一人口净减少的城市，2016年芝加哥大都市区人口减少19 570人，是美国所有大都市区中减少量最大的。高税收、预算僵局、寒冷天气、高犯罪率和高失业率叠加形成的生活压力，使得芝加哥面临的人口流失压力不减反增。

伴随2000年后的人口负增长，芝加哥的城市税收直线下降，政府必须通过公共服务设施的外包来获取资金。2005年，市政府以一份为期99年的租约将市内一段长约12.5千米的付费道路的通行费收取特许给了某私人公司，并在第二年将格兰特公园和千禧公园地下的四层停车场的99年收费权租给了摩根·斯坦利（Morgan Stanley）公司。在财政紧缩的背景下，芝加哥庞大的公共服务设施反而成为地方政府的一种负担。2007 年，芝加哥市政府宣布削减公共交通服务并提高票价水平，以保持芝加哥交通管理局的正常运转。除此之外，芝加哥削减公共服务开支的举措还包括关闭邻里图书馆、减少并精简公立学校的规模以及关停精神病医院等等，这些举措虽然大大降低了政府财政预算，但普通市民获取便民公共服务的渠道明显缩窄，对黑人和拉丁裔社区的贫困市民影响尤其大。

与国际化大都市纽约、洛杉矶相比，芝加哥的凶杀案数量更大（图 4-26），自 2014 年以来更呈现上升趋势，与美国的几座"铁锈带"城市底特律、圣路易斯、克利夫兰和孟菲斯相比，芝加哥的凶杀案数量并不是最大的，但发展的趋势接近（图 4-27）。经过 2016 年的凶杀案高峰后，2019 年是芝加哥凶杀案数量连续降低的第三年，但不幸的是在当年的 5 月 31 日，芝加哥迎来了一个血腥的周末——周末频发的枪击案导致 52 人受伤、8 人死亡。时任总统特朗普指责芝加哥的暴力犯罪率飙升是由于其对"罪犯和非法移民"的过度纵容。来自西北大学、伊利诺伊州立大学、伊利诺伊东北大学等研究机构的芝加哥犯罪问题专家组成的研究小组通过调查认为，芝加哥的凶杀案与种族问题和贫困人口密切相关。尽管目前芝加哥白人、拉丁裔和黑人所占人口比例基本相同，75% 的凶杀案却发生在黑人贫困区。要想彻底解决犯罪问题，就必须带动贫困社区脱贫，从而阻止青少年陷入黑帮争斗中，同时通过促进司法程序的公平正义来消除司法审判中的种族歧视。

3. 更加关注社会公平的包容性规划

为扭转芝加哥发展颓势，为城市经济转型发展培育动力，芝加哥通过《2040 区域框架规划》《迈向 2040 区域综合规划》《创造经济增长与就业岗位》等规划，提出了实现城市经济和社会复兴的多重策略。在旅游和会展目的地的建设方面，芝加哥提出要保护和利用百年城市发展肌理、建筑和构筑物遗产，促进城市文化、旅游的同步发展，在原有区域性的社交中心以及文化、教育与旅游中心的基础上，上升为国家级或世界级中心，以更高标准来

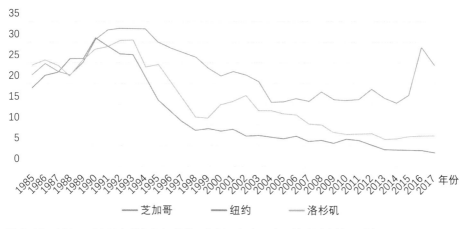

图 4-26　1985—2017 年芝加哥、纽约、洛杉矶每十万人口的凶杀案数量对比

资料来源：Great Cities Institute of University of Illinois at Chicago. 2019. The Fracturing of Gangs and Violence in Chicago: A Research-Based Reorientation of Violence Prevention and Intervention Policy. https://greatcities.uic.edu/2019/01/29/report-release-the-fracturing-of-gangs-and-violence-in-chicago/.

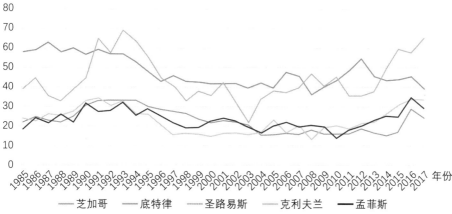

图 4-27　1985—2017 年芝加哥与"铁锈带"城市每十万人口的凶杀案数量对比

资料来源：同图 4-26。

制定相关功能的规划和设计。规划还将社区层面的文化建设作为城市文化内涵塑造的重要手段之一，希望实现从宏观到微观的策略推进，社区层面的设施、文化建设对于芝加哥全球城市的旅游与会展角色的形成将起决定性作用。

在基础策略的维度，芝加哥的历次战略规划均强调人才战略，提出通过人才吸引举措和教育策略两个方面，推动企业集聚、创新研发和产业升级，实现可持续的经济发展。在人才吸引方面，历次芝加哥规划分别提出了芝加哥大都市区需要在高技术行业更具竞争力，对高技术人才的吸引需要营造友好、有活力、世界级的商业、文化和教育环境，建设环境良好的社区以吸引人才等。

通过对历次规划的梳理，可以发现，芝加哥一直在通过规划的编制来引导城市经济发展，城市主要驱动力不断向高端（高附加值、价值链高端）产业转变，在注重金融、文化和旅游发展的同时，更加重视科技、创意与教育。正是因为战略侧重的不断调整，才使得中心区和大都市区能够持续不断地更新、转型，及时适应市场需求和产业发展的趋势，引导芝加哥复兴。

第五章

百年发展历程对比

一、中美两国发展历程对比

二、城市兴衰是国家发展的缩影

城市的发展受到诸多因素的影响，国家的整体发展态势是核心。国家的兴衰决定了城市的发展水平，国家的基本制度决定了城市发展的道路。因此，在分析武汉与芝加哥的异同时，厘清宏观背景对我们从全局角度审视当今武汉与芝加哥之间的差距以及芝加哥对武汉的启示，至关重要。

一、中美两国发展历程对比

在现代，城市的状态直接反映了国家兴衰的状态。无论是在古代还是现代，国家的优势直接体现为城市体系的优势。凡是那些伟大都会展现的壮丽与辉煌，背后都有一个强大的政体在支撑；凡是那些足以成为世界范围内令人艳羡的典范性城市，背后也都与所在国家的现代崛起紧密联系在一起（黄璇、任剑涛，2014）。

美国是当前世界上最发达的国家，而中国是世界四大文明古国中唯一延绵上千年并至今仍然欣欣向荣的国家。美国原为印第安人的聚居地，1776年乔治·华盛顿任总司令颁布《独立宣言》，正式宣布美利坚合众国成立。南北战争之后，美国的资本主义经济得以迅速发展，19世纪初，美国开始对外扩张。历经两次世界大战，美国国力大增，是当今世界上实力雄厚的超级大国。在世界历史发展的长河中，中国曾经是一个拥有悠久历史、灿烂文化和发达的封建经济且长期处于领先地位的文明古国，然而中国在清王朝统治时期采取了闭关锁国政策，以致未能跟上世界近代历史前进的步伐（孙占元，1993）（图5-1）。

第一阶段：18世纪末—1840年，美国开展西进运动与工业化进程，清王朝由兴盛走向没落。

美国的工业革命以美国西进运动为开端。始于18世纪末、终于20世纪初的美国西进运动极大拓宽了美国的疆土，为美国工业化提供了优越的条件和广阔的市场前景。同一时期的美国工业革命和工业化进程与西进运动密切

联系，互相促进，同步发展。西部开发意味着国内市场的扩大，也推动了东部制造业的发展，使之不断西移。19世纪20—30年代形成了以铁路为骨干的全国水陆交通体系，同时南北战争的结果极大促进了劳动力的流动。在从内战至第一次世界大战的不到50年的时间里，美国从一个农村化的共和国变成了城市化的国家。

美国独立前，中国清王朝经历了1661—1796年一百多年的"康雍乾盛世"，经济水平在世界上领先。乾隆末年，中国经济总量居世界第一位，人口占世界的1/3，对外贸易长期出超（许毅、王晓光，2002）。社会经济繁荣，国家库存充盈，使国家空前统一，版图东至太平洋，西越巴尔喀什湖，北越外兴安岭、贝加尔湖，缅甸、暹罗（即泰国）和安南（越南古称）成为清朝属国，中华帝国横空出世。就在国家鼎盛之际，因整个官僚机构乃至整个社会在"闭关锁国"的政策下封闭自大，导致吏治腐败、军事荒废，在乾隆后期从盛世帝国的顶峰迅速滑落，很快从康乾盛世转入嘉道中衰。从18世纪末到19世纪40年代，短短50年左右的时间，本来先进的中国远远落后于西方的资本主义国家。

第二阶段：1840—1912年，美国逐渐成为国际资本主义强国，中国封建王朝的统治体系走向瓦解。

1839年林则徐虎门销烟，引发1840年英国对中国发动的第一次鸦片战争，打开了中国的大门，中国自此从独立自主的封建国家沦为半殖民地半封建国家。从1842年签订《南京条约》开始，直至清朝灭亡，清政府陆续签订了一系列不平等条约，导致山河破碎、社会动荡不安。在不平等条约要求下，清政府允许列强在华境内设立殖民区，控制国家实体经济命脉，再加上高额赔款的支付，国内白银外流，国力不断下降。外有西方资本主义帝国掠夺侵扰与自然灾害，内有祸乱动荡不堪（林矗、李楠，2014），中国社会遭受严重破坏，人民深陷灾难和压迫中。1899年，美国针对列强瓜分中国的狂潮，提出"门户开放，利益均沾"的政策，公开践踏中国的主权。从此，

美国更积极、更活跃地参加帝国主义大国在中国的角逐。

与此同时，鸦片战争迫使清政府睁眼看世界，开始了 35 年的洋务运动，以军事自强为起始，学习西方先进思想，在军事、农业和工业方面不断引入西方现代技术与设备，大大缩短了中国近代化的历程（郭鑫、崔英杰，2018）。然而由于传统封建制度的弊端、缺乏完整的计划、主事者识见不足、守旧人士的反对、官僚政风的败坏等原因，在 1894—1895 年的甲午战争中，北洋海军全军覆没，标志着洋务运动的失败。甲午战争对晚清造成了毁灭性的打击，从此东亚历史格局重塑，改变了 20 世纪初世界力量的对比。中国在亚洲第一的地位丧失，在国际社会中沦为二流国家，国际地位迅速跌落（史桂芳，2015）。

甲午战争之后，中国人民挽救民族危亡的运动高涨，1911 年 10 月 10 日武昌起义爆发，1912 年 2 月 12 日清帝发布退位诏书，至此，2 132 年的中国帝制历史宣告终结。1912 年 1 月中华民国正式建立，推翻了"洋人的朝廷"，沉重打击了帝国主义的侵略势力。

第三阶段：1912—1931 年，美国进入"柯立芝繁荣"，成为世界上最强大的国家，中国经历短暂的经济社会复苏。

从 1912 年中华民国建立直至 1931 年日本发动侵华战争，中国经济社会获得了难得的恢复增长窗口，在这期间国内实业集团纷纷成立，开工厂、设银行成为风气。民族资本主义的经济力量在短短几年内就有了显著的发展。第二次世界大战开始时，全中国共有 92 个城市对外开放，铁路和汽轮将这些城市与外界连接。新的产业和中外企业在这些城市发展起来，工业增长率在 1912—1920 年高达 13.4%，1912—1942 年平均增长率也达到 8.4%（王德发，2017）。

1917 年，美国被卷入第一次世界大战旋涡中。第一次世界大战为美国崛起创造了千载难逢的机会，美国一方面通过对参战国供应物资促进了工农业生产，另一方面通过对外提供资金支持了金融发展，为其日后的繁荣打下

了坚实的基础。20 世纪 20 年代，美国进入由科技引领的"柯立芝繁荣"，城镇居民人数开始超过农村，并且那时的美国，已经成为当时世界上最大的债权国。到 1924 年，美国实际控制了国际金融市场，战后资本主义世界的金融中心由英国转移到了美国，大大加强了美国在资本主义世界中的地位。广袤的国土、丰富的自然资源、绝佳的地缘位置、生机勃勃的劳动力和无与伦比的生产力，让 20 世纪 20 年代的美国异常强大。

1929 年，美国股票市场崩溃，导致了持续四年的资本主义世界大萧条，世界各国都受到牵连。随后富兰克林·罗斯福当选总统，全面推行"罗斯福新政"，使美国成为西方国家中最先从经济大萧条中恢复的国家（图 5-2）。

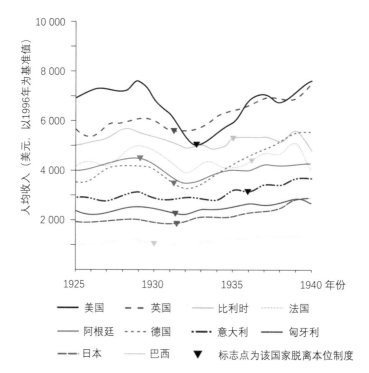

图 5-2 大萧条期间主要国家人均收入曲线

资料来源：威尔·奥尼尔（Will O'Neill），维基共享资源，2011 年 6 月 25 日，https://www.albert.io/learn/ap-european-history/1914-to-the-present/income-per-capita-throughout-the-great-depression/impact-of-income-decline?page=1。

但是在欧洲，大萧条导致还未从"一战"的伤痛中恢复的国家雪上加霜，最终引起极右主义思潮在欧洲盛行，爆发第二次世界大战。

第四阶段：1931—1945 年，第二次世界大战为中国带来惨痛的牺牲，让美国成为世界顶级强国。

1931 年 9 月 18 日，日本发动侵华战争，中断了中国国力复苏的步伐。1932 年东北全境沦陷，标志着中国 14 年抗日战争的开始，让中国提前 8 年卷入第二次世界大战。1931—1945 年，抗日战争对中国造成极大的破坏。14 年间，中国伤亡人数在 3 500 万以上（罗正楷，1996），财产损失及战争消耗达 5 600 余亿美元（中央党史和文献研究院，2014），严重阻碍了中国社会的发展与进步。中国是世界反法西斯战争期间遭受损失最惨重的国家，世界上没有任何一个国家为了这场战争，付出过像中国这样的牺牲与代价[①]。

但是，第二次世界大战的爆发成为美国社会经济发展的一个转折点。"二战"为一开始处于中立国的美国带来了大量的军事订单，还进一步推动了与军事相关的科技领域的飞跃发展，这些技术在战后陆续应用于民用生产，推动了战后科学技术发展的高潮。战后人口增长、战争带来的人才移民、妇女劳动参与率的提升等带来了大量劳动力。同时，由于"二战"没有发生在美国本土，美国几乎没有遭受直接经济损失，一系列的因素让"二战"后美国一跃成为世界顶级的经济强国。

纵然损失惨烈，但是抗日战争是中国一百多年来第一次彻底打败外来侵略者，改变了中国在国际社会中的地位。《开罗宣言》和《波茨坦公告》均明确了中国的领土主权与完整性（李东朗，2015）。1945 年，中国同苏、美、英、法正式签署《联合国宪章》，成为安理会五个常任理事国之一，在法理

---

① 《抗日战争时期中国人口伤亡和财产损失调研丛书》总序，http://dangshi.people.com.cn/n/2014/1210/c85037-26179381.html。

上成为一个世界大国。在中国大国地位的形成过程中，美国起了很大的作用：太平洋战争后，美国在政治上大力援助中国，力挺中国进入"四大国"行列，对中国的国际地位、对战后世界新格局的形成产生了深远的影响。可见，彼时的美国无论从经济、国力、世界地位及话语权等方面均比中国有明显的优势（祁长春，2008）。

第五阶段：1945—1978 年，"二战"后美国进入加速发展时期，中国则社会动荡，再次落后世界发展进程。

"二战"结束后，美国进入从 1945 年至 20 世纪 70 年代的黄金时期。战后美国联邦政府对许多新兴的工业部门、重大科研项目、现代化公共设施进行大量的投资，科学技术的发展对美国的经济繁荣有直接的作用。1969 年，阿波罗 11 号首次将人类送上了月球——将美国推上太空领域的头把交椅。这期间现代跨国公司在美国兴起并发展壮大，影响了世界经济的发展（张殿军，2005）。

但是中国在"二战"结束后，又陷入了连绵不断的动荡。先有四年内战，中华人民共和国刚成立不久后又卷入朝鲜战争。"一五"建设不久，1958 年中苏关系决裂，在探索建设社会主义道路过程中的"左"倾路线，叠加 1959—1961 年爆发的自然灾害，造成了 20 世纪 60 年代严重的经济衰退（陈东林，2004）。

1966 年颁布实施的第三个五年计划取得令人瞩目的成就，国防科技取得了一系列重要突破，成功进行了我国第一颗核弹和氢弹爆炸试验，发射了第一颗科学实验卫星，显著提升中国在国际上的战略地位，让中国在美苏霸权冷战时期获得了稳定的国际话语权和自主权。然而"三五"建设的成就受到了政治运动的影响。20 世纪 70 年代起，国际局势趋向缓和，许多国家经济起飞或开始持续发展，但由于"文革"的影响，中国与发达国家之间的差距不减反增，从而失去了一次发展机遇。

第六阶段：1978—2020 年，改革开放给中国带来腾飞，美国成为世界唯一的超级大国。

随着 1991 年苏联解体，美国赢得了冷战的最终胜利，成为世界上唯一的超级大国。20 世纪 90 年代，美国抓住了信息化革命的浪潮，推动信息技术及其产业的发展，在新的世纪里，"数字地球"将美国推到信息产业的制高点。如今，美国已是高度发达的资本主义国家，世界第一军事大国，其政治、经济、军事、文化、创新等实力领衔全球，其高等教育水平和科研技术水平也是当之无愧的世界第一，其科研经费投入之大、研究型高校企业之多、科研成果之丰富堪称世界典范。

1978 年 12 月党的十一届三中全会的召开，标志着中国走上改革开放的道路，中国大门再一次向世界打开。全球化给中国带来了空前的活力，经济快速发展，国力增强，直至今日，我国的技术水平已经在许多产业领域大幅提高，成为世界科技投入大国、科技人力资源大国和专利申请大国。随着 2001 年 12 月 11 日中国加入世界贸易组织，进行更广泛的对外开放后，开始了我国全面融入世界的 20 年。城镇化水平方面由 1978 年的 18% 跃升到 2017 年底的 59%；综合经济实力方面也显著增强，2010 年 GDP 排名跃居世界第二，人均 GDP 也从第 121 位上升到第 70 位。制造业增加值全球第一，货物贸易总额全球第一，外汇储备全球第一。随着 2003 年杨利伟登上太空、2008 年成功举办北京奥运会、2010 年成功举办上海世博会、2013 年提出"一带一路"倡议、2016 年成功举办杭州 G20 峰会、2020 年完成中国北斗全球系统等等，中国逐渐成为世界上最有影响力的国家之一，正在深刻改变世界发展格局。

已有的回溯经济数据显示，20 世纪 20—30 年代，美国的人均 GDP 已远远超过中国，1950—1979 年，美国人均 GDP 为中国的 20 多倍，而中国也远远低于世界平均水平。虽然在改革开放后期，中国的经济实力逐渐追上，但目前而言，人均 GDP 依旧不足美国的四分之一（图 5-3）。

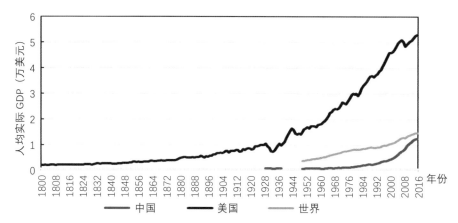

图 5-3　1800—2016 年中国、美国和世界平均的人均实际 GDP 对比（万美元）

资料来源：麦迪逊项目数据库（Maddison Project Database），人均实际 GDP 的计算以 2011
　　　　　年美元为基准值。

国家实力决定政治话语权，中国与美国之间的差距、中国与美国在世界格局中的影响力等，在 200 多年的发展中不断扩大又逐渐缩小。但是我们需要清醒地认识到，即使到今日，在人才、科技、教育、金融等核心竞争力领域，美国仍然远远领先世界上其他许多国家（杜德斌等，2019；任泽平，2018；倪鹏飞、千海波，2015）。虽然中国的综合国力不断提高，但是总体上依旧与美国有较大差距（胡鞍钢等，2015）。

二、城市兴衰是国家发展的缩影

城市是国家的缩影，国家是城市的载体。城市的发展可以推动国家的变革，而国家的兴衰更是决定着一座城市的发展轨迹。武汉与芝加哥的发展历程分别是中美两个国家发展兴衰的缩影（表 5-1）。

表 5-1　武汉与芝加哥历史发展阶段对比

时间	武汉		芝加哥	
	发展阶段	重大事件	发展阶段	重大事件
19世纪以前	农耕时代:"军事城堡"向"封建城邑"转变（商代至1465年）	公元前16—公元前13世纪：盘龙城，商朝南土中心城邑	沼泽荒原时代	—
		西汉：开始有地方建制，为江夏郡沙羡县地		
		东汉末年：在汉阳龟山先后兴建却月城和鲁山城，在武昌蛇山兴建夏口城		
		223年：东吴孙权在武昌蛇山修筑夏口城，在城内黄鹄矶上修筑瞭望塔，取名黄鹤楼		
		1281年：元世祖至元十八年，武昌成为湖广行省的省治		
	商贸时代：商贸重镇转型为国际贸易商埠（1465—1889年）	1465年：汉水改道从龟山北麓入江；汉口脱离汉阳独立发展	聚落时代：芝加哥最早的居民（1673—1837年）	1673年：法国探险者雅克·马凯特和路易·乔利埃在前往魁北克的途中经过芝加哥并绘制了该地区地图
		1525年：明嘉靖设置汉口镇，汉口成为茶叶、淮盐、竹木、粮食分销地，全国"四大名镇"之一		
		1635年：汉阳府通判袁焻主修袁公堤		18世纪80年代末：让·巴普蒂斯特·波因特·杜萨布利定居芝加哥
		1643年：张献忠破武昌城		
		乾嘉年间（1795—1799年）：汉口交通四通八达，贸易往来盛行，成为中国内地重要的商业中心		1803年：美国陆军在芝加哥河口建立迪尔伯恩堡
19世纪上半叶		**1799年：白莲教起义威胁到汉口**		
				1831年：伊利诺伊州议会创建了库克县，以芝加哥为县行政中心
		1818年：《汉阳县志》序言中称汉口是帝国"四大名镇"中最大的一镇		1833年：波特瓦托米土著撤离芝加哥，芝加哥镇成立

时间	武汉		芝加哥	
	发展阶段	重大事件	发展阶段	重大事件
19世纪上半叶	商贸时代：商贸重镇转型为国际贸易商埠（1465—1889年）	1838年：湖广总督林则徐在武昌、汉口、汉阳查禁鸦片烟	建市之初：在西部开发热中日渐兴隆（1837—1871年）	1837年：芝加哥建市；威廉·奥格登当选为第一任市长
				1847年：《芝加哥论坛报》创刊
		1848年：武汉遭遇严重洪灾		1848年：伊利诺伊—密歇根运河开通；芝加哥期货交易所成立
1850—1859年		1852—1856年：太平军三次攻占武汉		1856年：芝加哥批准建设美国第一个综合污水处理系统
		1858年：依据《中英天津条约》增开九个通商口岸，包括汉口		
1860—1869年		1861年：汉口正式开埠		1861年：芝加哥义勇军、爱尔兰军旅和林肯步兵团奔赴内战战场
		1864年：为防捻军南下，修筑汉口堡		1865年：联合牲畜场开业
		1868年：英国汇丰银行汉口分行开业		1869年：太平洋铁路开通
1870—1879年		1871年：美国圣公会在武昌创办文华书院		1871年：芝加哥大火
		1873年：轮船招商局在汉口设立分局		1875年：芝加哥第一家钢铁厂成立
1880—1889年		1884年：汉口、武昌、汉阳分别成立电报局	浴火重生：大火后城市快速重建（1871—1900年）	1885年：芝加哥建造世界上第一座钢框架摩天大楼
	近代工业化：中国内陆的国际性大都市（1889—1937年）	1889年：张之洞担任湖广总督；卢汉铁路开工		1889年：芝加哥兼并周边城镇；简·亚当斯创办的赫尔馆开放

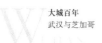

时间	武汉		芝加哥	
	发展阶段	重大事件	发展阶段	重大事件
1890—1899 年		1890—1892 年：张之洞在汉阳创办汉阳铁厂、湖北兵工厂，在武昌创办湖北织布局、两湖书院		1890 年：约翰·洛克菲勒创办芝加哥大学
		1893 年：张之洞在武昌创办自强学堂		1893 年：芝加哥举办哥伦比亚世界博览会
		1894—1898 年：张之洞在武昌创办湖北缫丝局、湖北纺纱局、湖北制麻局		1894 年：普尔曼工人大罢工；芝加哥伦比亚博物馆开业
		1899 年：汉口设夏口厅，实行阳（汉阳）夏（夏口）分治		
1900—1909 年		1903 年：大智门火车站建成	黄金年代：工业繁荣发展的延续（1900—1960 年）	1900 年：芝加哥河水改变流向
		1905 年：后湖大堤（今张公堤）建成		1904 年：芝加哥成功申办 1904 年奥运会，但该赛事后移至圣路易斯召开 [①]
		1906 年：卢汉铁路通车；宋炜臣创办既济水电股份有限公司		1909 年：芝加哥商业俱乐部发布《芝加哥规划》；芝加哥实施街道命名和网格编号系统
1910—1919 年		1911 年：辛亥革命首义于武昌		1911 年：芝加哥举办国际航空展
		1915 年：民族实业家创办武昌第一纱厂		
		1918 年：美国《哈泼斯杂志》刊载"中国的芝加哥"		1919 年：芝加哥发生种族暴乱

---

① 鉴于美国运动员在雅典和巴黎奥运会上的出色表现，并根据奥林匹克运动必须国际化的目标，国际奥委会于 1901 年 5 月 21 日在第四次全会上将第三届奥运会的主办权授予美国的芝加哥市。从法国巴黎传来的喜讯，令芝加哥市民欣喜若狂，首次募捐就获得 12 万美元赞助。但没等他们为此热烈庆祝一番，情况又有了变化：美国的另一城市圣路易斯想举办第三届奥运会。两市为取得第三届奥运会的主办权展开了激烈的竞争。在相持不下的情况下，最后只好求助于美国总统、美国奥委会名誉主席西奥多·罗斯福裁决。罗斯福在了解情况、征询有关人士意见后，倾向于由圣路易斯承办。

时间	武汉		芝加哥	
	发展阶段	重大事件	发展阶段	重大事件
1920—1929 年		1922—1923 年：民族实业家创办裕华纱厂、震寰纱厂和申新纱厂	黄金年代：工业繁荣发展的延续（1900—1960 年）	1920 年：密歇根大街大桥通车
				1921 年：菲尔德自然史博物馆开放
		1926 年：北伐军攻占武汉三镇		1925 年：《芝加哥论坛报》大厦建成
		1927 年：国民政府将三镇合并，定名武汉；作为中华民国临时首都		1927 年：市政机场通航
				1929 年：芝加哥黑帮制造情人节大屠杀
1930—1939 年		1931 年：武汉暴发特大洪水，市区被淹百日之久		1933 年：芝加哥举办世界进步博览会
		1936 年：粤汉铁路通车		
		1937 年：武汉成为国民政府临时首都		1937 年：库克县医院创建美国第一座血库
1940—1949 年	战争年代：抗日战争及解放战争（1937—1949 年）	1938 年：中日双方进行长达数月的武汉会战；武汉三镇沦陷		1942 年：费米反应堆在芝加哥大学成功运转
		1944 年：作为日军重要基地的汉口，遭到美国空军的一系列大规模空袭		1944 年：美国俘获的德国 U-505 潜艇在科学工业博物馆展陈
		1945—1949 年：解放战争		1946 年：伊利诺伊大学在海军码头开课
		1949 年：武汉解放；成为中华人民共和国历史上的首个直辖市		1949 年：市政机场更名为中途国际机场
1950—1959 年	现代工业化：苏联模式的重工业之城（1949—1958 年）	1954 年：武汉市由直辖市改为省会；遭遇特大洪水		1955 年：理查德·J. 戴利当选芝加哥市市长
		1957 年：武汉长江大桥通车；京广铁路贯通		
		1958 年：武钢、武重建成投产		1958 年：芝加哥港建成

时间	武汉		芝加哥	
	发展阶段	重大事件	发展阶段	重大事件
1960—1969年	停滞发展：社会主义建设道路的曲折探索（1958—1978年）	1962年：武汉市第一次计划单列	陷入困境：制造业衰退与郊区化加速（1960—1980年）	1962年：罗伯特·泰勒家园开放
		1965年：武汉获得青山火电厂、武钢"双二百"综合生产能力配套工程等国家级大项目		1965年：戴利中心建成
		1966年：横贯湖北省西北的大动脉汉丹铁路全线通车		1967年：芝加哥发生有记录以来最大暴雪灾害
1970—1979年		1966—1976年："文革"		1973年：当时世界最高建筑西尔斯大厦建成
		1979年：武汉市恢复开放汉正街小商品市场		1979年：简·伯恩（Jane Byrne）当选该市第一位女性市长
1980—1989年	前升后降："两通起飞"与"中部塌陷"（1978—2008年）	1984年：武汉市获批为经济体制综合改革试点城市与计划单列市，实施"两通起飞"战略	转型求变：从制造业之都转型为服务业枢纽（1980—2000年）	1983年：哈罗德·华盛顿当选该市第一位非裔市长
				1989年：理查德·M.戴利当选市长
1990—1999年		1991年：东湖新技术开发区经国务院批准为首批国家级高新技术产业开发区		1992年：货运隧道渗漏导致街道淹没
		1992年：武汉市被列入沿江对外开放城市		1993年：帕克斯顿旅馆（Paxton Hotel）火灾致死20人
		1993年：武汉经济技术开发区经国务院批准为国家级经济技术开发区		
		1995年：天河国际机场一期通航；长江二桥通车		1995年：高温热浪致死数百人
		1998年：武汉遭遇特大洪水		1998年：芝加哥火焰足球俱乐部获得美国职业足球大联盟杯冠军

时间	武汉		芝加哥	
	发展阶段	重大事件	发展阶段	重大事件
2000—2009 年		2002 年：汉口江滩启动建设	复兴之路：中心城更新引导多元化发展时代（21 世纪初至今）	2001 年：波音总部迁入芝加哥
		2004 年：武汉轨道交通 1 号线一期投入试运营		2004 年：芝加哥千禧公园开放
		2008 年：天河机场二期竣工；东西湖保税物流中心成立；长江隧道正式通车		2008 年：巴拉克·奥巴马于格兰特公园发表胜选演说
2010—2019 年	奋起直追：全面复兴与建设国家中心城市（2008 年至今）	2009 年：国务院批准东湖新技术开发区为国家第二个自主创新示范区		2009 年：伊利诺伊州长罗德·布拉戈耶维奇（Rod Blagojevich）被弹劾罢免
		2011 年：武汉市第十二次党代会提出建设国家中心城市		2011 年：拉姆·伊曼纽尔（Rahm Emanuel）当选市长
		2013 年：武汉轨道交通 4 号线一期通车		2013 年：芝加哥关闭 50 所公立学校以应对财政窘境
		2016 年：东湖绿道　期开放；中山大道改造开放		2016 年：芝加哥启动"伊曼纽尔市长工业走廊现代化计划"
		2019 年：武汉市成功举办世界第七届军人运动会		2019 年：洛里·莱特福特（Lori Lightfoot）当选该市第一位非裔女性市长

注：蓝色方框为产生负面影响的事件。

（一）武汉的五次借势发展

武汉作为一座历史悠久的城市，经历了从农业文明下的封建城邑、商贸重镇，到工业文明下的现代城市的变迁。自明代中期商品经济加速发展开始，武汉的五次发展高峰均是顺应了国家演进的时代大潮，先天优势加上自

我改造，武汉成为国内、国际大循环体系中一座重要的节点城市。

第一次高峰是明末清初汉口的崛起。由于封建商品经济快速发展，以粮食、棉布、丝织、盐、茶、铁、糖、烟、纸等为主的民生用品，变成了长途贩运贸易的主打产品。长途贩运贸易催生了内河航运路线的增辟和延长，汉口凭借经济腹地和内河航运的优势成为中国"四大名镇"之一。明清时期的汉口除商贸地位名闻天下外，还因为行政管治薄弱而民间自治兴盛成为学术界的研究热点。

历史上的汉口与武昌、汉阳相比是后起之秀，武昌与汉阳自隋唐起便是省垣、州府等行政机关所在地，政治与军事地位高于汉口。汉口于明成化年间汉水改道后始从汉阳析出独立发展，明嘉靖年间设镇，为汉阳府所属汉阳县管辖。通常镇一级并不会设专职衙门管理，汉口由于商业规模大而派驻有巡检司。由于政府管治薄弱，民间组织兴起，推动了汉口自治。较少的行政干预以及便利的交通促进了自由贸易，汉口很快就成为人口集聚和商品贸易的繁盛之地。时人称"该地当天下之中，贸迁交易，互通有无，故四方商贾，辐辏于斯"。乾隆年间的汉口"人烟数十里，贾户数千家，典铺数千万，九州诸大各镇皆让焉"。由于人口的快速增长，加强城市经济与社会管理成为必要，催生了相应的民间组织等非正式的管理机构，如各类会馆公所、慈善组织等，政府机关与民间组织形成一种相互扶持的关系。清初汉口各地士绅、商贾兴建会馆公所成风，对基于同乡同业的商业活动进行规范，这类民间组织在清中后期已广泛渗透到城市服务与社会福利领域。

第二次高峰是19世纪与20世纪之交，武汉处于城市发展历史上的高位，工业、商业、文化、教育发展水平位居中国城市的前列，汉口是繁华开放的国际化商业市镇，汉阳是中国最先进的军工企业所在地，武昌是辛亥首义之地和近代教育发祥地。这一时期中国被卷入世界资本主义市场，晚清重臣主导自强求富的洋务运动，中国社会处于传统经济向现代经济的转型期，武汉作为中国内陆的中心城市正因处于时代变革的前沿而被推到了发展高位。

一是难得一遇的和平发展环境。从 1856 年 12 月太平军退出武昌，至 1911 年 10 月 10 日武昌起义爆发，武汉地区没有出现大的天灾和战乱，获得了半个多世纪的和平发展环境，这是城市得以繁荣的首要条件。二是国际贸易背景下的交通区位优势。第二次鸦片战争后，外国资本主义势力由中国沿海深入到腹地，汉口被增开为通商口岸，在内河航运为主、铁路初兴的特殊历史时期，武汉由于地处中国之中、长江之中的独特地理区位成为西南、西北等内陆各省的唯一出海口。1906 年京汉铁路通车后，由于联系华北与华中地区的京汉铁路以汉口为终点，促使华北南路（河南省）迅速转入武汉商圈，武汉的交通枢纽地位和商业腹地进一步扩大。三是主政者自强求富的主动作为。外国资本进入武汉的目的是控制和掠夺中国内地的资源，而张之洞督鄂 18 年则是对城市实力的全面营造。他推行的"湖北新政"得到了清政府的首肯和财力支持；他本人是学者型政治家，深切地洞悉重工业是兴国之本，其兴办的汉阳铁厂和湖北兵工厂，起点高、规模大，求精求全，是近代中国重工业发展史上的开创之举；他还广纳贤才，被其延聘入幕的国内政界、学界、实业界名士多达 400 人，主持兴办的工厂中也大量聘用外国技师和专家，在学习西方和保存国粹的张力之间维持一种平衡状态（涂文学，2010）。四是辛亥首义让武昌成为中国的革命中心，武汉处于中国政治经济社会大变革的前沿。民国初期，帝国主义列强忙于第一次世界大战，国内反帝爱国、抵制洋货运动兴起，民族工商业迎来大发展，武汉在这样一种宽松和有利的国内环境下再次取得了经济发展，将发展高峰延续至 20 世纪 20 年代。

第三次发展高峰是中华人民共和国成立初期，武汉在大规模工业建设方面赢得先机。1949 年至改革开放前，中国实行计划经济，由政府统筹各类生产要素并实行城乡有别的户籍管理制度，国家集中力量发展重工业以推动国家工业化和国防现代化。在武汉，中央政府有计划地加大对工业的投入，使得"武汉制造"闻名遐迩，奠定了武汉重工业的基础。

"一五"期间的 156 个重点建设项目中，设置在武汉的项目包括武钢、

武重、武锅、武船、武汉肉联、青山热电厂和长江大桥七项，其中武钢的建设实现了以"钢铁要过江"为标志的全国重工业布局。"三五"和"五五"计划期间，武汉的投资规模也在全国名列前茅。武汉重型机床厂是亚洲最大的重型机床厂，武汉锅炉厂是国内最大的特种锅炉生产厂，武昌造船厂是内地最大的造船综合企业，常规潜艇的两大生产厂之一，另外还有食品加工业的武汉肉联厂和为工业区和城市配套的青山热电厂。钢、重、锅、船四大"武"字头重工业项目在武昌地区汇聚了几十万工人及其家属，几十年间，武汉发展成为一个庞大的工业新城与工业名城，奠定了武汉的现代工业基础。"武"字头国企让武汉在全国冶金、机械、纺织工业和日用消费品工业中占据一席之地。即使在"六五"期间（1981—1985年），武汉的工业实力依旧位居全国第四。工业实力的增强让武汉在中国交通枢纽的地位得到了进一步的巩固。在"四纵四横"的铁路骨架构建背景下，1957年武汉长江大桥通车，作为中国第一座公铁两用的复线桥，连接了京汉铁路和粤汉铁路，打通了中国南北的咽喉要道。而1967年完工的汉丹铁路连通20世纪70年代修建的襄渝铁路，形成了武汉向西的通道，成为沿江铁路大通道的重要组成部分。

第四次发展高峰是改革开放的前10年，武汉成为中国市场经济体制改革的"排头兵"。1978年，以党的十一届三中全会的召开为标志，我国走上了改革开放的道路。在建立和完善社会主义市场经济的过程中，国家运用强有力的宏观调控手段，对经济活动参与者进行引导，使大量的资源在重点城市集中，催生了许多具有世界影响力的超大城市和特大城市。在中国社会主义市场经济改革推进过程中，作为中国中部中心城市的武汉得到了空前发展。

1979年，武汉率先恢复个体经济，成为中国市场经济体制改革的"试验田"和"风向标"。在国家集中力量加大重点行业投入的20世纪80年代，武汉市政府采纳了李崇淮提出的"两通起飞"战略构想，以交通和流通为翼，以工业为主体，把武汉建成"内联华中、外通海洋"的多功能经济中心，促进武汉、湖北乃至华中地区经济发展，从而把武汉建成"东方芝加哥"（李崇淮，1993）。可以说，改革开放后武汉能够再次迅速成为全国商品货物的集散地，这不仅得益于国家全面开放的政策，还有其自身交通建设的强劲基础。在"十"字形的铁路网骨架和长江黄金水道的联合优势下，武汉以"中国经济体制改革"的"排头兵"姿态登上历史舞台，充分发挥其承东启西、引南接北、广纳四方商贾、吞吐九州货物的集散功能，形成开放包容的市场格局。

第五次发展高峰源自 2008 年，武汉全面开启建设国际大都市的步伐。受国际金融危机的影响，东部及南部沿海城市外需疲软，增长乏力。受到收益的下降以及出口转内销的影响，东部及南部沿海城市大规模的产业向生产成本更低的中西部地区转移，武汉趁势而为提出"全面复兴大武汉"的战略，并启动大规模的城建提升计划。2009 年，武广高铁升级成为中国第一条时速能达到 350 千米的高铁线路，随后京广高铁贯通，沪汉蓉专线开始运营，在原先"十字形"铁路网架的基础上，武汉的高铁"大十字"骨架相继成形。2012 年，武汉市在《武汉 2049 远景发展战略》中提出建设国家中心城市和国际化大都市的奋斗目标（武汉市规划研究院，2014），并于 2016 年得到国务院的批复与支持①，同年 9 月武汉被列入国家全面创新改革试验区。

围绕建设国家中心城市这一目标，武汉在市内轨道交通、市容市貌、公服建设、人才服务、高新技术产业扶持等方面制定了各项发展规划和建设计划。以轨道交通为例，在《武汉市轨道交通线网规划（2018—2035 年）》中规划构建"强心强轴、环射成网、区域融合"的多层次、多模式轨道交通线网体系，至 21 世纪中叶，武汉大都市区范围将形成 10 条线、650 千米的市域铁路网，市域范围形成 32 条线、总长 1 600 千米的城市轨道交通网。经过

---

① 根据《国务院关于促进中部地区崛起"十三五"规划的批复》（国函〔2016〕204 号），2016 年 12 月 20 日，国家发展和改革委员会正式印发了《促进中部地区崛起"十三五"规划》（发改地区〔2016〕2664 号）。

30 余年的打造，武汉的中国光谷这块高新技术产业热土在全球半导体产业中已经有着极其重要的影响。2019 年，武汉作为长江中游发展的龙头城市，成功举办了第七届世界军人运动会，修建的 35 处共 54 个体育场馆以及一系列市容市貌的整治工程在会后全部投入城市公共服务中。发展的潜力，品质的提升，环境的改善，生活的宜居，让越来越多的人才留在了武汉：自 2017 年实施"百万大学生留汉"政策以来，截至 2019 年底，武汉共新增留汉大学生 109.5 万人，提前两年完成了原定计划。由于城建大提速和蓬勃兴起的高新产业，武汉 2012—2019 年连续八年 GDP 在全国城市排名稳定在前十。

近代以来，武汉有两次经济地位下滑令人关注。第一次是 20 世纪 20 年代城市地位的下滑。由于地处内陆中心的战略位置，武汉的经济发展屡受战争破坏。北洋军阀长达十多年的混战，导致长江航路和铁路运输阻断，武汉贸易为之停滞；1927 年以后，武汉地区又先后经历了蒋桂战争和国民政府对革命根据地的军事"围剿"。长时间的战乱，严重破坏了武汉经济赖以发展的商品贸易和工业生产。其次，交通格局的改变使得武汉传统商品集散地的地位削弱，从而降低了其在全国的经济地位。川沪直航的开通削减了武汉的货运转运量，粤汉铁路通车使得长江以南地区与广州方向的经济联系加强，削弱了武汉的商业中心地位（廖建夏，2008）。第二次是在1990—2008 年，相较沿海城市的迅猛发展，武汉在全国的经济地位下滑。原因有多种：改革开放以来，具有区位优势的东部沿海城市大力推进招商引资，经济迅速崛起，国家政策的倾斜效应和市场经济的极化效应不断削弱武汉的投资地位，资金、技术、人才向要素配置效率较高的沿海地区流动。此外，武汉自身观念保守，民营经济没能得到有效支持，拉大了与沿海城市的发展差距。武汉经济地位跌落在商贸业的外向程度上表现尤为明显：武汉的商贸业在 2000 年以后虽有增长，但与上海、深圳、广州等城市相比，外资金额不到这些城市的三分之一。2000 年，深圳的进出口贸易总额是武汉的 50 倍，上海则是武汉的 40 倍；而对外贸易占 GDP 的比重武汉只有 10% 左右，既不及深圳、上海、青岛等城市，也落后于全国 43.8% 的平

均水平。沿海城市发展，使武汉从商贸的中心走向了边缘（袁永友、赵君，2009）。

（二）芝加哥的崛起与困境

从建国之初，美国就实行市场经济体制，美国自由市场经济制度的形成不仅与国家的政治制度有关，而且还与占主导地位的经济理论密切相关。影响美国市场经济模式的主要有两大思潮，即国家干预主义思潮与经济自由主义思潮。前者的理论源头可以追溯到美国建国时期的联邦主义，后者可以追溯到工业革命时期的自由主义。长期以来，这两种思潮此消彼长共同左右着政府的经济政策及市场行为。美国的经济模式建立在私有制基础上，实行"自由"的企业制度和市场经济，商品市场的自由交易衍生出发达健全的金融体系，劳动力市场的自由流动，让人力物力随着资本市场的需求可以随时发生空间上的转移。例如，美国私有土地的自由交易制度使得人们依据自己的选择在不同地区买卖土地寻求发展，在这个过程中推动了城市化的进程。美国人口流动便利，为人们职业选择、居住地选择提供了自由。城市管理上，美国没有人口和规模的限定，不论是政府投资城市建设还是社会投资城市建设，市场需求和效益是决定性的因素。美国多数基础设施都是由社会投资建设的，只要城市有需求和项目有效益就有人投资。

芝加哥的兴衰与美国整体很相似——远离战场，资源丰富，承东启西。芝加哥的崛起，标志着美国陆权的崛起，也被视为内陆中部城市发展的典范。芝加哥建市后长达120年的繁荣得益于美国工业化浪潮和西进运动，而20世纪60—80年代的衰落则是美国制造业外迁、国家战略边缘化等国际国内环境变化带来的结果。20世纪90年代至今，芝加哥的复兴与衰退是美国主导的全球化在国内效应的晴雨表。芝加哥的城市发展受世界时局影响的同时，也深刻地受到美国国家干预主义与经济自由主义政策的影响。

芝加哥建市后的城市化热潮即是受益于国家战略以及自由市场经济。在美国不断西进扩张过程中，鉴于芝加哥重要的交汇点位置，也出于军事

战略的考虑，美国政府顶着经济危机的压力，在1836年开始在芝加哥修建伊利诺伊—密歇根运河，这一项超级工程对美国扩张和稳定发挥了极其重要的作用。而运河的通航，意味着中西部广大地区物美价廉的农产品可以通过五大湖输入东部地区甚至大西洋彼岸，东部地区的工业制成品也能够运送到西部并沿着密西西比河南下，同时北部大湖区的铁等矿物也能够通过水路汇集到芝加哥码头。这样，整个美国东部形成了水运环路，芝加哥和纽约、新奥尔良是环路上的三大节点。水运环路的形成，凝聚新加入美国的中西部诸州与东部的关系，稳定了西进运动的成果。在西进运动和"南北战争"中，芝加哥发挥了承东启西的支点作用，并借助这两次东西及南北交汇对撞的机会，城市得到了快速的发展。内战需要大量的粮食物资供应，并且由于平日农耕的劳动力奔赴战场，需要新的技术替代原先传统农耕方式，这两方面的因素刺激了芝加哥农业生产的机械化，使得芝加哥及伊利诺伊州成为美国农业最发达的地区，并且后续逐渐形成完整强大的食品加工产业体系。内战对军需物品的需求和运输，使芝加哥运输业得到蓬勃发展。此外联邦政府需要银行融资，众多资本借机汇集在芝加哥建立银行。从美国内战开始，芝加哥在交通枢纽、农业生产、食品加工、军火制造、机械工业、冶炼工业、金融商贸等领域均建立并巩固了在整个美国中西部腹地的核心地位。在随后的"一战"中，芝加哥伴随着美国的崛起，进一步强大兴旺。

　　虽然美国建国后采取了政府较少干预的市场经济模式，但20世纪30年代爆发的经济危机暴露了传统自由市场经济的弊端，政府在相当程度上放弃了传统自由主义不干预经济的做法。20世纪30年代到60年代末期，主张国家干预的凯恩斯主义盛行美国，罗斯福新政以立法与行政手段对农业、工业和金融业进行了若干重要改革，并投资建设了机场、道路、公园、学校等大量公共设施工程以扩大就业；"二战"期间政府直接组织了研制原子弹的"曼哈顿计划"，兴办了大量军火、机械制造、化工等大型国有工业企业；六七十年代对航空、原子能工业、石油化工等新兴产业和重大公共设施进行了巨额投资。由于 20 世纪 70 年代的经济滞胀，凯恩斯主义的影响下降，新自由主义兴起。新自由主义主张政府对经济起调节作用以及规定市场活动框架条件，提倡自由竞争的市场经济，主张对现有公共资源进行私有化改革。在新自由主义的时代，政府对经济的干预也在演变，20 世纪 90 年代以来，美国政府先后制定信息高速公路计划、先进制造业计划来支持科技创新。

美国政府对经济市场的宏观调控实际上左右了 20 世纪后半段芝加哥的兴衰。芝加哥鼎盛时期无论如何也不会想到有一天其所处地区将被冠以"铁锈带"的名称。在谈及"铁锈带"的时候，不得不提及"阳光带"的形成与发展。美国政府在"二战"期间一方面出于对西部及南部地带的扶持，另一方面出于对太平洋战争的考虑（郭尚鑫，1995），联邦政府有计划地开始在"阳光带"布局大型军事、国防、宇航方面的投资和研究，并通过贷款方式，吸引大批相关工业企业从东部及中西部搬迁入南部和西南部（Abu-Lughod，1999），加速导致了芝加哥所在的中西部的衰落。另外，20 世纪 60 年代以来美国经济迅速进入全球化，同时美国对外贸易重心逐步从大西洋转向太平洋，这一结构性和地域性的变化，在促进"阳光带"城市经济发展的同时，也带来了"铁锈带"的衰落。

"二战"结束后的半个世纪，国际局势发生变化，世界从战后重建进入全球一体化，美国传统制造业不再只依赖国内生产。芝加哥优势产业因为其高昂的成本不再具有竞争力，美国企业在寻求成本最低的原始动力下纷纷将工厂跨国外迁，越来越多中低端的产品制造工业链转移到第三世界国家，大量产品的生产被海外地区所替代。随着西欧和日本制造业的崛起，在 20 世纪 70 年代初期，海外发达地区自主研发设计生产的产品进入美国市场，即使是高技术产业部门也受到国际竞争对手的挑战（韩宇，2002）。1984 年，美国人口普查局的数据显示，纽约仍然是美国第一大城市，但洛杉矶已经取代自 1890 年以来一直是美国第二大城市的芝加哥而成为美国第二大城市（表 5-2）。

表 5-2　1970—2018 年美国有代表性的大城市人口变化趋势

城市	市区人口增长率（%）					郊区人口增长率（%）				
	1970—1980	1980—1990	1990—2000	2000—2010	2010—2018	1970—1980	1980—1990	1990—2000	2000—2010	2010—2018
纽约	−10.4	3.5	8.8	2.5	2.7	2.3	1.7	8.6	4.2	0.9
洛杉矶	5.4	17.5	7.4	3.1	2.6	7.2	18.5	18.1	5.8	5.5
芝加哥	−10.6	−7.4	10.6	−6.3	0.0	15.0	9.3	14.2	5.7	0.9
达拉斯	7.1	11.4	31.6	22.6	18.1	53.0	45.8	25.1	24.9	15.1
休斯敦	29.4	2.2	20.7	20.4	14.4	76.4	47.6	38.5	39.0	25.6
费城	−13.4	−6.1	7.7	−45.8	3.2	3.1	8.0	4.6	111.2	1.6
波士顿	−12.2	2.0	0.7	4.1	7.3	0.9	2.8	6.6	3.3	6.4
底特律	−20.4	−14.6	−2.4	−11.7	−3.6	8.3	2.1	11.9	−26.9	46.8
圣路易斯	−27.2	−12.4	−12.2	−8.3	−5.9	−5.0	6.6	7.6	5.0	1.3

资料来源：根据美国人口普查局十年一次的普查数据整理，2018 年数据来自美国人口普查局的
　　　　　社区调查数据。

　　新自由主义思潮的兴起，让这座充满"自由之意志"的城市焕发新生。一方面，芝加哥通过政府强有力的宏观调控能力，制定科学的经济发展战略目标并配套一系列产业发展规划、城市转型规划和相关金融扶持政策，主动进行产业转型；另一方面，芝加哥充分发挥市场的"无形之手"，重视投资环境的改善，积极推进招商引资的工作。在吸引外资的同时，芝加哥重视高科技产业、高端服务业的发展，重视对传统制造业的改造和转型，实现实体经济和虚拟经济高度融合，进而促进芝加哥城市产业转型、振兴和竞争力提升。20 世纪末期，政府的"有形之手"和市场的"无形之手"配合，让芝加哥逃脱了"铁锈带"的命运，人口逐渐增长，房地产价格上升，资本逐渐流入城市。

　　自由市场经济也给芝加哥带来挥之不去的痛。由于便利的人口流动，吸引了许多移民，芝加哥社会的构成迅速多样化，也复杂化，种族矛盾开始凸显并迅速升级。移民带来的还有时至今日依然威胁城市安全的黑帮问题。同

时，在自由市场决定资源去向的环境下，成本、税收、金融危机等将芝加哥的传统优势逐渐削弱，传统制造业竞争力下降，失业率随着财政赤字一同连年攀升。2014年，国际评级机构穆迪投资者服务公司（Moody's Investors Services）将芝加哥市信用评级从"A3"下调至"Baa1"，并将芝加哥前景展望定为"负面"（negative）[①]。

---

① Moody's Investors Service. 2014. Rating Action: Moody's downgrades Chicago, IL to Baa1 from A3, affecting \$8.3 billion of GO and sales tax debt. https://www.moodys.com/research/Moodys-downgrades-Chicago-IL-to-Baa1-from-A3-affecting-83--PR_294237.

第六章

结论与启示

一、两个城市比较的结论

二、芝加哥转型发展的经验

三、对武汉转型发展的启示

武汉与芝加哥的百年发展历程有很大的相似性，同样是"得中独厚"、得水独优的内陆中心城市，由于不具备边远城市或沿海城市的特殊性而具备典范性，两座城市的发展伴随国家命运的起伏而起伏，其发展水平很大程度上代表了所依托国家的发展水平。这两座城市又有很大的不同，基本制度安排、城市治理制度、人口构成上有很大区别，对其未来发展将会产生至关重要的影响。芝加哥面临的地方政体的割裂、种族隔离、人口外流等困境在武汉是不存在的，中国政府强大的宏观调控能力、充足的人力资源、热切的经济发展愿望、超大城市的向心力、逐步建立的文化自信等等赋予了武汉更新蜕变的动力。

一、两个城市比较的结论

　　本书第三、四、五章分别从百年前、百年后、百年发展历程三个时间维度对武汉与芝加哥进行了对比分析，揭示了 20 世纪初武汉被誉为"东方芝加哥"的原因以及实力对比情况、当下两座城市的实力对比情况以及国家命运对城市发展的影响。

（一）"东方芝加哥"的美名是基于国内地位的相似性

　　"东方芝加哥"准确来说是指汉口，武汉三镇中的汉口为条约中的对外通商口岸和租界所在地，允许外国人居住和经商，因此汉口相较汉阳和武昌更具国际知名度。20 世纪初，汉口在西方报道中被称为"中国的芝加哥"。1908 年日本驻汉总领事水野幸吉著《汉口》一书，称汉口为"东方芝加哥"，1918 年瓦尔特·E. 魏尔在美国《哈泼斯杂志》发表文章称汉口为"中国的芝加哥"。水野幸吉和瓦尔特·E. 魏尔的文字记载分别处于晚清和民国初期，从产业和商业的角度，认为汉口与美国的芝加哥有相似之处，因此汉口被誉为"东方芝加哥"。而在 1927 年和 1938 年，武汉由于时局动荡和战乱而被境外报道，"中国的芝加哥"仅是代称，一个名称而已。

第六章
结论与启示

汉口被称为"东方芝加哥"起因于汉口在时局稳定时期国内工商业地位类似美国的芝加哥。通过两座城市百年前的对比可以发现，民国初期，武汉凭借洋务运动积累的工业、商业、金融和教育优势以及辛亥首义之功积攒的政治影响，成为中国仅次于上海的第二大经济中心城市，在中国的工业和商业金融地位类似于同一时期芝加哥在美国的地位。然而对比武汉与芝加哥的同期实力，武汉的近代工业进程是在外部力量入侵和实业救国的背景下开启，尽管实业救国的发展举措为20世纪初的武汉带来了高光时刻，但由于工业化起步晚，且频繁受到外来侵略和战争的干扰，最终导致"半工业化"的局面，工业化、基础设施和文化教育都处于起步发展阶段。而20世纪初美国逐渐成为国际资本主义强国，并于20世纪20年代进入"柯立芝繁荣"（1923—1929年），经济实力飞速增长，成为世界强国。芝加哥的经济增长是在国运兴隆、资本扩张背景下的主动作为，芝加哥近代工业吸引了大量的国内外移民创业，是芝加哥发展的黄金年代。实力强大的工业，让芝加哥在摩天大楼、道路、铁路、桥梁等硬件设施上均进行了创新引领，不仅规模庞大，而且达到世界一流水平。这一时期发展的文化设施、大学以及芝加哥学派均具有世界级的影响力。

（二）武汉与芝加哥现状综合实力仍存在较大差距

高效的生产性服务业、强大的研发实力、资本调配能力和文化影响力，使芝加哥在各类知名的世界城市排名中长期位于第一方阵。例如，在 GaWC 世界城市排名中总是维持前 20。而随着中国经济的快速崛起，武汉在世界城市中的排名快速攀升，2012 年第一次进入 GaWC 排名，位列 S 级（283 位），2018 年升至 B 级（95 位），进入世界城市百强名单，上升势头明显，增速和排名均位居中国内陆新一线城市的前列。虽然武汉与芝加哥之间的排名差距在不断缩小，但是综合实力上仍存在较大差距。

2018 年，武汉市地区生产总值 14 928.73 亿元，在全国经济总量排名第九，人均 GDP 约 2 万美元；同年，芝加哥大都市区 GDP 6 894.65 亿美

元，是美国 GDP 第三高的大都市区，仅次于纽约和洛杉矶大都市区，人均 GDP 约 7 万美元，是武汉的 3.5 倍。从产业发展结构来看，2018 年，芝加哥大都市区产业结构为 0.04 ∶ 16.44 ∶ 83.52；同年，武汉产业结构为 2.43 ∶ 37.37 ∶ 60.20。经济总量和产业结构上的差距，反映了芝加哥在全球产业链的地位比武汉高。芝加哥大都市区的产业结构以技术和知识创新相关的产业为主，是重要的全球创新经济枢纽，为全球跨国企业和各国公司开展包括金融服务、法律服务、保险服务、信息技术、市场营销和物流等在内的复杂的生产性服务业，具有典型的全球化城市产业结构的特征，这也是芝加哥能够称为"全球城市"的重要原因。武汉处于工业化中后期阶段，装备制造、钢铁及深加工、食品烟草、能源等传统的制造业占有较大比重，工业发展层次不高，金融、法律、保险等高端服务业发展不足，对中部地区发展的支撑和带动作用尚未完全形成，更谈不上对全球经济和产业的影响。

芝加哥在科技实力、航空运输、文化影响力等方面领先于武汉，但武汉的地铁建设和高铁建设均领先于芝加哥，且武汉在一些高新技术领域如光纤、造船、卫星定位、生物技术等领域取得了巨大进步。从人口吸引力来看，由于美国中西部普遍经济增长乏力，芝加哥市以及大都市区人口缓慢流失，其中芝加哥市人口由 2000 年的 290 万人减少至 2018 年的 270 万人；芝加哥大都市区人口先升后降，由 2000 年的 910 万人增长至 2014 年的 955 万人后出现下降，2018 年为 950 万人。相形之下，武汉中心城及市域始终保持强大的经济活力和人口吸引力。中心城人口由 2000 年的 476 万人增长至 2018 年的 638 万人，同期市域人口由 805 万人增长至 1 108 万人。

2008 年全球金融危机后，外向型经济的沿海城市遭受较大打击，地处内陆的武汉乘势崛起，城市地位逐步提升，但与近代史上取得的仅次于上海的辉煌地位相比仍有差距，武汉在中国面临的城市竞争远比芝加哥激烈。武汉在中国城市中排名第九，而芝加哥自 20 世纪 80 年代始一直处于美国第三大城市地位。这种竞争态势的差异除了工业化时代芝加哥抢占先机、积累资本雄厚外，还有一个重要原因是美国人口远少于中国，历史也不及中国悠

久，美国人口超百万的城市仅9座，而中国城区人口超百万的城市达89座。中国城市中有历史文化底蕴和人口吸引力的城市远较美国多，如西安、洛阳、开封、北京、南京、杭州等城市就曾先后被作为首都，在中国历史上取得过极度辉煌的地位。武汉与一线城市拉开差距的同时，还面临着重庆、成都、杭州、南京等一批强二线城市的竞争。这些强二线城市跟武汉一样拥有辉煌的历史及强大的地域影响力，特别是进入21世纪以来，它们在交通运输、高新技术产业方面快速发展，对外交往逐步扩大，纷纷加入到建设国际化大都市的行列，凭借着亮眼的经济增长和独特的历史文化魅力而在世界城市体系中的排位不断上升。

（三）国家命运给予城市不同的发展机遇

武汉与芝加哥发展差距呈现出与两个国家发展差距相一致的趋势，即在过去180年发展中，发展差距先是扩大，后又逐渐缩小。

1840—1948年，中国历经清王朝晚期、中华民国临时政府时期、北洋军阀时期和国民政府时期，在长达109年的时间内，外有资本主义帝国的掠夺侵扰，内有国内动荡和自然灾害，人民深陷苦难。作为中国近代史上的中心城市，武汉遭受五次战火和两次洪灾，社会经济发展频繁受到外力干扰，而同时期的芝加哥正处于城市发展的黄金一百年，城市化和工业化蒸蒸日上，近代武汉与芝加哥的发展差距不断扩大。

1949—1977年，中华人民共和国成立以后，经过三年的经济恢复，国民经济得到根本好转。1952—1957年，国家确立了优先发展重工业的战略，开始实施"一五"计划，156项重点建设项目中有7个落户武汉。"三五"和"五五"期间，武汉的投资规模也名列前茅。"武"字头国企奠定了武汉在全国重工业基地的领先地位，但1958—1978年的20年间城市建设迟缓。"二战"后至20世纪60年代，欧洲和日本百废待兴，全球制造业领域美国一家独大，美国凭借汽车、钢铁、飞机等领域的绝对优势成为世界制造业霸主，依托美国的强大，芝加哥将"二战"后工业繁荣延续到了1955年。自20世纪60年

代始，由于欧洲和日本制造业的崛起，美国制造业外流，整体产业结构转向第三产业为主，芝加哥制造业流失和人口流失严重，在强势市长理查德·J. 戴利的领导下，芝加哥进行了与美国产业导向一致的发展转型，大力振兴中心区和加强水、陆、空交通设施建设，一定程度上扭转了城市经济衰退的局面。

1978—2018 年，40 年的改革开放给中国带来空前的活力，中国经济年均增速超过 9.5%，对全球经济增长的贡献超过 30%，中国迅速建立起完整的工业体系，释放出巨大的产能，在全球价值链中的地位迅速上升。同期武汉的经济结构也在不断完善，依托近代工业化和"一五"到"五五"期间工业体系建设的积累，武汉的产业结构逐渐形成完善的重工业体系，并逐渐向高新制造业和现代服务业转型。中国制造业崛起的 40 年也是美国产业结构转向高端的 40 年。1980 年，美国第三产业在 GDP 中的占比首次超过制造业，而进入 20 世纪 90 年代，信息技术产业成为美国增长的新动力。芝加哥作为传统制造业重地，也进行了与国家产业导向一致的发展转型，在制造业流失的过程中，金融、专业服务等生产性服务业仍然保持了强大的优势，让芝加哥的经济增速保持持续的增长。

美国作为一个国家所拥有的远离战场、资源丰富、制造业发达等优势也是芝加哥作为一个城市的优势所在。自 20 世纪 60 年代始的 60 年来，美国制造业与金融业此消彼长，制造业增速的下降不仅带来美国经济增长的下降，也带来了不断攀升的美国对外贸易逆差。金融业的迅速增长在支撑经济增长的同时，也创造了巨大的收入不平等和大量的资产泡沫，美国当前面临的经济发展困境也是芝加哥面临的经济发展困境。

武汉作为一座历史文化名城和农耕时代的商贸重镇，是中国灿烂的历史文化和发达的封建经济的缩影，武汉在 40 年改革开放中创造的经济奇迹也是中国崛起的象征。强大的文化和不断的改革将使中国走向更强，也将带动武汉走向更强。武汉的城市活力、人口向心力、完备的产业体系均非芝加哥可比。相较芝加哥大都市区内的政体割裂，武汉对中心城、新城区和外围农村地区的统一规划与管理为建设繁荣的大都市区创造了条件。

二、芝加哥转型发展的经验

芝加哥作为一座建市历史仅180年的年轻城市，完整地经历了工业化初期、中期、后期和后工业化时代，从驿站建市至繁荣兴盛，鼎盛中暗藏危机，衰退中仍存转机，因对时代精神的准确捕捉和传达而在世界城市历史上留下辉煌一笔。"世界屠夫""宽肩之城""犯罪之城""劳动之城"等一系列瑕瑜并见的称号标志着这是一座富有胆识而又暗藏危机的城市，其发展既遵循一般性规律，也有它开山探路后创造的规则，它为世界城市发展奉献了自由市场经济理论、同心圆空间发展范式、全球化城市路径等，为后发城市提供范式与经验。

（一）为商业而建的企业家城市

芝加哥"是一个为商业而建，由商业而建的城市"（a town built for, and by business），又被称为企业家城市，芝加哥的腾飞离不开城市对于企业家冒险和开拓精神的包容。

从芝加哥第一任市长威廉·奥格登开始，芝加哥众多企业家、探索家、开拓者等参与到城市建设和管理中，政商合一的特性在许多人身上体现。例如，奥格登市长另外的身份是"西部铁路大王"以及芝加哥期货交易所创始人之一，而铁路和期货交易所是助推芝加哥蓬勃发展的两大王牌。随后，商业精英推动了1893年和1933年两届世界博览会，将芝加哥推向世界舞台，城市形象大幅提升。芝加哥1923年推出区划条例后，政府对城市管治力量增强①，但芝加哥独特的企业政治文化不断对企业家城市的治理模式进行更新、演替。企业家精神也发挥到科技创新和推广中，20世纪初芝加哥诞生了

---

① 区划在芝加哥一开始就是"扩张性工具"，而非社会改革的工具。区划委员会关注经济事务，促进工业增长和房地产的保值高于社会问题。

大量将科技创新进行快速商业化推广的知名企业家。

- 芝加哥屠宰加工业的创始人纽伯利（Newberry）和多尔（Dole）最早将包装肉用于出口，也是最早对肉类加工、存储、电梯转运和运输进行创新运用的企业家。
- 乔治·哈蒙德（George Hammond）、古斯塔夫斯·斯威夫特率先将制冷技术用于肉类的加工和运输，促进了芝加哥肉类加工业规模化经营。
- 阿穆尔公司最早研发将动物废物加工成肥皂、皮革生皮和毛刷类产品，这种产业链垂直整合的创新直接促进了该产业相关公司的规模性增长。
- 农用收割机的创始人塞勒斯·麦科米克最早建立商业代理销售模式。
- 芝加哥零售业的开拓者波特·帕尔默（Potter Palmer）和菲尔德最早尝试商品展示、退换、独家代理等现代商业经营模式。
- 商品邮购业的创造人亚伦·蒙哥马利·沃德（Aaron Montgomery Ward）最早通过直接邮运方式服务小镇和农场居民，并于1872年在芝加哥创办了蒙哥马利·沃德公司。
- 1895年搬迁到芝加哥的西尔斯—罗巴克公司所推广的邮购公司、百货公司和郊外购物中心模式，成为全美零售业乃至全球零售业的样本，沃尔玛、亚马逊的经营模式皆脱胎于此。
- 19世纪末至20世纪初，英国人塞缪尔·英萨尔（Samuel Insull）在芝加哥创办投资新兴的电力公用事业，为美国的电力基础设施建设和发展做出极大贡献。在鼎盛时期，英萨尔的电力帝国控制着美国八分之一的电力生产与供应，其电力网覆盖了美国32个州和加拿大的5 000个城镇。
- 同一时期的查尔斯·耶基斯利用电气化技术，建立了芝加哥的城市电车轨道交通系统。

芝加哥的创新精神也培育了诸多新型产品。以摩托罗拉为例，保罗·高尔文（Paul Galvin）于1926年在芝加哥创立摩托罗拉的前身高尔文制造公

司，随后在高尔文一系列高瞻远瞩的决策下，摩托罗拉成为无线电通信事业中的佼佼者，创造了多项世界第一，并改变了人类的生活。伴随汽车产业的发展，高尔文先是带领团队攻破汽车收音机难题，制造了第一代商用车载收音机；随后高尔文进入警用无线电市场，并在战争应用中大放光彩，为美军的胜利做出了巨大贡献；战后，摩托罗拉开始将战时手机的经验用于商用无线电通信事业，并研发新颖别致的产品。

20世纪芝加哥许多最具活力、长盛不衰的企业都以创新研究为导向。20年代初期，美国医院设备供应公司（American Hospital Supply Corp.）适应公路系统的发展，改变医院用品的销售方式，成为行业的领导者。随着80年代医疗保健市场的变化，该公司与最早从事人类血浆商业营销、人工肾脏市场公司之一的巴克斯特实验室（Baxter Laboratories）合并转型成研发型公司。芝加哥的企业精神还培育出另外一家医药保健巨头：雅培公司（Abbott Laboratories）。经过上百年不断创新与发展，雅培成为世界领先的多元化医药保健产品公司，业务集中于原研发制药和医学产品两大领域，原研发制药业务位列全球前十，婴幼儿营养品业务位列全球前三，医学营养品排名全球第一。

1955年老戴利市长执政芝加哥后，被认为是践行新自由主义市场经济的操盘手，他维护自由市场的霸主地位，提供条件让私人企业自主配置，让私人资本越来越多地参与到城市发展中，甚至将城市未来发展规划的任务交给商界。1956年成立的芝加哥中心区委员会（Chicago Central Area Committee，CCAC），成员由金融、零售、文化、教育、卫生保健、房地产等领域的商业和文化领袖构成。他们深度参与甚至主持编制芝加哥发展规划，其影响力渗透到城市建设的方方面面。

（二）立足于制造业实力的多元化经济

19世纪50年代至20世纪30年代，芝加哥经济的强劲增长，除了要归功于强大的工业实力，还要归功于贸易、金融、交通物流等各类产业。即使

到今日，芝加哥依旧是美国中西部最大的批发零售中心和金融中心，芝加哥商品交易继续为美国农业秩序和稳定发挥作用，芝加哥的货运以及多式联运能力仍居领先地位。

从20世纪30年代起，整个美国的中西部地区进入衰落时期，芝加哥也不例外。芝加哥在经历了大萧条和"二战"、"二战"后的繁荣、20世纪70年代的紧缩后，于1980年左右确定了"以服务业为主导的多元化经济"，人口和经济恢复明显。进入21世纪后，芝加哥再次成为新兴制造业、高科技产业和知识经济型产业中心，并始终是批发零售贸易、出版业、会展业、金融保险业和交通运输中心。芝加哥与底特律一样，曾经都是重工业型城市，底特律在享尽汽车产业带来的红利后，单一的产业结构使其在衰退中一蹶不振，而芝加哥产业结构更为多元，这是它成功转型为知识经济型城市的主要原因。

芝加哥的产业结构与一个国家尺度的产业结构非常接近，某种程度上也反映了美国的整体产业结构，即没有任何一类产业的从业人员超过12%[1]。芝加哥拥有美国最多元化的经济结构，并且在技术创新、风险管理、制造业、信息技术、医疗服务等各个领域中均扮演重要的角色。除了农业和采矿业，几乎每一个行业都有超过10万的从业人员。在每一个行业分支中，几乎所有可以想象到的产业类型都有对应的公司。

即便是在服务业高度集聚的中心城，芝加哥也采取了一系列政策措施，保留和复兴制造业，帮助附近社区重振雄风。20世纪80年代，芝加哥市将六个老工业区块设定为城市企业区划[2]，在其中实施复兴工业的计划。为保证能够留住工业、持续引入后续的私人投资，市政府修改之前的市政条例甚至

---

① World Business. Strong, Diversified Economy. http://www.worldbusinesschicago.com/economy/.

② 城市企业区划（Urban Enterprise Zone）是实施鼓励经济增长和发展政策的特殊区域，一般在此区域会提供税收优惠、基础设施激励措施以及低约束的规范管理条例，以吸引投资和私营公司进入区域。在有些地方，区域内的公司可以不受地方、州和联邦税收的限制约束。企业区划的设定旨在通过税收和监管减免来鼓励贫困区域的发展。参考文献：Akinci, G., Crittle, J. 2008. Special economic zone: performance, lessons learned, and implication for zone development. The World Bank.

第六章
结论与启示

更改税则，以保证在该区域内的投资回报，后来又提出了《地方工业保留计划》（Local Industrial Retention Initiative）以及在此基础上的《芝加哥可持续工业计划》（Chicago's Sustainable Industries Initiative）等，在交通、能源、融资、税务等各方面为制造业提供优惠与支持。20世纪90年代以来，芝加哥政府实施一项名为税收增量融资区划（Tax Incremental Financing, TIF）[①]的政策。在芝加哥的129个TIF区中有22个是工业类别[②]，占比达到17%以上。其他的措施还包括设立小企业促进基金，方便小企业融资；为投资者提供地产税优惠，帮助老工业区的厂房和办公区恢复商业活动；为制造企业推出免税的工业发展收益债券，向购买、翻新厂房和设备等活动提供资金。今天的芝加哥仍然是一大繁荣的制造业中心，依旧位列美国最大的电气设备、金属制品、食品、机械、纸张和塑料生产地区，为当地经济创造了数十亿美元的收入，成千上万的人就业于其中。著名的制造商仍然活跃在芝加哥，包括黑格维施（Hegewisch）的福特汽车公司、里昂和希利乐器制造公司（Lyon & Healy Harps, Inc.）、施恩禧电气公司（S&C Electric Company）等。小型机械店和轻型制造厂也在城市的许多角落蓬勃发展。此外，芝加哥继续处于先进制造业的前沿。例如，在芝加哥西部的法斯特·雷迪厄斯（Fast Radius）和西南部的西亚基（Sciaky）公司是新兴产业3D打印领域的主要参与者。在北部，鹅岛（Goose Island）是专门开发下一代生产技术的顶级机构——数字化制造与设计创新研究院（Digital Manufacturing & Design Innovation Institute）的所在地。芝加哥定期举办若干大型贸易展，

---

① 税收增量融资区划是芝加哥市用来促进全市公共和私人投资的一种特殊融资工具。资金通常与私人的发展项目结合一起，共同用于修建和维修道路、基础设施等，清理污染的土地，以及将闲置财产重新用于生产活动。资金来源于区域内23年时间段内房地产平均评估价格的增长利润。资料来源：https://www.chicago.gov/city/en/depts/dcd/supp_info/tax_increment_financingprogram.html。

② 工业TIF主要解决的是市区土地价格上升威胁工业企业生产的问题。政府将地产税增加的部分通过税收减免的方式返还给TIF区内的工业企业，政策实行期为23年。这样即便区内土地价格上涨，也不会导致企业地税负担增加，还为吸引更多投资创造了长期稳定的环境。

吸引了世界各地成千上万的制造商。这些会展包括国际组装技术展、国际自动化及机器人展、国际金属加工设备展和国际制造技术展等，会上最前沿的生产工具和设备布满了麦科米克会展中心。

通常，人们认为芝加哥是通过彻底摒弃其过去重农重工的产业结构得以焕发新生，而正是这些工农业使得芝加哥落后于纽约和伦敦。然而事实上，这些工农业正是芝加哥竞争优势的关键来源之一。依据萨斯基娅·萨森的研究[1]，由于有着重农重工的产业历史与现实需求，针对农业和工业的专业化、特殊化的生产性服务公司得以诞生，使芝加哥成为全球经济中具有专业优势的城市。芝加哥大都市区交通运输和制造业双重集聚的优势为商业、金融和生产性服务业提供坚实的基础，重农重工的经济历史造就了这座城市独特的知识经济组成部分，使得芝加哥成为与纽约和伦敦不一样的全球城市。

多元化经济结构可以有效缓和某一领域因需求导致的价格变化或因竞争导致的产业变化造成的行业冲击。为了换取这种相对较高的稳定性，经济体并不总是能在任何一专业化领域中获得每一次快速增长的回报。与此同时，规模效应强化了多样性。由于芝加哥工业中大量的企业和工人，使得一些专业化领域得以从规模经济效应中获利。芝加哥拥有大量训练有素的劳动力，再加上批发商、供应商、技术人员和消费者，使得芝加哥对任何专业化行业都具有吸引力。

这种多样化和规模结合的联合效应在芝加哥丰富的商业服务业中尤为明显。芝加哥的制造业规模效应和多样化经济造就了多样的、复杂的商业服务行业，而如此丰富的服务项目，进一步增强了芝加哥作为商业区的吸引力，同时也增加了当地创业和业务拓展的可能性。由于其中许多服务行业本身就是对外出口行业，使得芝加哥庞大的商业服务行业的重要性进一步提高，这也就使芝加哥的金融、法律、会计和咨询服务向中西部、全国乃至全世界输

---

① Sassen, S. 2013. Unlike Detroit, Chicago's diversified industrial base has helped it to successfully switch from a material to a knowledge economy. http://bit.ly/17rERRw.

专栏25：芝加哥城市规划与城市管理有关部门

　　根据伊利诺伊州的行政管理制度要求，在芝加哥市政府层面，主要有建筑局、住房局、规划和发展局、交通局以及水管理局这五个部门参与城市规划事务（图6-1），其中芝加哥规划和发展局（DPD）是主要的城市规划管理部门。DPD的主要职责包括：区划管理、制定经济发展和刺激计划、城市可持续发展政策制定（主要包括开放空间的设计和土地用途的规划）、历史资源保护、市属土地和物业的运营及再开发等等。现阶段，由DPD编制的且处于有效期内的规划文件包括：《芝加哥工业走廊现代化转型方案》（Industrial Corridor Modernization Initiative）、《南岸走廊规划研究》（Western Avenue Corridor Study）、《芝加哥近西区住房规划》（Near West Side Housing Analysis）等。

建筑局（Dept. of Buildings）
负责审核发放建筑许可、进行建筑质量审查、核发建筑从业许可等

住房局（Dept. of Housing）
负责芝加哥市住房计划的制订、编制保障房供应计划，为房东、租购房者提供政策支持等

规划和发展局（Dept. of Planning and Development）
芝加哥的主导规划部门，为城市可持续发展和全面增长编制规划，同时监管区划和土地管理政策

交通局（Dept. of Transportation）
负责芝加哥公路系统的规划设计、建　设、维护以及管理

水管理局（Dept. of Water Management）
负责芝加哥的污水处理、饮用水供应、内涝管理及自然河湖的保护等

图6-1　芝加哥市政府中与城市规划和管理相关的主要部门
资料来源：根据芝加哥市政府官网信息整理，https://www.chicago.gov/city/en/depts.html。

　　在芝加哥市，还有一个聚焦于解决住房问题的非营利性组织——芝加哥住房管委会（Chicago Housing Authority, CHA），它由10名市长委任的委员管理和组织，前身是20世纪30年代建立的为外来工人阶级提供保障性住房的社会组织，其预算独立于芝加哥市，主要依靠联邦及

州政府拨款。CHA 建立的目的是清除芝加哥市内被认定为无法居住的贫民窟，并为退伍军人提供可负担的住房。目前 CHA 拥有超过 5 万套出租房，其中包括 21 000 套公寓，还管理着 37 000 个获得政府租金补贴的住户。张庭伟（2018）指出，囿于美国公共住宅投资来源和维修费用设计缺乏自我输血机制、芝加哥城失业率连年攀升、公共住宅形成的"超级街区"在交通和空间上的负外部性等一系列因素，芝加哥的公共住宅政策基本上是失败的。

在芝加哥大都市区层面，一个非常重要的规划编制机构是芝加哥大都市区规划协会（Chicago Metropolitan Agency for Planning，CMAP）。CMAP 成立于 2005 年，是管辖伊利诺伊州东北部库克县、杜佩奇县、凯恩县（Kane County）、肯德尔县、莱克县、麦克亨利县和威尔县的半官方性质的区域规划机构。根据伊利诺伊州的《区域规划法案》（Regional Planning Act）[①]，CMAP 的主要职能是对伊利诺伊州东北部地区的公共和私人投资进行有效的规划和实施，并更好地整合土地使用和交通发展的计划。CMAP 由芝加哥市的 5 名代表和其他 6 个郡（县）的共 4 名代表组成，反映各方利益，力求在公共基础设施、生态环境方面缩小区域之间的差距。政府在区域层面的协调工作集中在公共设施、资源利用等与生活空间有关的项目（张庭伟，2019）[②]。目前，CMAP 的工作领域包括区域经济发展规划、宜居城市建设、交通规划和重点交通项目（策划）及社区规划。2015 年开始，CMAP 启动了为期三年的《芝加哥大都市区迈向 2050》的编制，覆盖了伊利诺伊州北部 7 个县、284 个社区，在以"透明性"为首要原则的前提下，完成了规划的编制，该规划是芝加哥 2040 规划的更新，在 2018 年 10 月获得了通过。

芝加哥是美国为数不多的非常重视规划的城市。1909 年的《芝加哥规划》是美国第一个城市综合规划，在战略层面为城市及其区域奠定了空

---

① Illinois General Assembly. Special Districts (70 ILCS 1707/) Regional Planning Act. 2019-09-25. https://ilga.gov/legislation/ILCS/ilcs3.asp?ActID=2731&ChapterID=15.

② By-Laws of the Chicago Metropolitan Agency for Planning. 2017. https://www.cmap.illinois.gov/documents/10180/763146/By-LawsRevised10-11-2017.pdf/a5599a15-a4e0-007b-8fc9-90c22d6fbe73.

间发展的框架；此后历次规划为芝加哥提供了针对当时发展的战略思路和策略，从而形成了如今的芝加哥大都市区。芝加哥一直重视与其郊区共同形成的大都市区域的整体发展。多个规划针对大都市区不同发展阶段的问题和挑战，对中心区和郊区提出了不同的功能定位，并以芝加哥中心区为核心，整合资源实现区域良性互动，致力于打造全球城市区域（王兰等，2015）。

1909—2011年，芝加哥共有十次重要规划（表6-1），其中六次主要针对大都市区域，即1909、1966、1999、2003、2005和2011年规划；1958、1973、1983和2003年的四次规划则是针对中心区的规划。这些规划尽管分属不同层面，名称未必都是战略规划，但均为芝加哥的发展提供了战略引导。

出（Economic Restructuring of the American Midwest, 2012）。因此，当飞机制造商波音公司2001年决定搬迁西雅图总部的时候，它甚至都没考虑纽约，而将总部迁到芝加哥。

（三）重视规划在发展转型中的引领作用

芝加哥市和芝加哥大都市区分别设有规划管理主体，并在不同历史时期针对城市应重点解决的问题编制规划，这些规划对于推动芝加哥从区域中心到全国中心再到全球化城市起到了重要的战略引领作用。

从20世纪50年代开始，美国国民生产总值中制造业的产值占比不断下降，曾经是经济支柱的制造业向东亚转移，许多因工业化而诞生并在两次世界大战中快速繁荣的城市，在去工业化的过程中陷入了城市人口失业率猛增、工业区荒废、人口净减少等困境，一时间无法找到新的发展动力，包括芝加哥。在这一背景下，芝加哥通过一系列政策和投资成功将产业结构转型为以服务业、先进制造业及高新技术产业为主的新经济类型。

表 6-1 芝加哥历次重要规划

编制时间	规划名称	应对挑战	战略目标	规划重点
1909	芝加哥规划	工业化	工业中心、交通中心	基础设施、区域交通、公园
1958	芝加哥中心区发展规划	战后恢复发展	工业中心、交通中心	公共交通的完善与拓展
1966	芝加哥综合规划	郊区化	工业中心、交通中心	居住、郊区商业服务
1973	芝加哥21世纪：中心区委员会规划	中心区衰退	区域中心	中心区振兴、郊区与中心的联系
1983	芝加哥中心区规划：规划城市之心	郊区化	区域中心	城市中心区的商业规划
1999	芝加哥大都市2020：为21世纪芝加哥大都市区准备	全球化	区域中心	经济发展、投资、教育、土地开发与再开发
2003	芝加哥2003年中心区发展规划：为21世纪中心城市做准备	全球化	复合的城市中心	城市交通与城市滨水空间发展、城市商业商务文化环境建设
2003	大都市区规划：芝加哥区域的选择	全球化	全球城市	更可持续、可达性更好、可选择、更健康、更繁荣、更平等的区域
2005	2040区域框架规划	生活质量	全球城市区域多层面中心	各城市的定位、交通走廊、生态走廊
2011	迈向2040综合区域规划	全球经济危机	多层面规划目标和愿景，可持续发展的区域	人力资源、能源使用、经济技术创新
2018	芝加哥大都市区迈向2050[①]	经济危机、社会不平等	包容性增长、韧性城市、引导投资向重点区域投放	为社区发展注入活力、为经济繁荣创造条件、为韧性环境制定策略、发展多种类型的交通方式、政府治理走向透明公正

资料来源：根据王兰、叶启明、蒋希冀《迈向全球城市区域发展的芝加哥战略规划》和 CMAP 官方网站资料整理。

---

① 整理自芝加哥的 ON TO 2050 Plan。

如果我们回顾芝加哥战后复兴的道路，不难发现，具有前瞻性的几轮规划都对这一城市复兴起到了决定性的作用。1955年，老戴利市长执政之初，制造业岗位的流失和中产阶级白人居民的迁出潮处在顶峰，因此他果断决定将工作重点聚焦在振兴市中心区上，1958年芝加哥规划局发布了《芝加哥中心区发展规划》(Development Plan for the Central Area of Chicago)，规划提出在卢普区以南建设伊利诺伊大学校区、麦科米克会展中心以及在北卢普地区新建几座联邦办公大楼和公共广场。随后，老戴利与芝加哥商业界(主要是芝加哥中心区委员会，CCAC)建立了紧密联系，他们一致认为要弥补城市制造业流失所损失的就业岗位，唯一选择就是在卢普区大力发展商业和服务业。这一理念在1973年的《芝加哥21世纪：中心区委员会规划》(Chicago 21 Plan)中得以体现。在接下来的十年中，CCAC提出的中心区更新改造、商业办公和高端住宅建设的想法深远地影响着芝加哥的不动产开发。在1983年的《芝加哥中心区规划：规划城市之心》(Chicago Central Area Plan: A Plan for the Heart of the City)中，在城市中心区规划更多商业办公空间进一步得到强化。不过，从1960年到20世纪80年代初期，芝加哥执政者和商业精英团体所倡导的"集中资源重振中心区策略"广受少数族裔、中低收入群体的反对，1983年当选的非裔市长哈罗德·华盛顿曾尝试拓宽城市发展战略的覆盖面，更多地考虑低收入社区的民生诉求，但这一想法并未赢得地产商和商业团体的支持。

1989年，小戴利当选芝加哥市长，他延续了父亲对于芝加哥未来的远景设想，推动了新一轮中心区规划的研究与编制。2003年，芝加哥规划和发展局、交通局和环境局联合SOM建筑设计事务所，共同起草了《芝加哥2003年中心区发展规划》，规划对于如何振兴中心区提出了更加明确的规划策略，主要包含表6-2中的三个策略，规划提出2020年的芝加哥中心区应当建成一个美丽、充满活力的城市中心，扮演芝加哥商业、高等教育和文化中心的角色，它应当成为美国最绿色、最优美的市中心，中心公园和湖泊、河滨地带的步行系统会让人们在城市中享受到更多生活乐趣，

城市的魅力进一步增强，吸引更多来自全球各地的企业和人才入驻[①]。2005年之后，芝加哥又陆续提出面向 2040 和 2050 的两轮大都市区层面的规划，构建了以芝加哥市为核心的多层级、网络化的城镇体系，并且提出在区域层面实现可持续发展、包容性发展，引导有限的投资流向最能够创造社会价值、最能够解决社会问题、最能够促进社会公平的区域。

表 6-2 《芝加哥 2003 年中心区发展规划》提出的发展策略

策略一：引导增长，再造一个多样混合的城市中心区
扩大高密度办公核心区的范围，加强工业走廊和规划中的制造业园区，加强宜居社区设计和建设，引导教育机构的发展，促进文化设施的发展
策略二：加强联系，强化中心区交通便捷的优势
完善公交系统，使得公共交通成为市民在中心区通勤和日常出行的首选，改善步行环境和停车设施，修建自行车道鼓励骑行，提升水上出租车和巴士服务
策略三：拓展水岸，创造更宜人的滨水公共空间
规划提出湖滨地区和芝加哥河都是应当进一步进行设计优化的区域，提出应当延续中心区具有特色的精致街道设计，并注重发展社区公园系统

纵观芝加哥大都市区战略定位，从区域中心到全国中心，再到实现全球影响和可持续的繁荣，显示了有序推进的全球城市区域发展进程（图 6-2）。从 1909 年第一次提出建设"中西部大城市"，到 1999 年将芝加哥大都市区定位为"全国重要的大都市区"，再到 2010 年的《迈向 2040 综合区域规划》中明确芝加哥是全美屈指可数的"全球经济中心"，可以看出，芝加哥大都市区的定位随着城市的发展和区域地位的提升而不断升级，且难能可贵的是，每一次的发展目标都得以实现。在城市等级趋近于金字塔尖的过程中，芝加哥大都市区的城市功能定位仍然可以归结为：全国性的交通枢纽、文化中心、医疗与教育中心和科技创新中心。

---

① The Chicago Central Area Plan–Preparing the Central City for the 21st Century. Draft final Report to the Chicago Plan Commission. May 2003.

第一阶段 **区域大规划**	1909 年，伯纳姆编制的《芝加哥规划》虽然主要针对芝加哥市域，但已经具有了区域规划的理念，尤其是在道路系统规划、公园绿地系统规划等方面均将区域作为一个整体纳入考虑，并提出了芝加哥大都市区的空间发展框架，"大规划"理念也对市民精神激励起到了积极的作用。这一阶段的战略规划还包括 1958 年和 1966 年规划。
第二阶段 **区域再平衡**	面对"二战"后中心区衰退和郊区化趋势，1973 年和 1983 年针对芝加哥中心城区的战略规划提出应将城市发展持续聚焦于中心城区，借助对中心城区的重塑，提振和复兴芝加哥城市经济。
第三阶段 **全球城市发展**	全球化的深化为城市发展提供了新的发展背景并提出了挑战，规划开始提出如何将芝加哥建设成为全球城市并开始在规划中拓展基于数据的定量分析工具。这一阶段的战略规划包含 1999 年和 2003 年针对大都市区的战略规划以及 2003 年的中心区战略规划。
第四阶段 **全球城市区域发展**	2005 年的《2040 区域框架规划》将芝加哥大都市区定位为全球城市，并构建了芝加哥区域内多层面的区域城镇体系，随后的 2040 和 2050 规划皆关注区域的可持续发展，强调作为全球城市，芝加哥需要培育优势产业集群，发挥创意与科技的引领作用，积极应对气候变化，建设韧性社区，促进社区包容性增长，为各族裔提供平等的就业机会等。

图 6-2　芝加哥的规划发展阶段

　　同时，在迈向全球城市区域的过程中，芝加哥中心区与郊区之间的功能角色和互动联系也在不断演变。1909 年的规划强调了中心区在服务、休闲和文化方面的重要作用，而郊区则是以制造业发展、交通（尤其是铁路）基础设施建设和住宅供应为主。到了战后，随着美国大都市无序蔓延、郊区化浪潮愈演愈烈的趋势，郊区不仅兴建了大量新住宅区和社区商业服务中心，也成为新的企业和办公场所选址的地点，因此中心区开始出现衰败并引发一系列社会问题，引发了中心区复兴和再开发，故而 20 世纪 60—80 年代的规划更加强调挖掘城市中心区的棕地并加以更新，通过公共住宅的建设和运维来解决低收入阶级——尤其是少数族裔的居住困境，通过公共交通系统的完善来抵抗小汽车过度利用带来的负面影响等等。到了 80 年代后期，中心城市的经济转型逐渐开始，中心区的产业功能增加了总部经济、健康产业、科技产业、媒体与出版产业等功能，而郊区除了不断完善服务设施外，还增加了区域性生态保育的功能。20世纪末期，随着全球化进程的深化和美国在全球产业体系中的引导地位，越来越多高端生产性服务业，如专业化金融公司、管理咨询和法律机构涌入芝加哥中心区，通过河滨和湖滨地区公共空间的品质提升及芝加哥河北侧商业地块的开发，芝加哥中心城区为这些蓬勃发展的高端服务业提供了大量发展空间。另外，通过博物馆区和密歇根大街沿线文化艺术设施的整体环境优化以及非营利组织对文化艺术资源的统筹运营，芝加哥的文化氛围和艺术魅力也成为城市竞争力的重要组成部分，与产业转型升级一并为城市增长注入了持久活力。

（四）戴利市长在全球化进程中的推手作用

虽然芝加哥信奉自由市场经济，但是戴利家族在芝加哥43年的"强权统治"在芝加哥的成功转型中扮演了关键性的角色。

1955—1976年，为解决中产阶级外流、城市产业衰落等问题，老戴利领导下的市政府提出一系列政策和建设项目打造全球城市，吸引企业资本，使这座城市成为白领工人的向往之地，强力促进了芝加哥向高端商务领袖城市的转型（Diamond，2017）。

- 1960年底，芝加哥建成了通往奥黑尔国际机场的西北高速公路（后改名为约翰·肯尼迪高速公路），大部分投资由联邦公路基金支付。
- 1961年，芝加哥政府迫使航空公司发行了40年的债券用于机场建设，将奥黑尔建成为世界上客运吞吐量最大的机场之一。
- 1964年，政府再次调动大量的联邦资金修建由密斯·凡·德罗设计的芝加哥克卢钦斯基联邦大厦。
- 1964年，政府出售一块公有土地，用于建设第一国民广场大楼（现在称为大通大厦）。
- 1965年，修建落成芝加哥市民中心（The Chicago Civic Center，1976年更名为戴利中心）。

第六章
结论与启示

1969 年，当世界上最大的零售商西尔斯—罗巴克公司正在考虑将总部迁往郊区的消息传出时，老戴利市长立即与西尔斯的主席戈登·梅特卡尔夫（Gordon Metcalf）进行谈判，随后西尔斯宣布计划在卢普区以西建造世界上最高的摩天大楼。唯一的问题是，规划的地块被昆西街划分为二。为了能够让项目顺利进行，戴利市长要求市议会紧急授权以很低的价格将街道的所有权转让给西尔斯—罗巴克公司，为使交易更具诱惑力，他还向梅特卡尔夫保证政府会为新大楼提供给排水管道的安置费用。西尔斯大厦 1974 年落成时，比纽约世贸中心还高。

- 1969 年，挽留标准石油公司，促成这座城市的第二高楼、耗资 1 亿美元的 83 层标准石油大厦（后改名怡安中心）开工，以缓解标准石油公司日益增长的办公环境需求。

- 1969 年，卢普区（中央商务区）新增了 8 栋建筑，增加了约 460 万平方英尺（约 42.7 万平方米）的办公空间。

- 1974 年，位于卢普区以西的西尔斯大厦建成，这座造价 1.5 亿美元的钢铁巨人带来了成千上万的就业机会。

1989—2011 年，小戴利领导下的市政府同样将提升全球城市形象作为首要任务。芝加哥所有的桥梁和摩天大楼被安装灯光，以便营造一种巴黎之夜的感觉。同时，芝加哥的文化旅游和公共设施投资巨大。

- 1991 年，市政府提供 8 100 万美元资金为芝加哥白袜队新建一个棒球场——美国移动通讯球场（US Cellular Field）。

- 1992—1994 年，市政府为芝加哥公牛队建设新家——联合中心（United Center），投入约 3 500 万美元。

- 1995 年，政府拨款 2.5 亿美元进行海军码头的翻新。
- 1996 年，完成了耗资 6 700 万美元的麦科米克广场扩建工程，使麦科米克成为全国最大的会展中心。
- 1998 年，政府耗资 1.1 亿美元重新改造湖滨大道沿线，以创建"博物馆区"，汇聚打造了索尔哲运动场（芝加哥熊队主场）、谢德水族馆、菲尔德自然史博物馆、阿德勒天文馆以及湖滨大片公园绿地。
- 2003 年，政府投资 6.8 亿美元改造索尔哲运动场。
- 2004 年，耗资 4.75 亿美元（其中 2 亿美元来自私人捐款，2.75 亿美元来自政府拨款），由弗兰克·盖里（Frank Gehry）设计的千禧公园开放。公园北部毗邻芝加哥艺术博物馆，西部连接格兰特公园。公园内部拥有约 10.1 公顷的绿地，中心矗立着的著名的云门雕塑，15.24 米高的玻璃皇冠喷泉和后现代风格的露天音乐厅。另外还有大型户外溜冰场，能容纳 1 500 人的表演剧院，以及众多的艺术展览空间等。
- 2005 年，联邦航空局批准了城市投资 60 亿美元将奥黑尔国际机场的运力提高 60% 的计划。
- 2007 年，芝加哥又为麦科米克广场增建了一栋大楼，即造价约 8.5 亿美元的麦科米克广场西楼。

在小戴利执政的前五届任期内（1989—2007 年），芝加哥增加的私营部门就业岗位比洛杉矶和波士顿加起来还多，犯罪率普遍下降，高中标准化考试分数和毕业率上升，人口增长，房地产市场繁荣，在每年国内商务旅行游客数量等指标上名列全国第一。这样的成功不胜枚举，再加上五次轻而易举连任的"战绩"，小戴利在很多方面都是他那一代人中"最伟大"的市长。

（五）文化强市战略促进城市转型

传统的城市发展主要侧重土地、资金和技术等生产要素对城市发展的

驱动力，却忽视了文化在城市崛起中的重要作用。而独具特色的城市文化不仅承载着城市的历史，体现着城市的品格，更凝聚着城市的精神。芝加哥政府很早就开始意识到"文化"在提高城市竞争力、推动城市发展中具有重要的引擎作用，并在其公共政策制定中有意引导。早在1909年伯纳姆的《芝加哥规划》中，就提出了保留密歇根湖沿线进深约1千米的用地作为城市公共绿地，这一伟大决定奠定了芝加哥滨湖地区成为世界一流公共空间的规划基础。20世纪50年代，芝加哥市重金打造了"华丽一英里"；80年代建设了博物馆区、城市广场、海军码头、千禧公园等设施，将滨湖地带建成最能展现芝加哥城市特色和魅力的滨水开放空间，为形成芝加哥独特的城市文化景观设施、举办特色文化活动奠定了坚实基础。到1986年，芝加哥开始拥有专门的文化发展战略规划，进一步为城市复兴指明了道路。

影响深远的芝加哥文化复兴规划主要经历了三个阶段。第一阶段开始于1986年，在哈罗德·华盛顿市长的领导下，芝加哥发布历史上第一个城市文化规划，主要是通过分析城市的文化需求和机遇来提出对应的行动建议，以此来刺激城市复兴；第二阶段发生在1995年，当时的芝加哥政府组织专家们重新审议了1986年的文化规划，并增加了国际文化交流活动的内容；第三阶段是2012年，在拉姆·伊曼纽尔市长的带领下，芝加哥文化事务和特别活动局（Department of Cultural Affairs and Special Events, DCASE）推出了《芝加哥文化规划2012》。该规划重点强调文化发展必须融入城市系统性与宏观性的战略框架之中，才能让文化在城市的方方面面发挥应有的作用。这项规划创新地提出了"文化地规划"（planning culturally）的概念，并积极引导芝加哥"从制定文化规划到文化地制定规划"。这一规划对芝加哥的转型起到了非常关键的作用，极大促进了芝加哥创意城市的活力和艺术氛围。总结起来，芝加哥市主要通过文化设施建设、文化活动开展以及文化产业推进等多重路径进行城市塑造，助力芝加哥华丽转型。

1. 文化设施的修缮、建设和组群式发展助推城市转型

截至 2020 年初,芝加哥市内的各类博物馆共计 67 个[①]。沿着密歇根大街,北起芝加哥河,南至罗斯福大道,被称作"文化一英里"的沿线上还集聚了许多公园、地标、雕塑和纪念碑等,让这条长约 2 千米的道路具有丰富多彩的艺术体验[②]。博物馆区与公园、地标建筑、剧院和音乐厅等文化设施及公共空间,成为游客们前往芝加哥观光的重要吸引点。目前,芝加哥拥有的 30 个历史保护街区、150 栋地标建筑散发着独一无二的城市吸引力。芝加哥通过实施一系列城市中心区的综合开发,以都市基础设施等"软环境"建设为突破口,使作为外在符号的设施组合塑造出独特的价值观与"人文气息",吸引着大量创客和居民聚集、工作、生活及消费,并借此带动文化旅游、服务业等其他行业发展,推动区域社会经济整体发展。有研究表明,近年来芝加哥城区的复兴与大量企业的嵌入息息相关。BOMA/Chicago 咨询公司(Building Owners and Managers Association of Chicago)的研究显示,企业在芝加哥选址办公的首要考虑因素是芝加哥具有充足且高质量的人才供给以及相对较低的用人成本(相比于硅谷、西雅图和纽约),而吸引高质量的人才选择在芝加哥生活工作的最重要因素则是完备的生活服务设施以及多样化的文化娱乐设施。可见,芝加哥城区的复兴与高质量且丰富的文化设施紧密相连。此外,这些文化设施不仅改变了城市面貌,提升了城市知名度,更有助于提高税收,增加就业。根据美国博物馆联盟的测算,每年芝加哥大都市区各类博物馆创造的经济总额约 8.5 亿美元,博物馆相关行业提供了总计 23 000 个全职就业岗位。在每年约 4.27 亿美元的总发展预算中,86% 来自博物馆门票和募捐收入、私人慈善捐款、竞争性研究基金、博物馆店面租赁

[①] 统计自芝加哥博物馆官网,https://museumhack.com/museums-in-chicago/#the-art-institute-of-chicago。

[②] 具体详情参考官网:http://www.publicartinchicago.com/chicago-cultural-mile/。

和销售等，仅有14%来自于公共税收。

2. 文化活动的培育激发城市转型

无论是音乐、体育，还是美食领域，芝加哥都形成了其专属的具有全球影响力的品牌。作为公牛队、小熊队、白袜队等世界一流强队主场的芝加哥，每年需承办众多高水平的体育赛事，通常每天会有3～5场赛事，高峰期每天甚至会超过10场。芝加哥也是著名的爵士乐、蓝调音乐圣地，拥有最好的交响乐团。依托其丰富的音乐资源，目前芝加哥形成了三个享誉全球的音乐品牌：格兰特音乐节、蓝调音乐节和爵士音乐节。每年5—10月，芝加哥持续举行大大小小的音乐活动，吸引着世界各地的音乐爱好者前来观赏。此外，艺术展、美食节和航空展等大量独特的活动也成为其多元文化合作与交流的重要媒介。作为城市的文化名片，芝加哥的文化活动在提升城市国际形象和知名度的同时聚集了来自世界各地的目光，是吸引创造性人才汇集的重要平台，催生了多元的文化交流与融合，并悄无声息地影响着人们对这一城市共同价值观的文化认同，是强化城市文化软实力的催化剂。这些具有全球影响力的文化活动的培育得益于芝加哥政府一直致力于培育其特色文化活动品牌。举例来讲，为了支持芝加哥蓬勃发展的音乐产业，芝加哥市长与文化事务和特别活动局将2020年和2021年定为"芝加哥音乐年"，并投资350万美元以支持该项活动[①]。

3. 文化相关的产业发展带动城市转型

文化产业是一种绿色集约的发展方向，依靠智力创新、文化创造，以其物质资源消耗低、产能效益高的发展优势在后工业时代受到人们的高度关注，蕴藏着巨大的利润增值潜能，成为引领城市经济增长的新引擎。如今人们谈起芝加哥，往往津津乐道其成功的多元化产业结构，创意文化产业已经成为

---

① 具体详情参考官网：https://www.chicago.gov/city/en/depts/dca/supp_info/music.html。

芝加哥社会发展的重要支柱之一。这得益于芝加哥政府的巨大推动力，尤其是两位戴利市长的贡献。20 世纪 70 年代开始，芝加哥传统制造业已逐渐失去竞争优势，与此同时，新兴的文化产业逐步取代牺牲资源发展的传统制造业而成为主要发展驱动力，帮助芝加哥实现了从工业城市向创意城市的转型。2005 年，芝加哥大都市区创意文化企业已经超过 1.6 万家。芝加哥文化事务和特别活动局一直在积极地与各类创意产业公司开展密切合作，以促进芝加哥创意经济的迅猛发展。根据《奥的斯创意经济报告》，芝加哥是全美第三大创意产业聚集地，在芝加哥共有 13.4 万人从事创意产业的相关工作[①]，著名的创意空间包括 1871[②]、西卢普区的 "激励芝加哥"（Catalyze Chicago）[③]、伯蒂奇公园的 "2112 芝加哥"（2112 Chicago）[④] 等。芝加哥正在成为文化创意者们挥洒创业热情和实践创意想法的理想场所。

三、对武汉转型发展的启示

城市发展与变迁既有时代造就的必然性，也有个体选择的偶然性。城市的繁荣与衰落是自然条件、经济水平、人力资源、政治体制、文化传统等等多重因素综合作用的结果，而且各因素之间相互关联，城市发展的复杂性决定了我们不能对驱动因素进行单一的解析和评价。武汉正处于经济转型和城市转型的关键阶段，芝加哥作为先发城市在城市规划、建筑艺术、产业转型、特色资源的利用上均积累了相当成熟的经验或教训，值得同样地处内陆的武汉借鉴。

---

① Chicago Shines as Creative Industry Innovation Hub. 2016. http://www.worldbusinesschicago.com/chicago-creative-industries-lake-fx/.
② 1871 是芝加哥著名的非营利性数字创业孵化器。官方网址：https://1871.com/。
③ "激励芝加哥" 是一个非营利性的协同办公空间，专门为芝加哥专注于硬件的创业者服务。
④ "2112 芝加哥" 是芝加哥第一个专注于音乐、电影、视频和创意科技领域的商业、企业孵化器。官方网址：https://2112inc.com/。

（一）规则与观念是高质量发展的基石

芝加哥是美国大城市中公认的规划水平和建筑水平最高的城市之一，这跟城市在建市初期就建立的土地开发规则、高起点规划和审美意识密切相关，规则先行与观念演进相辅相成，是城市高质量发展的基石。

1. 百年规划的传承与创新

芝加哥建市初期虽然没有城市规划引导，但美国国会1785年发布的《土地法令》确定了以城镇为单位通过拍卖的形式出售土地，土地出售前必须进行土地测量。每个镇区36平方英里（约93.24平方千米），分为36个地块，每个地块640英亩（约2.59平方千米），售价每英亩不少于1美元，每个城镇中各保留一个地段作为宗教和教育用地。《土地法令》的颁布对土地投机和交易进行了规范。由于城镇土地需要请土地测绘员进行土地细分后才能出售，相当于土地测量员是城市最早的规划师，芝加哥最早的土地测量是1830年，在城市扩张过程中，后续测量员跟进已有道路系统，从而确保了在土地出售前城市道路是先于土地开发行为的。1855年芝加哥建立了排污委员会，通过抬高街道和建筑物进行了城市下水道系统的铺设。自此，芝加哥就通过街道以及给水、排水管网的铺设为纳税人提供公共设施服务。

1909—2018年，芝加哥共有11次重要规划，其中6次主要针对大都市区域，4次则是针对中心区的规划，这些规划在不同的历史时期发挥了战略引导作用，其中影响最大的是1909年由芝加哥商业俱乐部主持编制的《芝加哥规划》，被誉为美国第一个现代意义的城市总体规划，被视作芝加哥崛起的基石。该规划是在芝加哥工业化快速推进、人口剧增、劳资矛盾激烈、城市繁荣和无序并存的时代背景下诞生的。由商业精英赞助，旨在通过城市交通、绿地、文化设施的改善提升城市形象，实现城市有序运转，缓和社会矛盾，为城市带来更大的商业利益从而实现长远发展。该规划商业利益与社会情怀并存，由于是站在长远可持续发展的高度，打造永恒的、有价值的文

化和商业形象，因此该规划也在发布后的 30 年间均得到每届政府的重视，并取得一定的实施效果。1939 年负责实施该规划的芝加哥规划委员会改组，不再将规划的实施作为中心任务，但其后的许多城市建设项目都自称起源于该规划。如 1949 年筹划市政厅建设时就完全放弃了新古典主义建筑的设想，但仍宣称：对市政厅"艺术级的建筑设计"得源于《芝加哥规划》精神，当前一代人在享受伯纳姆规划果实的同时，同样可以将合理选址、精心设计的市政厅作为留给下一代的宝贵遗产。

武汉作为中国近代较早开埠的城市之一，近代城市规划始于英租界区内的市政规划与建设（李百浩等，2002），清末洋务运动引进西方建设技术，办工厂，修筑铁路、马路、码头、堤防、商埠，为武汉近代化的规划与建设奠定了基础。辛亥革命后，孙中山指示内务部筹划修复汉口市区，务期"首义之区变成模范之市"，重点对街道建设进行了规划。民国初期，孙中山先生在《建国方略》之《实业计划》中对武汉城市功能、未来战略定位多有论述。1923 年起，武汉曾多次编制过汉口、武昌或三城一体的城市规划，其中 1923 年孙武撰著的《汉口市政建设计划书》系统体现了近代中国初期的城市理论，1929 年《武汉特别市之设计方针》是真正近代意义的综合城市规划。抗战胜利后，武汉引入区域规划理念，先后发布了《大武汉建设规划之轮廓》《武汉三镇交通系统土地使用计划纲要》等规划文件。武汉近代城市规划理论比较系统和完善，在当时具有超前性和先进性，但由于时局动荡等原因，未能得到很好的实践。

1949 年以来，武汉先后编制或修订完成了七轮城市总体规划。1954 年《武汉市城市总体规划》围绕国家在武汉建设的一批重点工程项目进行了规划布局。1959 年《武汉市城市建设规划（修正草案）》首次明确九省通衢的枢纽地位。1982 年《武汉城市总体规划》提出武汉是综合性的大城市。1988 年《武汉市城市总体规划》围绕"交通""流通"发展，确定了天河机场、汉口火车站等一批重大基础设施。1996 年《武汉市城市总体规划（1996—2020 年）》将武汉定位为中部重要的中心城市。2010 年《武汉市

城市总体规划（2010—2020年）》将城市定位上升为中部地区的中心城市。2021年《武汉市国土空间总体规划（2021—2035年）》（草案公示）提出建设创新引领的全球城市，江风湖韵的美丽武汉。每一轮城市总体规划均结合了时代需要对城市发展定位、空间战略进行了谋划，起到了很好的战略引领作用。

由于中美国情不同，城市规划的内涵、范围、目标任务有很大不同。1949年后的中国城市规划曾经走过一段曲折的发展历程，而改革开放后的城市规划探索和实践则是无先例可循的"中国造"，有效指导了城镇化和工业化建设。十八大以来，中国城镇化进入转型发展、高质量发展的阶段，空间规划被赋予历史使命，成为"实现高质量发展和高品质生活、建设美好家园的重要手段"，这一历史重担也将意味着全新而艰巨的探索，对发达国家的规划经验应在借鉴中创新。从芝加哥规划历程可以看出，1909年《芝加哥规划》被奉为百年经典，而实际之后的城市规划完全放弃了效仿巴黎建设新古典主义城市形象的设想，但该规划提出的湖滨保护、高效运作的综合交通体系、高品位的城市设计成为永恒。"百年规划不动摇"不是指规划应一成不变，而是指代表城市永恒价值的理念不应改变。伯纳姆的名言："不做小的规划，因为小规划没有激奋人们血液的魔力，它们可能也不会实施。要做大的规划，目标远大并且付诸行动，一个宏伟合理的蓝图一旦记载并永不消亡。"其基本思想是城市规划编制应立足长远、目标远大，尊重并保护城市珍稀资源，兼顾经济利益和社会责任，为打造永恒的高水平城市形象而不懈努力。

2. 对城市艺术级设计理念的坚守

1871年芝加哥大火后建立起的建筑技术规范与建筑审美，标志着城市在建筑设计、施工上领先地位的开始。芝加哥建筑师与工商界精英合作，不仅形成了建筑师、规划师功能美学的工业化思维，而且也普及了工商界精英及大众的审美意识和品位。芝加哥工商界精英投资或捐资建设的办公楼、图

书馆、博物馆、银行、火车站、酒店等公共建筑均以出自建筑大师之手为荣。"二战"后,在一系列中心城复兴的重大建设工程项目中,芝加哥也坚持了高标准、艺术级的建筑设计。1967 年,由当地的慈善基金会资助,毕加索为新落成的市政厅广场设计了一座 15 米高、162 吨重的立体主义雕塑,戴利市长被问及是否认可毕加索的设计作品时,回答道:"如果你们认为他是最伟大的,那就是我们对芝加哥的期望,你们只管去做。""芝加哥毕加索"对于一个试图摆脱蓝领和粗笨形象的城市来说,是非常重要的。芝加哥被誉为"摩天大楼的故乡",不仅高层建筑多,而且大量是大师作品,高品质的城市建筑景观与浩瀚的湖景构成了世界一流的城市天际线。

伯纳姆在 1909 年《芝加哥规划》中极其珍视湖滨地带的保护与开发,他设想的湖滨地带除了半岛、沙滩、大面积的绿化外,还点缀有博物馆、游乐场等公共设施。但同一时期城市中最富有的商人菲尔德想将自然史博物馆选址于湖滨地带时却引发了一场旷日持久的湖滨保卫战。1919 年芝加哥规划委员会通过了湖滨地区保护条例,对工业和商业开发进行限制。1968 年,精明的开发商在紧邻海军码头的地段建成了 70 层湖心大厦(Lake Point Tower),黑色三翼圆弧状的造型在湖滨建筑群中极其醒目,是高端滨水公寓的代表,这个项目也引发芝加哥修改湖滨条例,禁止以后在湖滨路以东建设高层住宅楼。芝加哥中心区以高强度开发闻名,但湖滨地带能够做到以大面积的绿地开敞空间为主,适度点缀文化娱乐、体育场、会展中心等公共设施,是芝加哥成为世界级游览胜地的重要原因,这种开发与保护的恰当平衡,既得益于与时俱进的法规约束,也归功于政府官员、社会精英、普通市民对公共利益的深刻理解与参与。

从芝加哥建筑景观和湖滨保护的经验来看,约束市场化行为的不当开发,既需要法规约束,同时也需要普及城市审美和资源保护的思想观念。中国城市在改革开放大潮中取得的成就世界瞩目,但土地开发、生态保护和历史文化保护方面的立法与思想观念滞后于经济增长,从而带来对生态环境、

历史文化资源、城市肌理的破坏，由于经济增长速度快、规模大，导致当前面临的改造难度将超乎循序渐进中逐步纠错完善的发达国家。最近几年来，底线划定（生态保护红线、永久基本农田、城镇开发边界）、五线控制（水体蓝线、绿地绿线、道路红线、市政黄线、历史保护紫线）、街道空间设计导则、居住区新规、公共安全等关乎人居环境质量的规定和技术探索迅速开展，但这些工作主要在行业管理部门和技术性机构中开展，社会宣传普及不足，需广泛借助媒体、文化设施、旅游场所、教育机构和研究中心等向社会公众普及底线意识和美学理念，增强市民对城市历史文化和自然资源的认同感和自豪感，在基于社会共识的前提下推进相关法规的贯彻落实。

（二）巩固并强化城市的自身优势

武汉与芝加哥同属靠交通和商贸起家，制造业兴市，以商业金融、生产性服务业为支柱的内陆中心城市，芝加哥顺应时代，强化自身优势，大胆改革创新的成功经验值得武汉借鉴学习。

1. 随着技术进步不断巩固交通优势

芝加哥是将先天的地理优势转化后天的交通优势的典范城市。地处密歇根湖与芝加哥河的交汇处，是美国大陆的地理中心，具备成为全美交通中心的可能性。同处密歇根湖畔的密尔沃基市和密西西比河畔的圣路易斯市均具备潜在的良好地理条件，但都没有达到芝加哥的成就，可见决策者的正确决定乃是芝加哥命运的转折点（张庭伟，2006）。1848 年开挖的伊利诺伊—密歇根运河构成了一条将五大湖流域与密西西比河流域贯通的黄金水道，芝加哥并不是最早建设铁路的城市，但它抢先进行了大规模铁路建设而在铁路时代抢占了先机，相对圣路易斯市具备更为灵活有效的铁路投资回报体制，极大调用民间资本，并在 19 世纪 60 年代拥有十条铁路线，成长为全美当之无愧的铁路枢纽。20 世纪 60 年代，当航空运输刚兴起时，芝加哥又率先进行了航空业投资，建成了奥黑尔国际机场。在成为美国最大的水运、铁路、航

空运输中心后，又在信息时代领先一步，成为美国的光纤通信中心。直到今天，芝加哥仍保持了美国交通枢纽中心城市的地位，芝加哥多式联运货运能力在美国居领先地位，为中西部的制造业提供了成本优势。

武汉作为九省通衢之地，近代以来一直是全国交通枢纽城市。但自20世纪90年代开始，由于高速公路、航空等现代交通方式的发展与普及、交通运输方式和结构的转变，以传统水陆运输方式为支撑的武汉交通区位的比较优势有所下降，长江水上客运的萎缩和货运的下降尤为明显，武汉原来具有的交通枢纽优势呈现弱化趋势，中部具有承东启西、沟通南北的交通枢纽城市越来越多。与芝加哥相比，武汉市交通改革创新力度有待加强。武汉市物流园区与交通设施支撑不足，天河机场尚未发挥出如同奥黑尔国际机场作为门户机场带动产业和城镇发展的功能。多式联运发展缓慢，交通、公路、水运、铁路与产业园区之间的协调运作需进一步加强。

2. 多元化经济促进城市可持续发展

从大都市区角度来讲，城市经济发展需要"四轮驱动"结构，即现代服务业（为生产者服务）、传统服务业（为消费者服务）、现代制造业（主要包括电子、生物、通信等新兴技术）、传统制造业（主要包括纺织、化工、钢铁等轻、重工业）。根据城市经济发展所处的阶段，四个轮子的大小应不同。服务业和工业并不一定是对立的，发展服务业不一定等于工业的衰亡，发展工业也不等于忽视服务业。两种产业协调发展的关键在于产业空间分布的合理性。在工业社会向后工业社会转型的过程中，优先发展服务业的同时建立一个多元化的经济结构，将在经济上（经济多样化）和政治上（保证就业、保持社会稳定）两方面为城市带来好处（张庭伟，2005）。

正是重农重工的经济历史造就了芝加哥独特的知识经济，使得芝加哥成为与纽约和伦敦不一样的全球城市。换句话说，成为全球城市不是只有纽约、伦敦一种模式。正是这种专业知识使得芝加哥在全球市场中保有一定的竞争性。芝加哥大都市区被视为规模化和多元化相结合的结构体。依据威尔

伯·汤普森（Wilbur Thompson）的理论[1]，"长期来看，一个地区的服务业是永恒的，而制造业是瞬息万变的"，芝加哥多元化的经济体系和其制造业规模效应造就了其多样的、复杂的商业服务行业，正由于其中许多服务行业本身就是对外出口行业，这也就使芝加哥的金融、法律、会计和咨询服务向中西部、全国乃至全世界输出（Economic Restructuring of the American Midwest，2012）。

近五年，武汉中心城已呈现出后工业化经济下的第三产业集聚，第三产业占比达 75%，内部结构上生产性服务业占比约 60%。从生产性服务业内部结构来看，主要集中在交通和批发零售业等传统行业，对于技术创新起着关键作用的信息传输、计算机服务和软件业及科学研究、技术服务等知识密集型的新兴生产性服务业所占比重较低，尚未占据价值链的高端。优素福和锅岛郁（2012）认为，很多工业城市都不能在金融与其他商业服务业的引领下转型为全球城市，重要原因就是这些城市的服务行业与工业行业联系较少。这些城市一旦制造业萎缩，无法在原有和新吸引过来的服务业基础上达到此前的繁荣水平，因为这些服务业的客户主要在当地或本地区，很少能进入全球市场。在大量制造业外迁以及贸易服务尚未发展的情况下，服务业很难独立支撑经济的快速增长，而大城市经济放缓反而在物质上制约了城市经济的转型，有可能导致工业空心化和服务业低端化的出现。对于武汉这样发展中的大城市而言，只有先行发展先进制造业，并以此为依托发展现代生产性服务业，才能促进产业的可持续发展。武汉当前以新一代信息网络、生物医药、网络安全、新能源与智能网联汽车等创新驱动和高技术含量为特征的新兴产业，具有国家战略意义，将是城市未来竞争力的核心要素之一。

---

① 观点引自 Thompson, W. 1968. The City as a Distorted Price System. *Psychology Today*. 该论文被 LeGates, R.T., Stout, F. (Eds.) 2020. *The City Reader* (7th ed.). Routledge. https://doi.org/10.4324/9780429261732 收录。

3. 结合城市自身条件营造城市独特的中心体系

芝加哥在向全球化城市转型发展过程中，坚持了向心化的发展模式，引发学术界对全球化城市发展是采取同心圆发展的芝加哥范式还是采取离心发展的洛杉矶范式的争议。无论是芝加哥的向心发展还是洛杉矶的离心发展方式，都是城市基于历史基础、交通技术、市场环境和人为因素的选择，芝加哥在城市初始繁荣期交通方式以马车、水运和铁路方式为主，城市中心区是交通最为便捷的区域，这是城市向心发展的历史基础，而洛杉矶相对于芝加哥是后发城市，在20世纪20年代开始进入兴盛阶段，当时城市高速公路建设兴起，城市中心未能达到芝加哥那么强大的条件下就进入了离心化的发展阶段。

武汉地区自古以来就是江南的武昌地区与江北的汉阳、汉口隔江相峙，三镇鼎立。武汉三镇发展的历史、规模、速度各具特色。虽然三镇在行政上已经合并70年之久，但三镇三城的格局没有根本改变。此外，武汉城区由于江湖众多，早期道路系统多是沿江绕湖，很难形成类似芝加哥那样格网加放射更有利于单中心形成的路网格局。

武汉由于城市规模大，人口密度高，是必然的多中心城市，但在多中心模式下，作为一座有着国际化大都市目标的城市理应有一个当之无愧的核心。2017年初，武汉市提出，要打造武汉的城市中轴线，规划以长江为中心，建设长江主轴，建成世界级的城市中轴文明景观带。规划中，长江武汉主城段被确定为武汉市的中轴线，长江大桥和长江二桥合围段属于长江主轴核心段，长江主轴核心段即武汉的城市中心。将长江主轴作为城市中心虽然有别于学术界对于传统城市中心的认知，但基于武汉市独特的三镇三城格局和城市临江发展的历史，城市最宝贵的核心资源集中于沿江的事实，长江主轴是武汉中心的理念很快就得到了响应和落实。有别于芝加哥单中心发展、中心城与郊区城镇地方政体分散的体制，武汉市政府对中心城区和新城区具有统一管理权限，武汉市的中心体系框架必然是独具一格的，既不是芝加哥

模式，也不是洛杉矶模式，而是以内环内的三镇沿江带为最高层次城市核心区，二环周边功能互补的副中心以及相对独立的外围新城中心共同构成的多中心多层级的中心体系。

（三）不断改造自己以适应时代变化

武汉与芝加哥同属内陆中心城市，两者在传统商贸时代和国家工业化发展阶段均处于城市历史的辉煌期，时代惠顾与自身努力孕育了引领风潮、大胆创新的城市精神。进入全球化时代，两座城市均出现了优势下降、地位下滑的态势。芝加哥顺应时代，不断调整发展战略，努力转型并维持强大的全球化城市形象。武汉于2011年将"敢为人先，追求卓越"定为武汉精神，其后几年武汉精神也成为驱动城市奋起直追、展现城市价值追求的文化内核。

以50年为周期，世界经济分别经历了五次重大科技革新，分别为：1771年的工业革命，1829年的蒸汽机与铁路时代，1875年的钢铁、电力与重工业时代，1908年的石油、汽车与量产时代，以及1971年的信息与通信时代。芝加哥充分利用世界经济增长的第二、三、四次浪潮，迅速成长为工业时代的巨无霸，工业地位甚至超过以轻工业为主的纽约。发达且多样化的工业基础更促使其从初期的商品交易驿站成长为世界金融中心。尽管百年发展交织有工人大罢工、女权运动、黑社会犯罪、种族骚乱等城市问题，但由于城市处在工业化和城市化向上发展的良好态势，芝加哥在自由市场意识和社会改良精神的驱动下，涌现出大批具有敏锐商业头脑的实业家，走在社会改良运动前列的社会活动家，慷慨捐资于科教文化事业的慈善家，闪耀于建筑、社会、经济、自然科学领域的芝加哥学派，为城市赢得了巨大的国际声誉。

这些辉煌伴随着城市的衰落而衰落。芝加哥在经历了"二战"后短暂的经济增长后就处于国家战略的边缘地带。1984年始，芝加哥不再是地位直逼纽约的美国第二大中心城市，而被位于西海岸"阳光带"的洛杉矶所超

越。在这座素以自由市场精神为标识的城市，却涌现出了以理查德·J.戴利为代表的强权市长，对城市进行了强力营造。自1955年理查德·J.戴利执政起，先后共有五位市长执政芝加哥，分别采取了不同的治市策略。无论是理查德·J.戴利与城市大企业财团结盟，拉动城市中心商务和金融活动的增长策略，还是哈罗德·华盛顿市长从单一关注中心区增长转向更多注重制造业和社区的需要，以及理查德·M.戴利市长介乎他的父亲和哈罗德·华盛顿之间的"平衡发展"的经济发展战略，政府决策越来越体现利益的多元化，规划决策中均包含了私有机构、非政府组织、社区团体的广泛参与，在形成共识的前提下来引导市场性开发（黄玮，2006）。由于他们的远见卓识和不懈努力，芝加哥保持了在大容量货运交通、优势制造业、生产性服务业方面的传统优势，没有出现如同底特律、匹兹堡那样严重的衰退。

理查德·M.戴利卸任市长后，淡出政治舞台，成为"全球城市倡议"的标杆人物。他在2013年接受《财经》杂志采访时曾谈道："不是只有海边的城市才能获得成功。重要的是有吸引人才的能力。得克萨斯首府奥斯丁实际就是一个政府城，但为什么人才络绎不绝地过去？因为它在打造自己的技术驱动力。威斯康星州的麦迪逊也是，这座城市正在威斯康星大学附近建设自己的研究中心和技术中心。城市永远需要改造自己，不能活在过去，那些活在过去的城市失败了。"

对于同处国家水陆交通中心位置的武汉而言，两者在传统的水运和铁路时代除占尽地利外，还因站在工业革命的浪头而独领风骚。武汉历史上一直作为军事重镇、商贸重镇而地位显要，西方列强看好武汉得天独厚的商贸条件也纷纷来汉投资，但在汉口开埠后的20余年里，历任主政者思想保守，城市民族工业和文化教育事业发展远远落后于几大通商口岸。张之洞督鄂后力推洋务运动，在武汉地区建立起轻重工业并举的工业体系，京汉铁路及其后的粤汉铁路，使武汉在铁路时代占得先机，成为全国交通枢纽。辛亥首义第一枪彰显了武汉人敢于抗争的勇气，使得武汉登上中国政治中心的舞

台。中华人民共和国成立后的武汉在国家战略中被作为重工业基地进行打造，保持了国家中心城市的地位。改革开放初期，武汉市被视为改革开放的排头兵，开放汉正街小商品市场、"两通起飞"战略、率先聘请洋厂长等均是极具胆识的举措。20世纪90年代始的近20年来，武汉城市地位下滑既有国家战略的边缘化，也有民营经济不发达、自身思想观念落后等原因。2011年武汉亮出"敢为人先，追求卓越"的城市口号后再次实现跨越式发展，2013年同步开展的基建项目多达1万处，2017年武汉打响抢人大战第一枪，2019年第七届世界军人运动会成功举办让武汉迎来高光。

纵观武汉每次历史上的高峰时刻，除了国家战略赋予的时代机遇外，还有城市自身的努力，但是这种自身努力更多的是靠城市主政者的胆识和智慧，武汉民营经济不发达，调动社会力量方面还是一大短板。2020年初，举国进入新冠防疫战，在复盘疫情中，不乏社会声音认为"武汉战役未战先败"，地处疫情中心的武汉未展现出"敢为人先"的勇气。城市的创新发展并不仅仅是自上而下的"政府工作重点"推动的结果，更多是源自城市企业生长和成长、自下而上爆发出来的变革。未来城市竞争的不仅是技术，更是有效调动社会企业、各专业领域人才的治理环境，这也是武汉未来需要努力改善和加强的方向。

（四）实现更有韧性的包容性增长

芝加哥向全球化城市的发展转型被视作经济增长成功、社会治理失败的案例。工业化时代发达的制造业为不断涌入城市的移民提供了大量的就业机会，随着制造业的大量流失，芝加哥的城市决策者就陷入了促进经济增长还是维护社会稳定的两难境地。为了挽救不断衰退的城市经济，城市政府和资本集团结盟，重点打造中央商务区和建设中上收入阶层住房，忽视改善低收入社区。经济发展转型的成功令低收入社区居民陷入更加无望的境地，因为低端服务性工作的薪酬远低于被取代的制造业薪酬。芝加哥呈现出两极分化

现象：高楼林立的中央商务区、风景优美的滨湖地带展示着强大的全球化城市形象，而与此同时，城市的南部和西部正在变成人口稀少的超级贫民区。进入 21 世纪以来，种族隔离、社会割裂、财政危机始终困扰着城市，芝加哥的城市规划由物质规划转向社会发展规划，规划视野除经济发展外，越来越多地关注环境、文化资源和社会公平。

中国的大城市在经历了 40 年的急速增长后，很多城市包括武汉在内提出了建设世界城市或全球化城市的发展目标，如芝加哥当前面临的发展挑战一样，单一的经济增长目标并不能解决社会问题，城市终极目标是实现经济增长与社会进步的包容性发展。当前中国仍处于并将长期处于重要的战略机遇期，武汉是中部唯一综合实力位居全国前十的城市，长江经济带发展战略、"一带一路"倡议、拉动内需战略等将使武汉的经济社会发展处于长期向好的态势。武汉城市发展目标除应进一步加大科技创新、推进产业发展、增强城市硬实力外，还应吸取疫情教训、重视民生需求、完善社区治理、优化营商环境，提高城市软实力，让国家中心城市的称号实至名归，进而建设具有全球竞争力和可持续发展能力的世界亮点城市。

主要参考文献

［1］曹晓阳、苗红波、刘安蓉等："从世界科学中心转移看中美科技之争"，《科技中国》，2021 年第 12 期。

［2］陈东林："从灾害经济学角度对'三年自然灾害'时期的考察"，《当代中国史研究》，2004 年第 1 期。

［3］陈韦、彭伟宏、刘平等：《远见：武汉规划四十年》，中国建筑工业出版社，2019 年。

［4］陈韦、武洁、成钢等：《武汉百年规划图记（第二版）》，中国建筑工业出版社，2019 年。

［5］陈雪明："芝加哥城市交通系统简介"，《国际城市规划》，2013 年第 1 期。

［6］陈永杰："世界影响中国发展方向，中国改变世界发展格局——经济全球化与中国改革开放"，《经济研究参考》，2011 年第 49 期。

［7］邓正兵、欧阳君："试论武汉的早期现代化"，《江汉大学学报》，2005 年第 1 期。

［8］董菲："武汉现代城市规划历史研究"（博士论文），武汉理工大学，2010 年。

［9］杜德斌、段德忠、夏启繁："中美科技竞争力比较研究"，《世界地理研究》，2019 年第 28 期。

［10］范英杰、樊春良："寻求共同基础 推进交流合作——对美国智库和科学界主要科技政策报告的解读与启示建议"，《中国科学院院刊》，2022年第2期。

［11］傅才武、严星柔："论武汉'英雄城市'的文化性格及未来表达"，《江汉论坛》，2020年第8期。

［12］龚飞龙："65年前的今天，新中国最早、最大的冶金施工企业诞生"，2019年，https://www.sohu.com/a/350974037_685291。

［13］郭庆汉："从武汉的形成发展看武汉在区域格局中的城市定位"，《理论月刊》，2012年第12期。

［14］郭尚鑫："二战后美国'阳光带'城市的崛起及其历史作用"，《江西师范大学学报》，1995年第2期。

［15］郭鑫、崔英杰："关于鸦片战争对中国影响的研究综述"，《学理论》，2018年第18期。

［16］国家统计局人口统计司：《中华人民共和国人口统计资料汇编（1949—1985）》，中国财政经济出版社，1988年。

［17］《汉口租界志》编纂委员会：《汉口租界志》，武汉出版社，2003年。

［18］韩宇："美国'冰雪带'现象成因探析"，《世界历史》，2002年第5期。

［19］〔美〕亨廷顿著，周琪译：《文明的冲突》，新华出版社，2013年。

［20］胡鞍钢、郑云峰、高宇宁："对中美综合国力的评估（1990—2013年）"，《清华大学学报（哲学社会科学版）》，2015年第30期。

［21］黄玮："空间转型和经济转型——二战后芝加哥中心区再开发"，《国际城市规划》，2006年第4期。

［22］黄玮："中心·走廊·绿色空间——大芝加哥都市区2040区域框架规划"，《国外城市规划》，2006年第4期。

［23］黄璇、任剑涛："城市演进与国家兴衰历程的现代启示"，《中国人民大学学报》，2014年第1期。

［24］〔英〕霍尔著，童明译：《明日之城》，同济大学出版社，2009年。

［25］李百浩、王西波、薛春莹："武汉近代城市规划小史"，《规划师》，2002年第5期。

［26］李崇淮："发展'两通'把武汉市建成国际性城市"，《长江论坛》，1993年第1期。

［27］李东朗："抗日战争与中国国际地位的大幅度提升"，《理论视野》，2015年第5期。

［28］李海涛："近代中国钢铁工业发展研究（1840—1927）"（博士论文），苏州大学，2010年。

［29］李义纯："武汉市开埠以来城市规划管理历程研究"（硕士论文），华中科技大学，2015年。

［30］梁庐健、周颖、刘琪："'一城一港'背景下武汉港资源整合研究"，《综合运输》，2019年第11期。

［31］廖建夏："武汉近代经济地位的变化及其影响因素探析"，《民国档案》，2008年第4期。

［32］林矗、李楠："近代太平天国战争对经济发展的长期影响"，《经济资料译丛》，2014年第2期。

［33］林建伟："长江文明传承视角下武汉城市文化空间营造策略思考"，《决策与信息》，2022年第2期。

［34］刘鹏程、杨俊宴："交通因素影响下的城市空间形态变迁研究——以武汉为例"，《建筑与文化》，2016年第2期。

［35］刘青："芝加哥的城市发展经验及对武汉的启示"，《中国科学学与科技政策研究会第十届中国科技政策与管理学术年会论文集》，2014年。

［36］刘秋阳："中国近代工业的重要发祥地（一）——武汉早期工人的构成、生存状况及觉醒"，《武汉文史资料》，2018年第7期。

［37］〔美〕罗威廉著，江溶等译：《汉口：一个中国城市的商业和社会（1796—1889）》，中国人民大学出版社，2016年。

［38］罗正楷：《中国共产党大典》，红旗出版社，1996年。

［39］倪鹏飞、王海波："中美经济竞争力：强弱比较、动态变化与全球地位"，《经济师》，2015 年第 3 期。

［40］彭皓琳："武汉城市发展：反思与展望"（硕士论文），华中科技大学，2005 年。

［41］彭建新："典当行·当铺"，《武汉文史资料》，2008 年第 5 期。

［42］皮明庥：《近代武汉城市史》，中国社会科学出版社，1993 年。

［43］皮明庥：《武汉通史·中华民国卷（上）》，武汉出版社，2006 年。

［44］皮明庥：《武汉通史·中华民国卷（下）》，武汉出版社，2008 年。

［45］皮明庥、邹进文：《武汉通史·晚清卷（上）》，武汉出版社，2006 年。

［46］祁长春："抗日战争时期美国援华分析"（硕士论文），华东师范大学，2008 年。

［47］秦添："武汉城市空间形式演变与意义"，《建筑与文化》，2017 年第 7 期。

［48］任泽平："中美科技实力对比：全球视角"，《发展研究》，2018 年第 8 期。

［49］深圳市智慧城市研究会、上海社会科学院："2018 中国城市建设水平综合评估"，2019 年，http://www.guanggoo.com/t/37447。

［50］史桂芳："甲午战争对东亚格局的影响"，《日本侵华史研究》，2015 年第 2 期。

［51］《世纪动脉——万里茶道今昔》编委会：《世纪动脉——万里茶道今昔》，山西经济出版社，2017 年。

［52］〔日〕水野幸吉著，武德庆译：《中国中部事情：汉口》，武汉出版社，2014 年。

［53］宋全成："20 世纪上半叶欧洲移民的海外迁移——以德国和西班牙为例"，《山东社会科学》，2010 年第 11 期。

［54］孙占元："清朝闭关政策及其对两次鸦片战争和洋务运动的消极影响"，《山东师大学报（社会科学版）》，1993 年第 5 期。

[55] 孙中山:《建国方略》,生活·读书·新知三联书店,2014年。

[56] 汤黎:《人口、空间与汉口的城市发展》,中国社会科学出版社,2010年。

[57] 涂天向、汤红娟:"'两通'起飞战略决策形成的历史过程",《武汉文史资料》,2009年第3期。

[58] 涂文学:"'湖北新政'与近代武汉的崛起",《江汉大学学报(社会科学版)》,2010年第1期。

[59] 涂文学、刘庆平:《图说武汉城市史》,武汉出版社,2010年。

[60] 王德发:《中华民国统计史(1912—1949年)》,上海财经大学出版社,2017年。

[61] 王钢:"武汉:中国近代工业的重要发祥地(四)——武汉近代工业技术的兴起及其特征",《武汉文史资料》,2018年第12期。

[62] 王国兴、尹翔硕:"全球金融危机后美国经济复苏特点及原因分析",《国际展望》,2013年第6期。

[63] 王汗吾、吴明堂:"中国第一个直辖市发祥地——'京兆尹'武汉",《中国地方志》,2008年第7期。

[64] 王怀民:"李崇淮:'两通起飞'的首倡者",武汉大学新闻网,2008年,https://news.whu.edu.cn/info/1005/24559.htm。

[65] 王兰、叶启明、蒋希冀:"迈向全球城市区域发展的芝加哥战略规划",《国际城市规划》,2015年第4期。

[66] 王旭:《美国城市史》,中国社会科学出版社,2000年。

[67] 王宜果:"近代(1840—1949)武汉市城市形态演变研究"(硕士论文),华中师范大学,2012年。

[68] 翁春萌:"武汉近代工业发展与城市形态变迁研究(1861—1937)"(博士论文),武汉大学,2017年。

[69] 武汉地方志编纂委员会:《武汉市志·交通邮电志》,武汉大学出版社,1998年。

[70] 武汉地方志编纂委员会:《武汉市志·总类志》,武汉大学出版社,

主要参考文献

1998 年。

[71] 武汉地方志编纂委员会:《武汉市志·工业志》,武汉大学出版社,
1999 年。

[72]《武汉历史地图集》编委会:《武汉历史地图集》,中国地图出版社,
1998 年。

[73] 武汉市城市规划管理局:《武汉市城市规划志》,武汉出版社,1999 年。

[74] 武汉市城市规划管理局、武汉市国土资源管理局:《武汉城市规划志》,
武汉出版社,2008 年。

[75] 武汉市规划研究院:《武汉 2049 远景发展战略规划》,2014 年。

[76] 武汉市规划研究院:《武汉市文化战略功能区实施性规划》,2018 年。

[77] 武汉市规划研究院、武汉大学:《武汉大学生人才公寓可行性研究》,
2019 年。

[78] 武汉市国土资源和规划局、武汉市规划研究院:《武汉市"大湖 +"主
题功能区空间体系规划》,2017 年。

[79] 武汉市国土资源和规划局、武汉市规划研究院:《武汉市城市总体规划
(2017—2035 年)》,2018 年。

[80] 武汉市科学技术局:《2020 武汉科技创新报告》,2021 年。

[81] 武汉市统计局:《武汉统计年鉴》,中国统计出版社,2019 年。

[82] 吴翔、杜宏英:"武汉工业的恢复与国家工业基地的确立（六）",《武汉
文史资料》,2018 年第 6 期。

[83] 吴之凌、吕维娟:"解读 1909 年《芝加哥规划》",《国际城市规划》,
2008 年第 5 期。

[84] 吴之凌、汪勰:"武汉城市规划思想的百年演变",《城市规划学刊》,
2009 年第 4 期。

[85] 夏欣、阴帅可、高翅:"近代武汉市政规划中的'公园'——早期公园
系统的本土化及启示",《中国园林》,2022 年第 1 期。

[86] 萧国金:"'两通'起飞战略提出始末",《武汉文史资料》,2009 年第

9 期。

［87］谢菲:"洛杉矶模式研究——兼与纽约、芝加哥比较"（博士论文），厦门大学，2006 年。

［88］谢茜茂:《一九三一年汉口大水记》，江汉印书馆，1931 年。

［89］许毅、王晓光:"清朝从康乾盛世到腐朽衰落的历史演变"，《财政研究》，2002 年第 7 期。

［90］杨家骆:《洋务运动文献汇编》，世界书局，1963 年。

［91］游高生:"张之洞主政下湖北教育转型研究"（硕士论文），华中师范大学，2019 年。

［92］优素福、锅岛郁著，洪漫、张正富译:《两个龙头:给北京和上海的发展建议》，新华出版社，2012 年。

［93］苑书义、孙华峰、李秉新:《张之洞全集（第二册）》，河北人民出版社，1998 年。

［94］袁为鹏:"清末汉阳铁厂与武汉地区早期城市化"，《中国经济史研究》，2014 年第 3 期。

［95］袁永友、赵君:"改革开放以来武汉商贸业的地位变迁与启示"，《商业时代》，2009 年第 20 期。

［96］张殿军:"跨国公司对美国全球战略的双重效应"，《中共天津市委党校学报》，2005 年第 4 期。

［97］张辉、丁匡达:"美国产业结构、全要素生产率与经济增长关系研究:1975—2011"，《经济学动态》，2013 年第 7 期。

［98］张利斌、颜紫荆:"芝加哥制造业集群发展及对武汉光谷的启示"，《绿色科技》，2020 年第 22 期。

［99］张寿汉:《最近汉口工商业一斑》，1911 年。

［100］张庭伟:"制造业、服务业和上海的发展战略"，《城市规划学刊》，2005 年第 3 期。

［101］张庭伟:"当代美国规划研究与芝加哥经济转型"，《国际城市规划》，

2006 年第 4 期。

［102］张庭伟："住房创新：美国公共住宅的失败经验给中国什么启示"，2018 年，https://www.thepaper.cn/newsDetail_forward_2252398。

［103］张庭伟："芝加哥大都会的一体化"，澎湃研究所，2019 年。

［104］张文彤、刘奇志："改革开放 30 年武汉城市空间格局之演变"，《北京规划建设》，2009 年第 1 期。

［105］张艳明、王江萍、曹春霞："武汉市城市绿地系统的历史及其发展研究"，《华中建筑》，2006 年第 10 期。

［106］郑媛："水对于汉口城市形态的影响及其作用机制研究"（硕士论文），华中科技大学，2014 年。

［107］中央党史和文献研究院：《抗日战争时期中国人口伤亡和财产损失调研丛书》，中共党史出版社，2014 年。

［108］周琪："高科技领域的竞争正改变大国战略竞争的主要模式"，《太平洋学报》，2021 年第 1 期。

［109］周晓虹："芝加哥社会学派的贡献与局限"，《社会科学研究》，2004 年第 6 期。

［110］朱华、徐冰："近代湖北金融业发展史·银行卷"，《武汉金融》，2011 年第 2 期。

［111］Abu-Lughod, J. L. 1999. *New York, Chicago, Los Angeles: America's Global Cities*. University of Minnesota Press.

［112］Burnham, D. H., Bennett, E. H. 1909. The Plan of Chicago. Prepared under the direction of The Commercial Club, Chicago, USA.

［113］Cameron, R. 1992. *Above Chicago*. Robert W. Cameron and Company, Inc..

［114］Department of Planning and Development, Department of Transportation, Department of Environment. 2003. The Chicago Central Area Plan — Preparing the Central City for the 21st Century.

Draft final Report to the Chicago Plan Commission, Chicago, USA.

[115] Diamond, A. J. 2017. *Chicago on the Make: Power and Inequality in a Modern City*. University of California Press.

[116] Economic Restructuring of the American Midwest. 2012. Proceedings of the Midwest Economic Restructuring Conference of the Federal Reserve Bank of Cleveland. Springer Science & Business Media.

[117] Holland, A. R. 2005. *Chicago in Maps: 1612-2002*. Rizzoli International Publication, Inc..

[118] Kaboski, J. P., Francisco, J. B. 2009. The Rise of the Service Economy. National Bureau of Economic Research.

[119] Kearney, A. T. 2018. Global Cities Report 2018: Learning from the East-Insights from China's Urban Success.

[120] Kossik, J. 2018. Who Makes it? Sectors of US Economy 1947-2018. http://www.63alfred.com/whomakesit/.

[121] Manduca, R. 2018. The Spatial Structure of US Metropolitan Employment: New Insights from LODES Data. https://osf.io/preprints/socarxiv/6sxv5/.

[122] Miller, H. C. 2017. *The Chicago School of Architecture: A Plan for Preserving a Significant Remnant of America's Architectural Heritage*. Forgotten Books, London, UK.

[123] United States Census Bureau. 2011. 2000 Population and Maximum Decennial Census Population of Urban Places Ever Among the 100 Largest Urban Places. https://www.census.gov/population/www/documentation/twps0027/tab23.txt.

[124] Weber, A. 2019. *Made in Chicago: The Windy City's Manufacturing Heritage*. Arcadia Publishing.

[125] Weyl, E. W. The Chicago of China. *Harper's Magazine*, 1918(10).

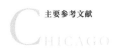

后　记

　　本书以历史的视角验证了城市与国家的相互依存关系，城市在国家发展战略布局中的地位固然有其重要性，但国家在世界发展格局中的政治地位、经济地位才是城市持续稳定发展的大前提。换言之，尽管城市的绝对地理位置是不能改变的，但城市在国家发展格局中、世界发展格局中的地位是相对变化的，无论是武汉还是芝加哥，都是国家发展历史中不可忽视的重要城市，每一次兴盛、每一次衰落都是城市所处的国际、国内发展格局变化的结果。

　　武汉与芝加哥发展兴衰是所属国家兴衰的一个缩影，由于不具备边远城市和沿海城市的特殊性而具有代表性。武汉在百年前赢得"东方芝加哥"的美名是基于国内地位的相似性，武汉实际综合实力与芝加哥有很大差距。在经历改革开放40多年的快速发展后，武汉与芝加哥的发展差距在缩小。尽管产业发展阶段、科技实力仍与芝加哥有差距，武汉的国际地位不及芝加哥，且在国内面临的竞争也远较芝加哥激烈，但武汉在部分领域已具备领先水平，而且武汉面临的发展形势更好，拥有中国特大城市独有的活力和集聚优势，未来与芝加哥的发展差距将进一步缩小。近代武汉以被誉为"东方芝加哥"为荣，但武汉不是芝加哥，武汉未来的目标也不再是建成"东方的芝加哥"。

　　当前开展中美这两座具有代表性的城市的对比研究具有一定的时代意

义。2020年新冠的全球大流行成为改写时代进程的重大事件，中美关系也进入了历史的转折。在疫情暴发后，武汉以封城、经济暂停、举国支援、全市调度等有力措施打赢了保卫战，成为全球最受关注的城市与抗疫的旗帜；自2020年第二季度始，武汉又用短短三个季度的时间，实现经济总量的强势逆袭，重回中国内地城市经济总量十强榜，成为疫后重振的风向标。在全球新冠疫情仍未平息的2022年，世界经济发展格局面临重构，无论是武汉还是芝加哥均将面临大国转型带来的经济与民生挑战。如同武汉与芝加哥过去的百年发展同国家命运息息相关一样，两座城市的未来发展将再次印证国家命运决定城市兴衰的历史规律。